危 机

想知道为什么?

Crisis, Wonder Why?

看不见前方，人类将灭亡
Where there is no vision, people perish.

——*Proverbs 29:18, Bible* 箴言《圣经》

The blind person drives the blind people.
The blind people guide the blind person.
（一个瞎子驱使着一群瞎子往前进，
这群瞎子又反过来指引着那个瞎子。）

问题不可能在其自身发生的层面被解决，
对一个问题的解决总是需要提升到一个更高的水平才能实现。

——阿尔伯特·爱因斯坦

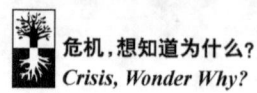

英文中的危机（Crisis）在中文中是由两个字"危"和"机"共同组成的，"危"代表危险，"机"则代表机会，面对一场危机，既要意识到危险，更要认识到机会。

——约翰·F·肯尼迪

我们要好好利用地球这头奶牛为我们多赚点钱！？……

占领

生态灾难 ECOLOGY　CRISIS 全面危机

　　危机 (crisis) 一词 (是从 "希腊语的κρίσις, krisis——决定, 转折点" 而来) 指变革点, 过渡时期, 爆发点等, 表明曾经有效的方法由于环境条件变化已变得无效, 并且导致危急的情况和问题出现的一种状态。

　　换句话说, 危机不是指一种崩溃的状态, 而是指一种向全新的状态的转折点。人类的问题是我们看不见这种新的状态!

——迈克尔·莱特曼博士

译者前言——危机是拯救的邀请

实际上，我们正在经历的危机不是偶然的。它的发生是有目的的，危机就是为了迫使我们去思考为什么危机会发生，进而找到宇宙创造的秘密和生命的意义，只有这时，我们才能知道怎样和生命和谐相处。

迈克尔•莱特曼博士

危机和灾难，对地球上生存着的每一个人来说，尤其在今天，都不再是一个什么值得大惊小怪的事情，危机和灾难似乎已变成我们生活中不可或缺的一部分。它已变成大众媒体和微博增加关注度和观众流量的绝好题材，也变成了我们茶余饭后、朋友聚会或网上聊天消磨时间的谈资和佐料，除非灾难正降临在你自己身上或你所关心的人或事身上，否则我们的态度绝对是事不关己，高高挂起。

人类似乎正像那个著名的温水中的青蛙的故事中所描写的那只青蛙一样，虽然灾难临头，"死亡"迫在眉睫，却仍然"从容不迫"。我们已经逐渐习惯了灾难，也习惯了将头埋在沙子里，以为这样灾难就不会发生一样，当然，我们除了继续忍受灾难的打击，挣扎在生存的艰难道路上，按照社会强加于我们的价值观，或随波逐流或努力争取"功名利禄"之外，又能做些什么呢？那些灾难不都是自然的吗？我们又能有何作为呢？而且，灾难又不止出现在中国，或出现在世界的某一个地方，它们跟我又有什么关系呢？这不是杞人忧天吗？

就在今年，一场历史强度排名第五的大地震，在地震后导致的海啸，以及导致的更加灾难性的核辐射危机，给日本这个最发达的国家带来了二战以来最大的灾难，也给整个世界敲响了核能利用的警钟。而在大洋彼岸的美洲大陆，还没有从2008年金融危机中爬出来的美国，在经历了冬天的雪灾，在这个还未结束的夏天，已发生了上千次龙卷风(据说是往年的几倍)，而现在又处在洪水和森林大火的双重肆虐之中，与此同时，火山正在冰岛、智利、夏威夷，意大利等地同时喷发着，洪水也在世界各大洲施虐。更多的地震在世界各地震颤着。

在欧洲大陆，希腊、冰岛、葡萄牙、爱尔兰、比利时、意大利，西班牙等国正挣扎在欧债危机和国家破产的边缘，这在西班牙高达40%的失业率已引发了大规模的抗议示威活动，比利时已经一年多处于无政府状态，而欧洲和美国债务危机会将还没有从2008年的金融危机爬出来的世界经济推向何处还是一个巨大的问号。在北非、中东爆发以及世界各地爆发的各种动荡和革命正像流行病一样在蔓延，而北约以人道主义名义发动的针对利比亚的军事行动虽然已经结束，但人们已怀疑这是人道主义战争还是争夺石油资源的利益战争。而在美国纽约最初由几十人参与的"占领华尔街"运动现在已迅速蔓延至全世界！

被全人类寄予厚望的刚刚结束的波恩全球气候会议，又同样和上两年的哥本哈根和坎昆气候会议一样，没有取得任何实质性的成果。人们不禁要问，这个世界到底怎么了？到底谁能拯救地球，难道2012的预言真的要发生？

根据古老的卡巴拉智慧，对我们人类来讲，可怕的不是危机和灾难本身，而是我们对待危机和灾难的这种漠不关心的态度。抑或是人类的狂傲，或无知，遮住了人类的双眼，看不清楚危机背后隐藏着的救赎，找不到真正的应对方法。但是，卡巴拉智慧警告我们，如果我们这一次还是采用历史上那些曾经成功采用过的应对灾难和危机的老办法的话，将会是灾难性的。因为现在人类面临的危机的性质与历史上的任何一次都不同，这是因为危机产生的环境和条件已发生了质的变化，因而，需要采取一种全新的解决危机的办法。正如爱因斯坦所说的，危机不可能在其发生的层面被解决。我们必须上升到一个比危机产生的层面更高的意识层面，不是在危机显现的表面的结果层面挣扎，而应上升到危机产生的根源层面才能解决它。也就是说，只有在我们真正了解到危机为什么会发生，它想将我们引领到哪里，我们才会知道如何去应对危机，不是去解决危机，而是借助危机上升到一个新的存在层面。毕竟，任何事情的出现都不是偶然的，危机之所以出现，其目的就是迫使人类去追寻创造的目标和我们生命的意义这一根源问题。搞不清目标或者搞错目标，其后果都会很严重。否则，人类难免又踏在一条"穿新鞋，走老路，却期望出现一个不同的结局"的疯狂道路上。这一次，人类已经输不起！

本书由几十篇莱特曼博士针对各种危机和我们在日常生活中遭受的痛苦和各类现实问题的精彩解读的文章编译而成，它们被分类成12大板块。便于读者阅读。内容涵盖了从金融危机到经济危机到全球化挑战，从生态危机到自然灾害；从个人婚姻，家庭幸福到幸福的全面危机；从战争、恐怖主义到和平，宏观和微观世界的探索到生命意义的追寻等等。总之，人类发展到21世纪，从来没有像今天这样在其生活的方方面面感到如此地迷茫和困惑。以至于有很多人甚至开始相信世界末日就要到来。

那么，危机到底是什么？危机的背后隐藏着什么？自然灾害真的是自然的吗？自然又意味着什么？灾难是上天对人类的惩罚吗？金融危机为什么会发生？气候危机和生态灾难又是怎么引发的？它们和人类又是什么关系？为什么我们越是试图解决危机，危机和灾难发生得就越频繁呢？恐怖主义背后的真正原因是什么？为什么世界从来没有真正和平过？幸福为什么总是稍纵即逝？人类寻找的幸福在哪里？如何才能实现真正的幸福？危机之间的联系是什么？我们都在期待改变，但真正的改变，能够带来拯救的改变是什么？如何改变？犹太人、以色列人又是什么人，为什么整个人类历史上的大的事件、大变革都与这个民族有关呢？为什么他们被称作是"上帝的选民"呢？以色列人跟世界其他民族又是什么关系呢？以色列的真正含义是什么？它与创造的秘密和生命存在的目的有什么关联吗？我们生命的意义又是什么呢？

通过仔细品读这些精彩的文章，我们可以慢慢清晰地看到：不论危机发生在哪个领域，以什么形式呈现，剥开所有的灾难和危机的表象，那个引发危机的根源和唯一的原因将鲜活地呈现在我们眼前。我们会发现，不论危机呈现的方式是什么，也不论灾难发生在哪里，以什么样的形式呈现，所有这些看似毫不相干、毫无关联的危机、灾难和现象，最后都浓缩并指向同一个根源，它们都是由一个共同的原因引起的；而且，更神奇的是，你会发现，所有的危机和灾难的发生，实际上都是一种必然；而且，它们的产生并不是要惩罚我们，而是在"告诉"我们什么。危机本身就是一种拯救的邀请，就是拯救的开始，危机是整个创造过程的一部分，是宏伟的创造的大过程中的一个小过程。

而当我们找到了那个导致了所有危机和灾难的唯一的原因时，我们也就找到了其中存在的唯一的救赎，也就发现了宇宙创造的奥秘，也就找到了生命起源、存在和演化的蓝图，也就找到了我们生命的意义。而且只有这时，人类真正自由的选择之点才会出现。问题是我们是否愿意去选择。幸运的是，自然早就为我们准备了应对今天出现的危机和灾难的方法，面对危机，毁灭还是重生，拯救的选择就掌握在我们自己手中！

谨以本书献给那些想将命运掌握在自己手中的人们！

鸣谢

　　在此，我要衷心感谢我的老师，迈克尔　莱特曼博士，感谢他将这一已存在五千年的古老而又崭新的卡巴拉智慧传向全世界，在这个危机和灾难开始爆发的时候能够为我们带来拯救。特别感谢Uri Laitman先生、Yair Oren先生、Asta Rafaeli女士、张为民女士等为在中国推广卡巴拉智慧做出的巨大努力；特别感谢Chaim Ratz先生提供的精准的英文译本；特别感谢Misha Gonopolsky先生所提供的形象生动的插图，使得本书更加灵动而耐人寻味。感谢Leonid Makaron先生，Alec Shapiro先生等所有那些对世界和人类的未来有着强烈忧患意识的有识之士们，在将这一智慧传播至全世界包括中国所做出的不懈努力。感谢我的太太潘越利和儿子周君毅对我在学习和翻译卡巴拉智慧著作上的大力支持和付出的爱和关怀。也感谢我的公司的全体同仁的辛勤工作，使我能够有时间和精力从事卡巴拉科学的学习研究，翻译和出版工作。感谢驰誉国际广告(北京)有限公司丁涛先生、王妍女士和其他美编人员在本书的编辑排版工作中提供的大力协助，特别感谢天津社会科学院出版社的赵荣女士以及张为民女士，加拿大的Kelly Chiu女士在本书翻译和出版过程中，在校审稿件和内容翻译上的大力协助。祝愿这本著作能够使每一位真正探求生命意义的读者，能够引起和其亲身经历和思考的共鸣，从而能够踏上真理的探索道路上来，化危机为拯救，变苦难为幸福。这样人类历史几千年来遭遇的苦难才会有一个完美的解释和结局。

周友恒

也许这样可以拯救欧洲！？.....

内容提要

    本书内容分为12大板块81篇主题文章，涉及各类危机和社会及个人生活热点问题。

    虽然，文章在编排上有分类和次序，可能很短小，但涉猎探讨的问题却可能触及终极和根源，当然，我们力图使它们通俗易懂。但您可以选择任何涉及自己最关心的点的文章开始来读，随便跳读。不要追求一遍就能读懂。我们唯一希望的就是大家能够自己从内心向外敞开自己的心扉，抛却所有固有知识和思维模式设定的障碍。让书中蕴藏的智慧流经你自己，滋润你的心田，叩开你的心扉，使你真正开始**知道**！真正开始"**看见**"！

I.金融危机：真的只是简单的金融危机吗？

那场首先袭击美国，最后波及整个世界的金融风暴已经过去有一年多了。最糟糕的阶段已经结束了吗？或者，正如奥巴马在12月6日警告说的，最糟糕的还没来到吗？

将所有的怨气撒在那些华尔街"钱袋"身上、怪罪他们将我们带入金融危机这个泥潭是很容易的。但是，当怨气消散，视线逐渐变得清晰，也就是该想一想我们从这里要去往哪里的时候了。

世界上还有谁没被当前的金融危机触及并影响到？大家都认同必须要采取某些行动：而卡巴拉则能够告诉我们这"某些行动"是什么

在全球危机的时刻，我们可以从《小王子》简单的智慧中受益很多。

随着经济危机延续下去，我们许多人都正目睹着自己的金融基础在崩溃。我们是怎样来到这里的并要到哪里去呢？

近来华尔街股市大跌令每一个人都大为震惊。如果我们要从这次经济危机中走出来，那么是从根源彻底改变我们的体系的时候了。

经济的全球化意味着任何一个国内市场都和全球经济不可分割。近来受中国市场变化引发的持续的美元贬值，清楚地证明了全球市场是多么地互相依赖。我们必须发现在一个相互联系的统一的集成体系中正确行动的方法。而正好这个时候，这个完美的集成系统的母亲——自然本身来帮我们这个忙，教我们如何找到并利用这个方法。

消费品，它充斥着我们的壁橱、我们的车库、我们的生活。我们用所拥有的物质财富的数量来衡量我们成功与否，我们把大量的时间花费在购买这些消费品上。一部新拍的记录片《"东西"的故事》，展示了我们的整个生活是怎样被这些"东西"所操纵着。而卡巴拉智慧则指明了我们对此该采取的行动。

II.生态灾难和气候危机：在向我们启示什么？

"我们的地球正面临一种真正的危急状态。这是全人类在道德上和精神上面临的挑战",美国前副总统戈尔在接受诺贝尔和平奖的时候激动人心地申明道。

北美洲刚过去的夏天并不灼热,但那里发生了洪灾。但是不只是在北美洲,欧洲和中国,巴基斯坦等亚洲的大部分地区似乎不是炽热难耐,就是淹没在突如其来的洪水、泥石流或者地震和火山喷发当中。而且就算有些地方没有遭受从天而降的灾难,也会有来自地下的灾难:秘鲁正从一场致命的地震中恢复过来,而日本最大的一间核电站在一次地震引发的辐射物泄露事件之后便关闭了。

是什么使自然失去平衡?我们又能做什么去拯救这个星球?

现今,当大众都能得到丰富的信息,每个人都清楚全球变暖和气候变化。但看样子,知道和关切并不总是齐头并进。

以失败告终的哥本哈根气候会议,不禁使世界开始疑惑:怎样去解决环境危机呢?——自然有其应对之道。

亿万年来自私自利的进化并没有带给我们持久的幸福,就连一个最低限度的美好未来的保证也没能实现。我们困惑不解,而这种困惑的状态是建立在困扰着我们的危机和挑战的基础上的。

III.全球化:全球化+利己主义=死路一条

我们生活在一个全球化的世界,但很少有人明白"全球化"这个词到底指的是什么意思,或者更重要的是,它是怎样影响我们的生活的。欢迎来到当今世界上最迫切需要的课堂中。

你能用匿名像年轻人在网络聊天室里那样交流;你也能在电脑屏幕和一个用户名后保持隐秘,但这不会维持太久。我们迟早会脱离伪装并为其他人在我们的心里(而不是网上的聊天室中)留出空间。

我们的生活变得越来越虚拟——从虚拟银行到虚拟友谊。根据卡巴拉的解释,虚拟世界是步入精神世界的踏脚石,而在那个精神世界里我们是一个真正联系在一起的整体。

在过去的十年里，一个史无前例的文化现象涌现出来了，风靡全球。它的名字叫哈利波特。迄今为止，这一系列包括七本书，全世界已经卖出了三亿两千五百万本。

虚拟世界变得比现实世界更加吸引人。卡巴拉说这个现象是不可避免的。

在这里你可以找到任何东西，或至少是人的头脑能想到的东西。一个完整的三维动漫虚拟生活世界就在你的手掌之中。你所需要的只是一个鼠标、一个显示器、加上丰富的想象力。这种"虚拟"的趋势想要探求的到底是什么？隐藏在这种对虚拟世界的痴迷背后的是什么呢？

对Facebook的痴迷表明了一种我们每一个人身上根深蒂固的愿望——一种想和每个人连接在一起的愿望。但是，这个最大的虚拟社区真的能实现我们所寻求的那个新的和改良的社交世界吗？

在我们这个"我"的时代，每个人都是独一无二的。但是，真正的艺术却是知道如何变得独一无二。

Google搜索引擎似乎能帮你在这个世界上搜索到任何你想要的东西。但是它对于搜索那个最重要的事情方面它能给你带来什么结果呢？

IV.幸福的危机：为什么我们就是不满足？

在卡巴拉，即关于幸福的科学里，幸福已不再是神秘的东西。这个难以捉摸的概念可以被分解为若干组成部分，并且能够让人心领神会。就像 $E=mc^2$ 公式一样，维持幸福也有一个公式。

在人的一生中，我们很少会有这样的时刻：他感到环绕着我们的一种特殊的力量，它亲切地环绕着我们，并让爱充满整个世界。这种感觉给予我们从未有过的强烈的愉快的情绪。在感受这力量之时，你会知道世界上的每个人都愿意付出任何代价去感受它。

我们都向往享受，或者如卡巴拉学家所说的，接受快乐。对一些人来说，在饥饿的时候吃上一块美味的牛排是最大的快乐，对另一些人，则是赢得跳棋比赛或者其最爱的体育团队获得的胜利。你也许想要中头彩，而你的朋友在减去了最近增加的十磅体重后，就能感到快乐。虽然人们享受着不同的事物，但我们都在追求本质上都是一致的东西——满足快乐的愿望。

最近的调查研究显示，我们的饮用水，甚至瓶装水中的成份，就像一个多功能的药店一样。无论这是抗抑郁剂还是抗生素，是处方药还是成药，我们都能在饮用水中发现——如果其他人正在吃，那么你也一样。

最近发生的很多事件表明人们的愤怒和不满可能在世界的任何地方、在任何一个时刻都会爆发。很高兴的是，这存在一种替代暴力冲突的方法。

VII.改变，真正的改变是什么？

今年，美国大选空前火热。而一旦大选的喧嚣结束，新的总统就位，世界真的会有所改变吗？也许真的到了去思考：改变那些真正主导着这一切的东西——也就是我们自己的本性的时候了。

世界需要改变，政治家们对此信誓旦旦。但是，我们真正需要的改变是什么？是一种在整体状态下与自然和谐一致的内心的改变！而卡巴拉则掌握着那把开启富足和繁荣之门的钥匙。

什么阻碍了我们建立一个更美好的世界？——我们自己的自私自利的人类本性。但是不要绝望，还有希望——一种完美的存在状态正等待着我们。

正如当我们电脑上装的某个软件不能正常工作时，我们会转向程序供应商寻求解决方案一样，当人性使我们自己失败时，我们也必须要求这个"本性的创造者"为我们替换一个能正常工作的本性。

当我们看着曾经成功的、兴旺发达的自由市场的"美国梦"在我们的眼前消失，我们对变化的信心枯萎就没有什么好奇怪的了。然而，从卡巴拉学家的角度鸟瞰未来的话，未来却是更加光辉灿烂。

VIII.我们与危机——创造的目的与危机的联系

人类已经经历了太多的战争、痛苦、灾难与求索，如今我们想要知道这一切是如何开始的，我们正朝着什么地方前进。

我是谁？我存在的目的是什么？我们是怎么来到这个世界，又将会走向哪里？我们是否以前就曾经到过这个世界？我们是否能够了解我们自己和这个宇宙？人为什么要受苦而且能否避免痛苦？人怎样才能找到和平，满足及幸福？我们怎样才能获得安宁，满足和快乐？

在卡巴拉智慧这门科学里，我们学习的目的是为了要进入一个向我们隐藏着的结构:精神世界。我们学习如何能超越这个物质世界，进入到管理和控制这个世界的领域中。

众所周知，我们用我们的五官来感知这个世界。这样，我们就像一个黑色盒子一样，只能感知到从外部进入到这个黑匣子里的事物。它受到外部力量的影响或压迫，然后对这些影响做出相应反应。

"他感到他整个人生就像一场梦似的，有时也怀疑这梦属于谁，而那某某是否在享受它呢，"英国作家道格拉斯·亚当斯(Douglas Adams)在《银河系漫游指南》中说。

"眼见为实"，或者，是吗? 科学现在告诉我们的而卡巴拉智慧几千年前就已提到的东西: 有比我们的眼睛感知到的大得多的现实。

X.知道在哪里我们错了，我们才能找到救赎

从两个二十世纪的思想家，约翰·凯恩斯和耶胡达·阿斯拉格的视角做出的经济展望

是谁站在那个精神世界的门口，决定谁能进谁不能进的守门人? 让我们跟随着卡夫卡Kafka和巴拉苏拉姆Baal Sulam来一段旅行，看一下两则寓言和一扇大门的故事为我们展现的是什么。

人类探索的脚步已经踏上了各个新大陆和遥远的星球，现在，一个巨型地下粒子对撞机将会试图去探索这个宇宙最深层的奥秘。但是这个耗资数十亿美元的项目带来的问题是: 它会成功呢，还是会像我们所知道它的那样，标志着科学的结束呢?

卡巴拉对银河系的奥秘的太空旅行。那个最终的前沿领域并不是在外太空的某个地方，而是深深隐藏于我们每个人的心中。

XI.教育的危机

在20世纪30年代，伟大的卡巴拉学家耶胡达·阿斯拉格出版了一系列有关以色列人民的状态和整个世界的局势的文章。在这些文章中，他概括列举了他相信借助它们一个社会可能获得成功的一些原则。

我们教育孩子的方法存在着一个根本的问题——它与现实相脱离。他们真正需要的东西是一所"有关生命的学校"，提供为真正的生活服务的实际工具。

给予我们可爱的宝宝们"最好的东西"的最好的方式，难道不是使他们真的能够准备好应对这个正在迅速变化、相互关联的世界的挑战吗？

大家都知道，世界的局势正变得越来越具有挑战性。但不要失去希望——在卡巴拉智慧提供的方法中，父母教会他们的孩子们付出爱，而在这个过程中，开始逐渐记起他们很久以来已经忘记的事情。

XII. 以色列人，你到底是谁？

据统计，1901至2001年间，共有680位诺贝尔奖获得者，其中有一个民族的获奖者为152人，比例高达22%。这还不包括那些原子弹和氢弹之父们，也不包括像马克思、弗洛伊德、毕加索、卓别林等这些影响了世界的巨人们。而这个民族的人口却不足世界总人口的0.3%。如果推举一个影响世界最深刻的单一民族的话，那么，非这个民族不可，这个民族是谁呢？这个民族就是神秘的犹太民族。世界上几乎所有的宗教、哲学、政治、经济、科学技术，甚至战争和苦难都与这个神秘的民族息息相关，为什么？实际上，这个民族承载着一个还一直向人类隐藏着的秘密，一个有关宇宙创造和每一个人的终极命运的秘密，而这个秘密揭开的时刻今天已经到来！。

全人类团结的想法已不再是儿童故事中的想象。早在巴比伦时期，就有人为人类的团结准备了一种方法。今天，我们的世界比以往任何时候都更需要这样一种方法。

创作一部所有时代最伟大的畅销著作需要什么？很明显，它就像是去发现一个完全没有语言可以表达的新世界，而又不得不从我们这个世界找到词汇来表达它。

那些影响我们的世界的法则起源于最高的精神领域，这些法则下降到我们经验的这个现实世界中。但是在这个下降过程中它们失去了原本的美丽和优雅。卡巴拉智慧教会我们怎样去重新发现这种美丽，怎样去复活我们的精神世界。

从古世纪到中世纪，再到现代，世界"奇迹"的数量在不断增加。人们常常对那些给人们带来视觉满足的人工建筑赞叹不已。这些建筑带来谜一样的风情，让人们以自己作为人类而感到自豪。然而，存在着一个真正的奇迹……

"……我们来自虚无，拥有名字，拥有自我意识和内心深处的情感，心中极度渴求生命和自我表现——即便如此，死亡还是要来临，就像一场恶作剧"

当一个人的整个生命，连同其所有的快乐，变得毫无意义和空洞苍白的时候，正是对精神的渴求开始显现的时候。在我们这一代人中，越来越多的人正在经历这种感觉。

附录

引　言——一个根源，一种解决之道

2010年已经过去，如果回顾这一年发生的事情，用两个关键词来表达的话，我想没有人会反对：灾难和危机。

这个世界到底怎么了，世界范围内的自然灾害一个接着一个，洪水泛滥，山体滑坡，泥石流，台风，地震，火山喷发，森林火灾，干旱……除了生态和自然灾害频发之外，粮食危机，货币战争，就业危机，政府破产，恐怖活动，国家之间的危机，战争似乎在瞬间就可能爆发，总之，危机是全球性的，全方位的。

人类正陷入深层的危机之中，这已经不是一个没有多少人知道的秘密了。其实，我们很多人都已经感觉到它了。人生的无意义感、颓废、沮丧和空虚的感觉吞噬着我们的人生。家庭危机、令人忧心忡忡的教育体系、毒品滥用、个人的不安全感、对核战争的恐惧以及生态恶化的威胁，所有这些都给我们的幸福笼罩上一层层的乌云。我们似乎对人生失去了控制，而且看起来我们不但无法脱离这些问题的泥潭，而且似乎在其中越陷越深。

众所周知，对疾病的正确诊断等于成功治疗的一半。因此，为了解决我们面临的问题，首先需要了解它的真正的起因。而最可靠的办法就是从了解人类的本性和世界的本质做起。倘若我们认清了自身的本性和那些影响着我们的法则，我们将会了解我们在哪儿出错了，知道必须做些什么才可能摆脱我们面临的困境。

在观察围绕着我们的自然时，我们发现自然界中的非生命层次、植物层次和动物层次的所有创造物都是由其与生俱来的内在的本能驱使着。这些行为不能以好或坏作为标准来衡量；它们只是本能地遵循着根植于其自身的内在的规律，同自然以及相互之间和谐共处。

然而，如果观察人类自身的本质，我们将会发现其与自然的其他一切存在着本质上的差异。人类是唯一能从剥削和利用其他人和其他创造物中，能从征服其他人中获得快乐的生物。只有人类可以从与众不同、从与他人脱离及高高在上之中感到乐趣。由此可见，人类是整个宇宙中唯一的不和谐的因素，因此，是人类自己破坏了自然的平衡。

卡巴拉智慧告诉我们，控制我们的这个接受快乐的愿望(自我或叫做利己主义)长期以来在我们人类自身内部不断地进化。它最初的呈现方式只表现为满足一些简单的欲望，比如吃饭、生儿育女、体验家庭生活等。随后，更高层次的愿望——对财富、名誉、权力和知识的渴望等的出现，则推动了人类社会的进化，促使其社会结构——教育、文化、科学和技术——不断演变。人类豪情满怀地前进着，并且相信社会进步和经济增长将能满足我们，让我们在明天生活得更加幸福。但遗憾的是，直到今天我们才开始意识到这种长期的"进化"实际上已经进入到了一个死胡同。

这种情形之所以出现，是因为我们这个接受快乐的愿望即使得到满足，但过不了多长时间，就又会感到不满足。我们所有人至少有过那么一次极其渴望得到某种东西，可一旦我们得到了自己渴求的东西，内心的快乐过不了多久便消失殆尽，内心的空虚又重新出现。这时候，我们发现自己不得不又开始去追逐新的目标，并希望这个新的目标的实现能够使我们心满意足。这个过程既发生在个人的层面上，同时也发生在全人类的集体层面上，表现在社会生活的方方面面。

既然数千年来我们已经积累了丰富的经验，已经清醒地意识到，我们并不知道如何获得持久的幸福，也不知道如何获得最基本的内在安全感。这让我们有些手足无措。种种现象都存在于各种危机的基础层面，这些现象已变成了一直困扰着我们的幽灵。

此外，长期以来，本性自私的人类以牺牲他人利益来寻求个人为中心的快乐的嗜好日渐加剧。如今，许多人企图将自己的成功建立在毁灭他人的基础之上。缺乏宽容、感情疏远和仇恨已经达到了一个前所未有的可怕的高度，时刻危及着人类这一整个物种的基本生存。

当我们认真观察自然时，能够看到所有生物都遵循着利他主义或关爱其他同类的原则。这一原则与驱动人类自私自利地进化的原则截然不同。

为了维持一个生命整体的存在，身体中的所有细胞通过相互给予而团结一致。身体内的每个细胞都只获得它生存之所需，而将其余的能量用于呵护和支持躯体的其他部分，以便整个生命机体能够维持生存。在自然的每个层面上，个体作为它所在的那个整体的一部分，都在为造福整个机体而工作，并由此才

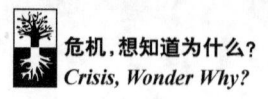

真正发现它的完整性。没有这种利他的行为，整个机体便无法存活。实际上，生命本身也难以维持。

如今，在深入研究许多不同领域之后，科学正在得出一个结论：全人类其实也是一个整体。但问题在于，我们人类尚未意识到这一点。我们必须警醒和明白，那些给我们的现实生活蒙上阴云的问题的出现并非偶然；我们不可能再依靠以前所知道的任何"成功"的方法去解决目前面临的问题。它们不会自行消失，只会日渐恶化，直至我们改变方向并开始依照自然的普遍法则——利他主义的法则来运转。

我们生活中的每一种消极现象，从最具体的到最普遍的，都源于违反自然规律。如果从很高的地方跳下来并受了伤，我们就会知道自己的做法违反了万有引力定律。既然如此，我们现在必须停下来检视自己，看一看我们在哪儿没有遵循自然规律。我们必须找到正确的人生道路。这一切都取决于我们的意识：我们越深入地了解自然的体系及其内在的规律，遭受的磨难就会越少，而且进步就会越迅速。

在动物层面上，利他主义是生存的法则，动物本能地按照这个法则维系着其种群的生存。而在人类层面上，我们自己必须主动与自然建立起这种关系。自然将这个使命留给了我们，以便我们能将自己提升到一个崭新的、更高的生存状态。这是人和其他生物之间的本质区别之所在。

在这本书中，我们将探讨各类危机，分析其真正的根源和解决之道。从我们被创造成自我主义者开始，我们就无法反抗我们的利己主义，因为它是我们的本性。因此，"窍门"在于找到一个变通的方法，能让我们即便以利己主义为出发点，为自身利益考虑，也要改变对待他人和自然的态度，从而使自己与他人团结起来，成为人类这个统一整体的和谐部分。

自然将人类创造为社会性的生物也绝非偶然。如果我们深入观察自己的行为，就会发现我们采取的任何一种行动，都是为了让自己得到社会的认可。这是我们赖以生存的基础。欠缺社会的认可，更糟糕地，如果反而被社会指责，将会致使我们遭受巨大的痛苦。

感受到羞辱是一个人可能体验到的最糟糕的事。这就是为什么我们倾向于遵从社会所崇尚的价值观。在这种情况下，如果能成功地改变我们所生活的环境的价值观，并引入利他主义的价值体系，如关心他人、共享和团结，那么我们就能够改变对待他人的态度。

倘若社会只依照个人为整个社会所做的贡献，来评判其价值，那么我们必定都会为社会着想，并为社会进步而不懈努力。如果我们取消因个人优秀而颁发的奖项，只赞赏那些处处为社会着想的人们；如果孩子们依照这些标准来评判他们的父母，如果朋友、亲戚、同事都按我们同他人相处得怎样来检验我们，那么我们都想善待他人，以便我们能够赢得社会的赞誉。

这样一来，我们便会逐渐感觉到怀着利他主义或无私来对待他人，本身就是一种独特的、高尚的价值，而且这种价值观和行为会直接得到社会的认可。通过这样去做，我们会发现，这种态度实际上就是完美无缺和无限快乐和满足的源泉。

纵然在今天的社会中利己主义依然大行其道，但我们已经为开始去遵循利他主义的自然规律做了相当多的准备。教育和文化一直都建立在利他主义的原则上。在家庭和学校，我们都教育孩子要做富有同情心的善良友好之人。我们想让自己的孩子善待他人，而且我们觉得这种对他人的态度是正确的行为方式，并且社会也保护这种行为。几乎没有人会宣称自己反对这些价值观。

此外，多亏通信进步，今天我们能够非常迅速地在世界各地传播新的信息和社会价值。这是一个至关重要的因素，它有助于我们充分意识到人类正面临不断加剧的危机，迫切需要找到全面解决危机的方法。

尽管当前人类面临的问题可能促使我们不得不去做出变革，但它的影响远不止这些。假如我们能够树立一种对待社会的正确态度，我们就会渐渐地被引导到一种全新的存在状态，步入一个全新的发展阶段，而它高于我们以前所了解的任何事物。这是一种更高的存在形式，它是崇高的，是一种感知到我们本身与自然和谐统一的存在方式，是一种统一与完美的感觉。

今天，在经历了无数代的进化之后，我们已积累了足够的经验，开始了解自然的进化法则正在将我们带向何处。

实际上，这些现象的加剧并没有让我们大惊失色，因为我们对此早已习以为常了。在过去，它们被视为误入歧途，而如今我们对其已见怪不怪。由于我们缺乏应对这些困境的工具，因此不得不接受它们的存在，以避免它们所导致的痛苦。这就是已经在我们内部发展起来的一种本能的保护机制，但这并不意味着我们无法扭转这种被动的局面，让事情朝着更好的方向发展。让我们来看一看这一危机到底在告诉我们什么，借助什么我们能够走出危机与混沌，步入完美与和谐。

让我们用钱来浇灭这场危机吧！⋯⋯⋯

"因为钱没有导致这场危机，所以金钱也不会修复这次危机"

——迈克尔·莱特曼博士

I

金融危机：
真的只是简单的
金融危机吗？

　　几乎所有人都将2008年美国次贷引发的危机称作金融危机或经济危机等等，并认为向市场投下数万亿美元、欧元、英镑、日元、人民币等等就能解决这场危机，但经济刺激并不能拯救我们，即使花光我们所有的储蓄来刺激全球经济。"因为钱没有导致这场危机，所以金钱也不会修复这次危机"，不但不能，反而会引发更大的危机。为什么？因为危机的产生是有目的的，危机是提升我们到另一个更高状态的跳板。那么，危机的目的是什么？危机想将我们引到哪里呢？

1

在金融风暴中导航

那场首先袭击美国，最后波及整个世界的金融风暴已经过去有一年多了。最糟糕的阶段已经结束了吗？或者，正如奥巴马在12月6日警告说的，最糟糕的还没来到吗？

我们可以不断猜测下去，但这永远也不会有什么结果，可以确定的却是，自奥巴马入主白宫以来，这次自1929年大萧条以来的最大的金融危机已经过去一年半了，但还是看不到任何实际有效的解决方案。所以，也许是应该从不同的角度来看待这场危机的时候了！

让我们回到最重要的事情上：产生这次危机的原因是什么？多数分析师都将次级抵押贷款危机指责为我们这次金融灾难的催化剂，但不要让"次贷危机"这个词语误导了你。次贷市场不是造成金融崩溃的原因，它只是这场危机浮现出来的地方。不过，它也可以很容易被诸如"环境危机"或"人道主义危机"或甚至"核武器扩散危机"等所取代。

真正导致这次滚雪球式的金融危机的不是任何形式的金融机构，而是贪婪、没有节制的欲望和不负责任的机会主义，或简单地说：是那个以自我为中心的人类的本性。货币系统率先被击中的唯一原因是这一系统最能体现在人们的关系和相互联系上的腐败的本性。

不幸的是，这种本性是没有办法通过将巨额的纳税人的钱注入市场的方式来加以改变的。到目前为止，上万亿美元花在了美国、英国、法国和其它地方，这既没有增加借贷也没有增加流动性。而这一切都如此轻率地做了，以至于没有人现在可以让那些获得这次纾困计划利益的公司和银行承认他们到底从中获得了多少利益。用纳奥米 克莱因的话说，这上万亿美元就像"从下水道被冲走了"一样，滑过那些亿万富豪的手就消失了。

信任的危机

钱既没有导致这次危机，钱也不会修复这次危机。为了应对来自金融和社会方面的挑战，需要一种完全不同的纾困计划——一个将我们自己从这种以自我为中心的囚笼中解脱出来的方法。

每个人都在使用这种表达方式，"股市暴跌"，但又有谁知道这句话的真正意义呢？毕竟，股票市场无非是一个预测与投机的集合体，一个将成功的赌注和预期立即转化为股价和指数的复杂的平台。所以，并不是股票市场在崩溃；真正崩溃的是人与人之间的信任。信贷公司不再相信保险公司，保险公司不再信赖银行，银行对地产代理商不满，而地产代理指责保险代理导致了普通人信心的下滑，而他们却不得不像往常一样，对这一切埋单。如果所有这些还不够的话，我们还可以将麦道夫的金融骗局加入进来，将任何在这个系统中仅存的一点信任都粉碎掉。

现在，每个人都在小心谨慎地将手中的牌拉得更靠近他们自己的胸前，将那些在旧日的好时光里消费的金钱收藏起来——小心地放在地板砖的下面。这就是为什么曾经看起来可以无止境地增长的资本已经变得枯竭，以及创造出那个被所谓的专家们称为"流动性危机"的东西。

现在请听清楚了：不管以上所有描写的是什么，这一切仍存在有希望。实际上，就像披头士(Beatles)所表达的，"一切都在渐入佳境"。为什么这么说呢？因为那个似乎破碎的信任实际上从来都没有真正存在过。它一直都不过是一种错觉，这一次只不过是一个真正的泡沫的破裂，幻觉的消失。首先，我们需要认识到，这种每个人都只关心其个人利益的情形，也就是我们的得利己主义才是将我们带入这场危机的真正原因。而如果这个世界上根本不存在真正的信任的话，那最好现在就发现它，以免发现得太晚就来不及了。也就是说，真相可能接受起来很苦涩，但还是越早发现真相越好。但这一切都不过是冰山露出的山尖而已。真正伴随这场危机的真正的奖励则是，现在我们终于看清楚这个世界真实存在的状态是什么样的了：一艘全人类都赖以生存在其中的全球性大船。

一种新的导航系统

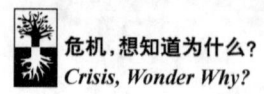

"两个人在一条船上，其中一个人拿起钻头开始在他自己的下面钻洞。他的同伴对他说：你为什么这样做呢？他回答说：这关你什么事呢？我不是在我自己的下面钻洞吗？另一人回答说：但你会使这条船进水，这会让我俩都会因船沉没而淹死！"

——卡巴拉学家，西蒙巴约海，*Midrash Rabbah*, *Levitivus* 4：6

在这条我们全都共享并赖以生存的全球船上，无论任何人认为可以在自己的座位下钻一个洞，并忽略他人的福祉的行为，都将是一种对形势的严重的错误估计。那些认为如果赌博失败，只是他们的客户会受到伤害的经纪人及投资者们，正在将致命的水带给其他所有人。而且每个人，我的意思是所有人，从柏林Hypo房地产投资银行到纽约美国国际集团AIG，从湾仔凌兆秀到泰国北部的兄弟鞋店。如果一个人掉水被淹，其他所有人都会伴随着他一起被水淹没。就像哪艘曾经认为不可能沉没的泰坦尼克号一样。

明白这一点对我们来讲为什么是如此重要？因为我们生活在一个全新的时代，一个要求信任和相互关怀不只是停留在嘴唇上的时代。这些是目前这个新的现实的运行法则，一种不管是好还是坏我们都互相依存在一起的现实。从今以后，除了作为一个大家庭一起运作之外，我们没有别的选择。只有这样，我们才可以驾驭我们的这条全球大船驶向丰富和繁荣的避风港。

"我们已经到这一个整个世界都被认为是一个单一整体和一个单一社会的程度。在这个世界上的每一个人都从这个世界的所有其他人那里获取他的生活必需以维系他的生命，因此，他也必须服务并关照这个他赖以生存的世界的福祉。"

——卡巴拉学家，巴拉苏拉姆，《世界的和平》

2

对金融危机的思考

　　将所有的怒气撒在那些华尔街"钱袋"身上、怪罪他们将我们带入金融危机这个泥潭是很容易的。但是，当怒气消散，视线逐渐变得清晰，也就是该想一想我们从这里要去往哪里的时候了。

　　我们必须承认我们最近都看了太多有关金融危机的消息。它变得越来越刺激和令人迷惑，而且就在我们开始失去所有的同情的时候，金融危机带来的冲击就开始击中家人与朋友的要害，我的上帝呀，但最令人迷惑不解的事情则是，绝大多数受到伤害的却是我们这些奉公守法的好公民们。我们为什么应该为那些贪婪的骗子们造成的这一切错误埋单呢？我们应该找出那些肇事者，拿走他们一切的所有，散给那些受害者，或许还应该在他们的脸上扣上一个饼以示惩戒。

　　但一旦这种复仇的想法带来的快感开始消退，它就被另一种感觉所替换——担心！虽然在过去，经济在衰退后总是会反弹回来，谁又能保证这一次也一定会是那样呢？似乎所有的赌注都被压在了这个"不可避免"（正如看起来合情合理一样）的解决方案上。但是如果人们万一错了呢？如果这一次经济危机不是另一次普通的经济周期的低潮和高潮呢？如果万一这一次危机要求一种非同寻常的解决方案，那该怎么办呢？

他们看见了露在外面的钉子，但却没看见钉子的其余部分

　　其实，很多著名的学者已经发现，这一场金融灾难与以往不同：它是一次也是第一次真正的全球性的危机。但是当他们话音还未落，他们就开始寻求局部的解决方案了！那些伟大的经济头脑们都承认他们这一次完全低估了这种全

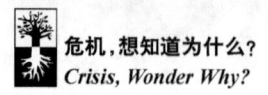

球经济的相互联系性：他们不能预见到，当肝脏坏死时，人会死亡；部分可以使整体崩溃，这就是为什么他们被打得完全措手不及。但现在他们知道了。

但是，为什么各个国家还是试图进一步实施自己的措施以保存本国经济呢？为什么就没有人站出来指出这么明显的事实呢？——如果我们是如此地相互依存，我们唯一的选择是开始思考这个世界上每个人的幸福。除此之外，没有别的选择。

根据卡巴拉智慧，我们尽量避免这种做法是我们利己主义的本性使然。以自我为中心的人自然地被一种用最小的投入获得最大的利益产出的程序所驱动，这一程序导致我们不能接受这样一种解决方案，它对我们来讲是一个盲点。这就是为什么经济学家们拒绝放弃他们那些过时的世界观，这样的话，问题依然存在。

这也是为什么他们不能看到或接受这场危机"不只是另一场危机"这一基本事实——甚至不同于1929年的那场大萧条。事实上这场危机是不同的，它正在引领我们进入一个全新的全球化时代，在这种全球化时代，为了生存，人类社会的所有成员都必须关心整个系统的福祉，就像人体中的所有细胞都要为整个身体服务一样。任何一个人不将此问题考虑进来，并继续只关心自己的话，都将成为有害于整个系统的因素，就像身体的癌细胞之于身体一样。那个人(或细胞)将使我们所有人(身体)遭受痛苦。这次全球市场的崩溃就是一个人类已进入一个全新的全球化时代很有说服力的鲜明案例。

那么，怎样才能改变我们目前的这种自私自利的行为？这正是卡巴拉智慧能够为我们提供帮助的地方。

学习如何给予

卡巴拉学家们解释说，自然中存在着一种基本的法则，它可以确保任何有机的整体系统的生存。根据这一法则，系统的每一部分都只能获取足够它生存所必需的东西，其余的都要为整个系统的福祉而工作。由于现在整个世界已变成一个单一的有机的整体，我们就必须学会如何遵从这一法则，这将保证我们的稳定和福祉，就像任何自然中的系统一样。

因此，要摆脱这次危机，我们需要做的第一件事就是要在我们的世界观上做一次重大的升级。我们必须学会我们全人类是多么紧密地相互关联和相互地负有责任——不只是在社会和经济系统的层面上，更是在我们的思想、愿望和意图的层面上。

然后，我们会看到这整个世界都是一个大家庭，其中的每一个成员都必须关怀别人，而不只是为自己。一旦我们开始这种不同的思维方式，我们就将和那个自然的法则和谐一致，然后，像金融危机以及所有其他形式的危机都会立即消失，因为所有危机的根源都是同一个。

3

金融危机：诊断和治疗

在这个世界上，还有谁没被当前的这场金融危机波及并影响到？大家都认同必须要采取某些行动：卡巴拉智慧却能够告诉我们这"某些行动"是什么。

当退休夫妇看到他们的毕生积蓄消失在股市；当年轻的家庭，在他们的住宅被取消抵押被赎回后，变得无家可归时；美国消费者信心指数处于1967年评级制度建立以来的最低点。大企业、小企业都在裁员，因为对它们产品的需求量正在直线下降，而这又将进一步冲击社会服务业和已经处在崩溃边缘的经济。

大家都认同必须要采取某些行动以解决这个问题，但没有人知道这"某些行动"是什么。来自欧亚的世界各国领导人于2008年10月在中国召开了峰会，而且同年11月，20国集团首脑峰会G20也在华盛顿举行了，但这些峰会是否能取得什么具体有效的成果呢？

要解决一个问题，首先必须了解这个问题的起因，但即便是那些知识最渊博的经济学专家对这次危机都感到无能为力。人们将危机归咎于所有能够找出来去怪罪的一切因素：贪婪、旁门左道的经济、商业和政府部门的腐败、生物燃料的生产、自由市场和对银行管制的放松、石油价格、抵押贷款的恶性发放等等，不一而足。但不论你如何去指责和声讨，问题还在那里，警报还未解除。

诊断问题的根源

根据卡巴拉智慧，所有这些混乱源于我们都只是在针对病症的表象，而没有

针对其起因。如果想找到市场崩溃的根本原因，那我们就必须先从整体上来检验一下社会的演变过程。整个人类历史，至今为止，人类都是作为一个个的个体来运作的，只注重个人和亲近的人，如家庭和部落的利益。人作为个人，为了个人的和那些跟他们亲近的人或团体的利益，去利用世界上其他任何一切能利用的，以便为他的利益单元带来利益，一直以来都被认为是公平合理和天经地义的。

随着时间的推移，满足和支持一个人的需要的人的圈子也在不断扩大，就这样，部落变成了村庄，村庄变成了城市，城市变为州/省，最终形成国家。在目前的这个世界，社会的方方面面互相交织在一起，以至于最广泛的政治和文化界限实际上已变得毫无意义。我们正在变成一个单一的称为"人类"的统一的有机体：其中的每一部分都依赖于所有其他部分的健康和正常的运作。

而这正是当前这场危机的根源变得越来越明显的地方。直到今天，今天每个人或社会团体都在通过利用这个体系中的其他部分来为自己所代表的团体(可能是个人，家庭，城市，国家等等)谋取利益，富人利用穷人；发达国家利用第三世界的资源；总之，弱肉强食的丛林生存法则大行其道。但是，现在当我们已经到达了今天这种全球已变成一个单一的全球一体的阶段时，还有谁存在于这个机体之外可以被我们利用和剥削呢？

在全球各地发生的各种事件很清晰地表明：我们传统的发展和行为模式只能导致人类——这个我们每一个人都不过是其组成部分的共同机体的死亡。**看似我们在利用他人，实际上我们只不过是在消耗我们自己。**

治愈人类这个统一的机体

实际上对这个问题的解决方案早就给我们准备好了：也就是，我们必须理解并遵循那个普遍的，适用于统一机体，而不是适用于个体的自然法则。自然对此提供了明确的模式，我们可以去参照，无论我们在观察自己的身体、生态系统还是银河星系。在一个健康的机体中，每个部分都只获取维系其生存所必需的，而把其余所有的都奉献于整体的利益，没有任何浪费也没有任何过度消耗。因此，整个机体在和谐与均衡中存在着。

这正是我们应该在人类社会中表现出的行为模式，我们整个人类现在已通过全球化变成一个单一的完整机体，人类的各个组成机构——包括经济——都

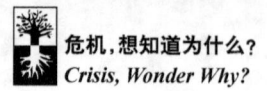
必须建立在这种机体间分享和互惠的法则之上。

目前人类正站在一个十字路口,处理当前这场金融危机所采取的步骤将会决定我们的未来。当然,我们可以采用孤立主义和保护主义的政策来尝试回到过去,有些国家似乎已经这么做了或正在尝试这么去做。但是卡巴拉智慧警告我们,这种努力注定要失败,并将给人类带来更大的苦难,因为我们向全球化系统的自然发展趋势是根本不可能逆转的。**自然已经将这个统一机体的法则施加给了我们,我们无法打破这个规律,就像无法打破万有引力法则一样。**

我们的唯一选择就是致力于理解和遵守这一系列新发现的自然法则——也就是那些有关全球化、沟通、互动和相互依存的法则。这样,我们为了全人类所有人的生存,将会建立起一个互相关爱的世界。卡巴拉智慧告诉我们,在这个过程中,由于在我们之间采用了那种新型的健康的联系方式,我们将发现那种内在于我们并且围绕在我们周围的巨大的未开发的潜能。

4

小王子对金融危机的解读

在全球危机的时刻，我们可以从《小王子》简单的智慧中受益很多。

每个人都在试图找出将我们带入金融危机的原因，而且有很多人为此写了长篇论文。但实际上，这个原因可以用三个单词概括：E-G-O(自我)，正像很多人都正在认识到的那样。换句话说，我们之所以被拖进这场危机，是因为我们的人际之间的关系不是建立在"爱邻如己"的原则上，而是建立在"这对我有什么好处？"的利己主义原则上。像所有的问题一样，这场金融危机是由我们自我为中心的行为、思想和愿望造成的。

最近，那些有影响力的金融家、分析师和记者也都认识到了这次金融危机实际上是道德价值观的危机。"我们不只是需要从金融危机中得到拯救"，托马斯·弗里德曼在12月16日"纽约时报"的Op-Ed专栏上的文章写到，"我们更需要一次道德救赎……我不想消灭那个驱使资本主义向前发展所必需的动物本能，但我同时也不想被它们吃掉。"啊哦，他说得对呀！当前这场危机表明，永不满足的贪婪已经使人们产生了一种不负责任的病态的囤积心态，直到他们一直在堆积的"堆垛"最终自己倒塌将他们自己压垮为止。

虽然，那些领先的金融家们正试图从这场他们未预料到的危机中恢复过来，但事实却证明，某些早就知道他们的以自我为中心的经济的前景会是这样的金融家们却也在一直推行着这种经济手段……

下面这段小王子和商人（摘录自安托万·德·圣埃克写于半个多世纪之前的《小王子》）之间的对话也许可以帮助大家找到危机之所以会发生的原因：

"你要5亿颗星星干什么？"

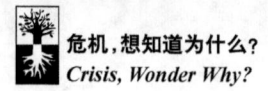

"没什么，我只是想拥有它们。"

"但你拥有这些星星对你有什么好处吗？"

"它使我感觉富有。"

"使你感觉富有又有什么好处呢？"

"它使我可以购买更多的星星，如果又发现了什么新的星星的话。"

"一个人怎样才能拥有那些在天上的星星呢？"

"我管理他们，"这位商人回答说。"我可以一遍遍地数星星，重复数，不断地数……"

小王子仍对这个回答感觉不满意，"如果我拥有一条丝巾，"他说，"我可以把它放在我的脖子上，把它跟我一起带走。如果我拥有一朵花，我可以将花剪下来，并把它随身带走。但你又不能将天上的星星摘下来。"

"是不能，但我可以把它们放在银行里。"

"这是什么意思呢？"

"这意味着我可以将我拥有的星星数目写在一个小纸条上。然后我把这张小纸条放在抽屉里，然后将其锁上。"

"看来大人确实是完全非同寻常啊！"

小王子一边自言自语地说道一边继续他的旅行。

5

到底发生了什么?

随着经济危机的延续，我们许多人都正目睹着我们的金融基础在崩溃。那么，我们是怎样到达这里的又要到哪里去呢？

大多数人都在经历着一个相当困难的时刻。我们的金融体系真的崩溃了，我们的个人财产正在我们眼前消失。

世界的首脑们不知道该怎样行动。这看上去似乎是支撑整个世界的根基突然滑走了一样。像你我这样的人只好摇着头问道，"这个世界到底在发生什么呢？"

我们是怎样进入到这样一种状况的呢？汽油怎么这么贵，更不用提食物、保健和其他生存所必要的东西啦？我们能信任哪个政治家呢？我们应不应该抗议世界各地正在发生的战争？我们的政府还是不是那个先父们立国之初所创立的"由人民，是人民，为人民(of the people, by the people, and for the people)"的政府呢？

程序缺陷

卡巴拉智慧解释说，这个世界上发生的所有事情都起源于控制着我们的那个程序，这个程序的原理非常简单：**怎样以最小的努力获得最大的快乐**。该程序就是解读我们做任何事情背后的动机的$E=mc^2$，它决定着我们的思想、渴望、优先考虑事项以及目标。但这个程序里有一个"缺陷"：一个永无止境的循环。也就是，我们不断地寻找越来越大和越来越好的快乐，但我们却从来得不到满足，所以总是处于一个持续不断的快乐追逐游戏当中。整个人生就仿佛是在跑步机上的一次没完没了的赛跑，我们只是在无助地试图以更多的食物、金

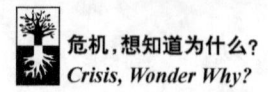
钱、权利、尊重、知识等任何能够找得到的东西来试图满足自己。

在对快乐的追逐这部永动机的推动下，世界发展得是如此的迅速，以至于我们跟都跟不上。我们的房子和车子不停地在变得越来越大；假日要远离家乡而且要更有异国情调；连买瓶烧烤酱也要花很长时间，因为无从选择——选择太多了！讽刺的是，人生大部分时间都花在了关心我们的"东西"或是在追求下一个转瞬即逝的快乐上了。

知道了这些之后，你难道还会对很多正在发生着的事情感到吃惊吗？当企业的CEO们想得到的越来越多，直到其贪婪导致其整个公司垮掉(而其它公司也随同着一起倒下)？会计事务所帮助他们的客户作假帐说谎话欺骗股民和公众，是因为他们不想从大的客户中失去收入来源？我们对这种事还感到吃惊吗？或者对我们的政治家们只关心他们在自己的任期内的所谓的政绩，因为他们想要再次当选这种现象感到吃惊吗？

人类意识必须发生的转变

卡巴拉智慧告诉我们，**当我们在这个世界只是考虑我们自己的生存利益时，我们唯一能期望得到的结果就是如今所目睹的这一切。如果我们不改变，这个世界还将经历战争、经济衰退以及所有那些在我们的周围所看到的危机和灾难。**

虽然，我们天性上想要把脑袋埋在沙子里，忽视危机的存在，但我们周围的世界并不如我们所预期的那样美好。看到不愉快的事情永远都不会让人舒服，但这一次危机却是极其必要的。因为在我们看不清楚什么是无效的方法之前，是无法找到那个正确的改正方法的。

这里有个例子，表明我们的这个世界目前是怎样运行的。想象一下你自己的身体吧。假设，你的心脏决定不和你的肾脏分享血液，而你的脚不想你的身体站在它们之上。假设，你的肺拒绝分享氧气。显而易见，你的身体将不会存活很久。

这就是我们的这个世界目前正在运转的方式。每个国家，每一个个体都同样地——只是在关注其自己的利益。每个州和城市都只在意本地居民的利益。政治家们只关心推进他们自己的日程，就像卫生保健工业、华尔街以及我们所有的人(虽然我们都不喜欢听到这一点)正在做的那样。

今天，很显然，我们不得不开始一起协同运作。然而，通过建立更多更好的互相之间的社会和商业合约却无法改变任何事情。相反，我们必须要应对产生这些问题的根本原因：也就是改变我们内在的控制着我们的自私自利的、只考虑自己而置整个系统的生存于不顾的那个程序。

生活在这个时代，要求我们在意识上做出一种总体上的转变——从分离的个体意识到一个单一的相互联系的"细胞"整体意识、共同的集体意识的转变。卡巴拉智慧解释说，无论如何，我们不得不经历人类在意识上的这一巨大的转变。但是，我们可以愉快和高兴地实现这一切，而不让目前的这场危机扩大到使我们无奈和绝望的地步。如果这么去做的话，下一次当我们问"发生了什么？"的时候，这个世界将会变得完全不同。

6

我们的经济怎么了？

近来由华尔街引发的金融危机令每一个人都大为震惊。如果我们要从这次经济危机中走出来，那么是从根源上彻底改变我们的体系的时候了。

这次事件波及美国和全球经济，证明这一次事态十分严重——全球经济深陷危机。如今，价值百万的问题(或者我们应该说是价值亿万的问题)就是："我们该如何建立一个真正持久可行而且稳定的全球经济体系？"

卡巴拉智慧告诉我们，要想找出解决方案，我们不必一定是卓越的经济学家。我们只要了解到大自然的计划是将其所有的部分都引领到一个完美的统一状态，而在人类社会中，这就意味着每一个个体的活动都必须对整个社会有利。

这一行为最好的例子就是一个生命有机体。有机体内的细胞互相联系，并且共同为对有机体做出贡献而运作。卡巴拉学家耶胡达 阿施拉格(Yehuda Ashlag)在《构建未来的社会》(Building the Future Society)中写道，"大自然赋予了每一个成员从社会中获得自己所需，并通过自己的劳动造福社会的责任。"

所以，在经济体系中，正如在其他任何社会体系一样，这个游戏的名称就叫作互相保障。问题是，推动整个经济和社会体系发展的人类行为的基础，是以自我为中心的利己主义，而这个自我一直都只关注投资者和股票持有人的狭隘的私人利益，而不是公众的共同利益。以牺牲他人为代价，追求财富、名誉以及权力对公司拥有者来讲是他们的优先事项。

很明显，这与大自然要将其各个部分团结在一起，使各个部分都能互惠互利的计划是相违背的，因此，我们目前的经济体系得不到大自然的支持。事实上，我们在人类社会已经建立的那些体系与大自然的体系是完全对立的。

为了使经济体系存活下去，它必须与大自然的模式一致。而为了达到这一目的，需要采取一系列的措施：

* 应该利用现有的所有媒体渠道让人们意识到，我们全人类所有人共同组成了一个多细胞的机体，在这个机体里我们所有人是彼此联系的。在这一机体里的每一个细胞(人)必须认识到，对于个体来说，最有利可图的经济模式是能给其他人带来幸福的模式。

* 公众必须意识到危机产生的真正原因。人们必须了解到大自然为我们制定了一个计划，而现在正遭受的动荡不安是我们正在违背这一计划的直接结果。

* 决策人需要知道大自然整个体系是如何运作的，以及人类体系包括经济体系中必要的改变会带来什么样的影响。基于这一理论，为了达到我们的社会体系和大自然计划之间的平衡，决策人应该贯彻实施相应的变革。

只有当我们开始朝着这个方向思考并相应行动时，才能成功地将这个世界拉出如今深陷的泥潭，并将其带领到安全的地方上去。

7

消费者效应

经济的全球化意味着任何一个国内市场都和全球经济不可分割。近来受中国市场变化引发的持续的美元贬值，清楚地证明了全球市场是多么地互相依赖。我们必须发现在一个相互联系的统一的集成体系中正确行动的方法。而正好这个时候，这个完美的集成系统的母亲——自然本身来帮我们这个忙，教我们如何找到并利用这个方法。

他们(几乎)中了头彩

马荣　谢勒斯(Myron Scholes)和罗伯特　莫顿(Robert Merton)，拥有科学家们所想要的一切：诺贝尔经济学奖，世界最富盛名的大学的终身教授和荣誉。但在90年代中叶，一个机会的出现使这一切都变得黯然失色。一个著名的资深经纪人怂恿他们把他们的天才付诸实践以赚取大钱。

谢勒斯和莫顿认为玩股票就像掷骰子那样：你可以很容易评估每一次和所有发生的可能性。他们万无一失的计划就是通过统计数据分析精确地预测市场变化。

这两位科学家召集了一群杰出的数学和经济学教授。然后，与那位野心勃勃的经纪人一起，建立了一种私人对冲基金(一种在任何市场状况下以获利为目标的基金)。他们把这称作长期资本管理公司或者缩写为LTCM。这个基金开发出了一种基于数学模型的投资策略，在华尔街附近的一个高档社区中建立了它的总部，生意就这样开始了。

在短短四年中，这支基金成为华尔街每个银行和交易商都妒忌的对象。资深的股市高手们都难以相信自己的眼睛，因为这支基金获得了惊人的40%的年回报率而没有发生任何的损失和波动。看上去科学家们发明了一个神秘的可以在不可预测的市场中找出清晰的市场模式的公式。换言之，他们找到了一种可以生出很多钱的方法。

即使是那些持怀疑态度的银行家们也被这个集团震惊了。说实话，他们的印象是如此地深刻，以至于即使给这个基金提供一千亿美元的信贷都无需担保。这个基金和华尔街的几乎每个银行都有财政上的挂钩并由此建立了一条错综复杂的利益链条，这条链条上的任何一个环节都可以影响整个链条。

LTCM看起来是不可征服的，直到1998年9月的一个灾难的夜晚，那一天那个泡泡突然破碎了。灾难是由一个似乎无关痛痒的事件引发的——泰铢的贬值。这引发了亚洲和东欧证券市场的疯狂抛售，这个雪球就这样不断滚动直至最终到达了长期资本管理公司。这个基金彻底崩溃了，这甚至导致了一场全世界经济系统前所未有的危机。

看来市场正快速堕入一个没有回头路可走的无底的深渊中。传奇的美国联邦储备委员会主席阿兰　格林斯潘(Alan Greenspan)，采取了一个大胆的步骤——他迅疾地召集华尔街和欧洲各大银行的首领们召开了一次紧急闭门会议。最后，只有经济学家的祈祷和一个代价极其高昂的决定拯救了LTCM，也将世界从深度的经济危机中拯救了出来。

崩溃具有传染性

目前的美元下跌看起来就像当年LTCM崩溃的情景的重现。虽然美元已经在相当长的一段时间处于一个持续下降的通道，但最惊人的贬值是由中国在政策的一个变化引起的。中国务实地关注其自身的经济利益，开始移离美元区并使其投资多元化。这个决定在世界各地造成了回应：沙特阿拉伯、韩国、委内瑞拉、苏丹、伊朗和俄罗斯等都开始考虑移离美元区以保护本国的资产。

类似的趋势在这次美国次贷危机中(给风险投资借款人提供的抵押贷款)也同样发生了，此危机虽然在美国开始，但很快蔓延至世界各地。这一灾难还远远没有结束。这场灾难迅速波及全球的股票市场、银行、对冲基金和公司。欧洲、亚洲、加拿大和澳大利亚感受到了最大的冲击波。危机也影响到很多公司、制造商甚至高科技公司。

一次又一次，全球性经济危机的阴影在不断重复着。所有那些预测经济发

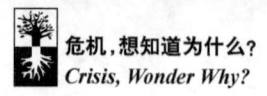

展趋势的企图都被证明是徒劳的。现如今，价值数百万亿美元的问题是：我们如何才能建立起一个真正可行的和稳定的经济系统？

将我们联接起来的系统

卡巴拉智慧对此的回答其实很简单。而且，对你来讲最好的消息可能是，你不需要是一个伟大的经济学家就可以理解这到底是怎么一回事。然而，你必须知道的是，我们以及我们所做的任何事情，包括经济，都必须遵循一种全球系统赖以生存的规律——也就是自然的法则。

卡巴拉学家解释说，大自然的总体计划是把她所有的组成部分，包括我们，全部都带入一个完美的统一之中。在人类社会这个结构框架当中，这个整体性就体现为每个个体的运行都要使全人类这个整体受益。

这种行为最好的例子是一个生命体中的细胞：它们相互关联并彼此给予，以整体能够得益为行为指南。在这个完美的系统中，身体为细胞提供它所需要的一切，而细胞则完全奉献自己以确保整个身体的健康。

> "每个成员被自然责成从社会中接受他/她所需要的，也同时通过他/她的工作使整个社会受益。"
>
> ——卡巴拉学家　巴拉苏拉姆(Baal HaSulam)《建设未来的社会》

在人类社会中，建立这些人为的系统是与那个自然的计划完全相反的，而且这些系统是由那个占据着人类行为的中心位置的利己主义操控着的。利己主义比整体的利益更加重视狭隘的、个人的利益，甚至(或尤其)是在牺牲他人的基础上致力于追求个人的财富、荣誉和权力。

这一切都直接与经济活动相关。在我们以利己主义为基础的经济系统中，资本和股东的自身利益是公司最优先考虑的事项。即使是有企业对社会的捐献，人们也禁不住会去怀疑：企业做出这样的行为，也只不过是为了通过媒体宣扬自己，提升品牌美誉度，以引起更多的公众关注，以便为企业带来更大的利益。

全球化+利己主义＝死路一条

在经过数千年的以利己主义为目标的发展之后，我们人类终于感到自己正处在一个既无解又无助的无可奈何的境地：我们越是想要从对方那里获取利益，就越发现我们之间的互相关联，就像上述那个机体中的细胞一样。

12年前LTCM的崩溃，当前的信贷危机以及现在的美元贬值，都不停地在证明我们的系统是多么地相互关联。一个地方性的小波动都可以使得全球市场起伏甚至崩溃。

此外，我们作为消费者的每个行为都影响着很多其它系统。就像"蝴蝶效应"那样，"消费者效应"也以同样的方式发挥着作用。

当费城的丽贝卡在她附近的商场购物时，她也在显著地影响着世界各地的许多人的生活。她购买的商品能决定一个工厂是否可以继续运作下去，家庭是否不得不搬家，甚至是否可将儿童从饥饿中拯救出来。当夏洛特 维尔的丹在家里转换着电视频道，他正在影响整个广告市场。遥控器的每一次点击都能影响成千上万人的就业和生活。

全球化使得我们的世界变得如此脆弱，以至于一个微小的冲击就能令其毁灭。像在美国当地发生的借贷危机，一场自然灾害，一次恐怖袭击以及波斯湾的军事紧张局势，都在直接影响着国际商品市场的价格并危及全球经济的稳定。

出路

令人惊讶的是，自然就像一位铁面无私的法官，根据我们的发展水平来惩罚着我们，而且根据我们所目睹的一切，人类愈发展，招致的痛苦就越大，也就越要承受更大的痛苦以生存下去。

——卡巴拉学家 巴拉苏拉姆(Baal HaSulam)《和平》

卡巴拉智慧针对我们目前的状况，在我们处于黑暗的深渊，就要绝望的时候，给我们点亮了一盏指路明灯，而且为我们提供了更加广阔的从未想象过的光明前景。卡巴拉智慧解释说，我们人类就像在一个沙箱内——即地球上——

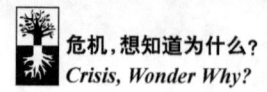
玩耍的小孩。而自然在逐步地演变着我们，就像父母教育他们自己的子女似的：我们长得越大，就越被期望发展得更好。

卡巴拉智慧解释人类正经历两个平行的过程。一方面，自然推动我们团结并如同一个机体去运作。另一方面，人类的利己主义也在持续增长中，并使我们彼此越来越分离，即便这两个过程同时发生也并不是一种巧合。

不管怎样，人类必须转变自己的利己主义，并开始像一个机体中的细胞一样共同工作。卡巴拉学家建议我们自己去掌控这一过程，而不是在自然的强迫下，不得不做出这一改变。

卡巴拉学家解释，通过改革教育系统，我们能让人们理解到全人类就如同一个多细胞的机体，我们是完全相互联系在一起的。通过研究整个自然体系以及它的内在规律和法则，人们将认识到在社会结构中要如何变化以达到与自然的平衡。

通过与自然法则协调采取一致的行动，我们将会在我们生活的各个领域中都获得成功，包括经济。幸运的是，我们已经有了这门解释自然的隐藏着的根本计划的科学——卡巴拉智慧。

8

消费民族——一个不为人知的阴谋

消费品，它充斥着我们的壁橱、我们的车库、我们的生活。我们用拥有的物质财富的多少来衡量我们成功与否，我们把大量的时间花费在购买这些消费品上。一部新拍的记录片《"东西"的故事》，展示了我们的整个生活是怎样被这些"东西"所操纵着。而卡巴拉智慧则指明了我们对此该采取的行动。

安妮　伦纳德是一个国际可持续发展和环境卫生问题的专家，她花了十年的时间来探索"东西"从最初的原材料到归于废物的过程。她的纪录片《"东西"的故事》(www.storyofstuff.com)不仅有教育意义，而且饶有趣味，目前已经有两百万以上的人们观看了这部纪录片。

安妮对这个问题做了简洁的陈述："我们已经变成了一个消费的民族。我们的首要身份已变成是消费者，不是母亲，不是教师，也不是农民——而是消费者。"但是她更深层的忧虑是美国倡导的这种消费狂潮会破坏我们与自然的和谐，毁坏人们的生活，而这一切都发生在公众没有丝毫察觉的情况下。对于她所揭露的事实，下面列举一二：

? 仅仅在过去的三十年里，地球上的自然资源已经被消耗掉了三分之一。

? 全球75%的渔业资源都处于超负荷渔猎状态。

? 地球上85%的原始森林已经消失。

? 美国只有世界上5%的人口，却消耗了世界上30%的资源，制造了世界上30%的生活垃圾。如果全球都以美国人的这种速度来消耗，我们至少需要三到五个星球。

? 每年，美国的工业要泄出四十亿镑的有毒化学物质。如今，超过十万种合成化学物被用于商业生产。

？日常消费品里含有的有害化学物质会在我们的身体里积淀下来。

事实上，人类母乳中含有的有毒化学物，在其食物链中居于首位。

？在美国，每人每天要制造4.5磅的垃圾，是三十年前的两倍。

？即使我们能够回收100%的垃圾，也并不能使这种情况得以改观，因为每一罐我们放置在路边的垃圾，都会有等量的七十罐用以制造出这一罐垃圾。

然而这远非这个故事的全部，安妮透露："这绝不是巧合，一切都是被设计和有预谋的。"

为什么购物成为了一种全民消遣？

通过广泛的调查研究，安妮披露了一个最令人震惊的事实：如今的这种"用过即丢的社会"正是由美国政府为了重振"二战"后的经济而精心导演的。在那时候，零售分析师维克托 勒博曾提出一个野心勃勃的计划：我们庞大的生产型经济需要把消费作为我们的生活方式、把购物和消费转变成一种习惯、在消费中寻求我们的精神满足和自我满足；我们需要以一种前所未有的速度来消费、损耗、更换和丢弃各种消费品。

这就是消费主义的雪球开始越滚越大的原因。在美国，人们每天被淹没在三千多条广告里，这些广告总是鼓动人们去买更多的"东西"；公司设计的是一些能够迅速淘汰的产品；货架上永远堆着的是一些为求方便的一次性物品。其结果是什么？

"我们购买、购买、再购买，以此来保持物品的流动，最终被它们牵着鼻子走。"安妮如此总结。我们的整个生活都被限制在工作、购物、为付清所购之物继续工作的循环当中。囿于这种永无止境的循环，民意调查中会有"我们的国民幸福指数实际上正在下降"的这一现象，也就不足为奇。

难道这就是我们想要的生活方式和经济增长方式？难道我们真的要屈服于这样一个破坏人们生活、毁坏自然环境、使我们完全与自然失去平衡——到头来却并不能让我们感到丝毫幸福——的系统？

卡巴拉对"消费欲望"的解释

《"东西"的故事》以提出种种"绿色"发展策略来改善这种现状终结了全篇。然而，安妮也意识到："只有当我们看清事物之间的联系，当我们开始看到一幅更大的图片时，事情才会真正开始改善。"

卡巴拉智慧恰好谈论的就是如何去看到这些"联系"。它阐明了我们必须去探究隐藏在其背后的东西，并揭示出那个刺激我们消费欲望的驱动力和滋生这种欲望的系统，正是我们的本性——人类的利己主义的本性的事实。

这就是勒博的消费策略能够迅速受到大众青睐的原因——它正中了我们利己主义的下怀。然而，他没有考虑到，有一天我们终会意识到我们内心的那个真正的、精神上的需求。那种期待用消费来实现"精神上的满足"的想法，只能显示出他对"精神满足"真正含义的理解是多么的愚昧和无知。

按照卡巴拉的观点(或任何其它观点)，我们非常清楚，没有任何消费品能够带给我们精神上的满足——更简单地说——永久的满足。而只有与自然无私的关爱和给予的内在本质保持和谐一致时，我们才能够感受到这种精神上的满足。

但是，由于我们对这种本质并不知道，我们所感受到的也仅仅只是我们与自然缺乏和谐——人与人、或人与自然之间出现的许多问题暴露了这种不和谐。卡巴拉学家认为，和自然给予的本性保持和谐一致是一条、也是唯一的一条获得真正的快乐之道。而且，这种本性的获得也将会给予我们一种全新的感知能力，我们将会在一个截然不同的层次上来感受生命。

为了能够达到这种状态，有一件事情我们必须得首先予以改变——那就是我们的利己主义的本性。

改变始于内心

卡巴拉向我们阐明：我们的个人生活方式和我们对待地球的这种方式是我们内在的本性的一种直接结果。如果我们想要在外部去做一些改变，必须得摆脱利己主义对我们的选择和价值观的束缚，而卡巴拉则给我们提供了一个实现这个的途径。

我们的目的比让人们成为我们自己的消费系统的奴隶要崇高得多，它也不只是意味着一种更加"绿色的生活方式"或一种更好更有效的资源利用方式。

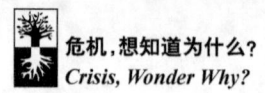

卡巴拉学家耶胡达　阿斯拉格(Baal HaSulam)曾经在《自由》一文中写到："整个创造的目的就是通过形式等同来和创造者实现融合。"

说得浅显一点，人类的目的就是为了使自己与自然界内在地相协调，使自己固有的利己主义和自然固有的利他主义相协调，然后感受现实那个完美的、永恒的层面。

一旦我们开始从内在改变自己，安妮所展望的那种"更绿色、更整合的经济"才会成为现实。通过获得自然的给予的品质，当人们开始改变自己，这个地球体系也会相应地改变。但是，卡巴拉说，这种改变只能始于内在。

"如果我们不使我们的目标超越这种物质的存在，我们就不会有真正的物质的复活，因为精神和物质是不可能共存的。"

——卡巴拉学家耶胡达·阿斯拉格(Baal HaSulam)，《流放和救赎》

II

生态灾难和气候危机：在向我们启示什么？

　　人们早以习惯将自然灾害看作是与我们人类特别是我们个人无关的自然事件，是我们个人爱莫能助的事情。面对灾难，我们所有能做的似乎就只剩下在灾难来临时，一方面祈祷上苍的怜悯，另一方面在灾难面前表现出强烈的生存意志和生存勇气，体验一下人性的光辉。但在灾难过后，记忆逐渐消退，灾难就被忘到九霄云外，我们从来没有试图思考一下灾难对我们到底意味着什么。但是，现在灾难的频度和强度却在迫使人们必须换一种思考角度了。似乎每一场灾难，不论它发生在世界的哪个角落，都会对我的现实生活产生影响。灾难真的和我们人类无关吗？

上帝：来，亚当，夏娃，送你们一个地球，好吗？……

亚当与夏娃：上帝啊！帮我们换一个更好的球吧！……

9

我们和生态

"我们的地球正面临一种真正的危急状态。这是全人类在道德上和精神上都面临的挑战。"美国前副总统戈尔在接受诺贝尔和平奖的时候激动人心地这么说。

但是当帷幕在颁奖仪式闪烁的镁光灯中徐徐降下，一个问题引发出来了："**我们不断增强的环境意识是否真的能把我们从这场全球性的生态危机中拯救出来？**"

要想真的控制或逆转这场生态危机，我们必须通过检验自然及其系统，先了解这场危机的起因到底是什么。

自然科学的物理、生物、化学和其他科学的研究人员发现：组成自然的所有部分都存在于一种持续恒定的平衡中。这些元素是如此紧密地相互联系并互相依存以至于即使是最微小的细节被损害都可以使整个系统失去平衡，从而引发蝴蝶效应式的危机。

猴子们知道

自然平衡的秘诀是其所有组成部分之间相互的关心。这种彼此关心最明显的例子是在动物界：从昆虫到哺乳动物——它们清楚地表现出彼此照顾，比如蚂蚁、蜜蜂、猴子和大象——一直到我们的身体中互相帮助对方获得铁化合物的最简单的微生物。研究人员发现，植物种类之间也存在分享，甚至非生命的粒子都执行共同的行为，以维持由它们所组成的那个整体的运转。

人类VS自然

与其他所有生物不同，唯独人类在持续不断地扰乱自然系统中存在的那个完美的平衡。人们剥削利用自然，幸灾乐祸，损人利己。确实，我们并不总是意识到自己的行为就是这样。但在自然中，对自然法则的无知，却不能使我们免于受到惩罚。

无论我们是否认识到这一点，我们都是自然的不可或缺的一部分。因此，当我们自私自利地对待环境并试图为了自己的利益利用它时，我们就使得整个系统失去了平衡。

作为回应，自然会自动重新调整其系统以重新恢复被破坏的平衡。它的这种反应是自动的，就像当地球核心的压力增加到地球外壳再也不能承受的程度时，火山就会爆发那样。

所有的矿物质、植物和动物受它们本能的驱使，都在本能地维持着与自然的平衡，只有人类，被创造为一种有着自由意志的动物，唯独人类具有一个独一无二的机会，可以通过自由选择来与自然获得平衡，或选择为自己谋取利益而造成整个平衡的破坏。这正是人类在自然中被赋予的特殊角色。如果我们能够选择与自然达到平衡，我们就会上升到一个新的存在阶段并体验到自然的完美和永恒。目前的所有危机，包括生态危机，实际上都是这个平衡被打破，自然在重新恢复其平衡时造成的结果的外在显现而已。

生态危机不过是一个深层危机的外在征兆而已

我们所目睹的所有生态问题只不过是表明我们脱离了自然平衡的一种外在征兆。为了应对生态危机，我们需要研究自然中的那个普遍的运行法则并在我们的社会中实施那个同样的法则。

换言之，我们必须在人类的层面执行那个自然的普遍法则。这意味着遵守自然互相给予和互相照顾的原则。

这不是意味着所有人都要去关心其他人的需要吗？是的，这听起来确实很有一种乌托邦的味道。实际上，在当今世界，对人类而言，除了爱之外，任何其他事情都显得很合乎情理：暴力、犯罪、吸毒、抑郁、自杀、贫穷和分离，这一切都习以为常地被认为是理所当然并很可能发生的。即便我们并不鼓励任何这些行为，但我们已习惯将它们看作我们生活中不可或缺的"谈资"了，不是吗？

难道真的是这样吗？

不。其实，以上所有提到的那些弊病都是不自然的。

自然是毫无瑕疵的，并在完美与和谐中运转着。世界上的所有问题都源自于我们和那个自然法则的不一致。因为我们没有认识到自己也属于自然的一部分，所以就以为我们对其他人的自私自利的态度与类似生态危机这样的问题毫不相干。但实际上，我们所做的每一件事都在影响着自然的各个层面，包括生态。

我们对环境和对其他人的漠视是密切关联在一起的。因此，我们无法在忽视人与人之间的关系时，来改正我们和环境的关系。

美国前副总统戈尔真诚地对世界呼吁我们正在面对环境的挑战这一行为无疑是重要的和值得喝彩的。但为了意识到这一点，我们需要一种能揭示自然的完整蓝图和宏伟计划的方法，只有这样，我们才能知道为什么以及如何才能找到和自然中所有元素(包括人与人彼此之间)的平衡。

卡巴拉学家在其著作中明确地阐明了这样一种方法。他们描述了一条循序渐进的将我们引向真正积极的转变之路。这一变化始于人们相互之间的关系的改正，并且会引导我们在生活的每个领域都真正取得和谐和完美。

10

灾难-冰山才露一角

虽然北美刚刚过去的这个夏天并不炎热，但那里却发生了洪灾。而且不只是在北美，欧洲和亚洲的大部分地区似乎要么是炽热难耐，要么就是被淹没在突如其来的洪水、泥石流或者泛滥的河水当中。而且就算有些地方没有遭受从天而降的灾难，也会有来自地下的灾难：秘鲁正从一场致命的地震中恢复过来，而日本最大的一间核电站在一次地震引发的辐射物泄漏事件之后便关闭了。

正如许多科学家已经承认的那样，这些灾难只是灾难的冰山显露出的一角而已，这座冰山本身有多庞大却是无法估量的。**更大灾难的发生，与其说是一个是否会发生的问题，不如说是什么时间发生的问题**。正如环境学家詹姆斯 洛夫洛克(James Lovelock)将其书名定为《盖亚的复仇》(在希腊神话中盖亚代表大地)一样，事情有可能变成我们的直觉正在逐渐感觉到的那样吗？

在经过多次没有引起注意的警告之后，2005年8月29日，卡特里娜飓风袭击了美国路易斯安那州的东南海岸线，对新奥尔良、比洛克西市以及其他相邻的城镇造成了严重的破坏，导致了将近两千人死亡，造成的损失比历史上任何一场风暴造成的损失都要大得多。今天，在那场致命的风暴过去了两年之后，卡特里娜飓风造成的伤疤还远未愈合，而那个受尽摧残的曾经的快活之都离以往的安逸就更远了。

此外，一项针对卡特里娜飓风事件发生之后两年内在世界范围内发生的自然灾害的快速调查，揭示了这一类灾难事件模式正逐渐变得剧烈而又频繁。仅仅这个夏天降临的灾难就足以令所有神志正常的人颤抖不已。朝鲜的洪灾导致成百上千的人死亡；秘鲁的地震导致数以百计的人丧生；在中国爆发的季节性洪水中成千上万的人失去了生命；意大利和希腊的森林大火烧毁了数千万英亩的土地，包括许许多多的居民区也都被烧成了灰烬。这些曾经风景如画的村落在可预见的未来再也不适宜居住了。

在大海的另外一边，美国中西部许多区域终日下着雨，绵绵不断的雨水造成了河水暴涨，水位远远高于洪水警戒水位。成千上万的美国人失去了家园，迁居异地。这个夏天发生了如此多的灾难，以致于很难将它们全都记录下来：加利福尼亚州的火灾，将格里斯堡和堪萨斯州夷为平地的龙卷风只是其中的两个例子。也许气象术语中的"恶劣气象警报"应该改成"敌对性气候威胁"更加合适。

气候话题正变得流行

就连好莱坞也已开始关注这一话题。两部一鸣惊人的纪录片——戈尔的《不可忽视的真相》(Al Gore's Inconvenient Truth)和由莱昂拉多　迪卡普里奥(Leonardo DiCaprio)负责旁述《第十一小时》(11th Hour)——只是这一趋势最突出的两个代表。任何正规的报纸上都能找到有关环境的版块，而与气候有关的话题总能成为每日的头条。似乎工业革命之后近250年，我们才最终开始承认气候的重要性。要是在过去，我们大多数人都只会关心某些物种的生存，如今却是所有物种的生存都处于危机之中，而且也包括我们人类这一物种。如果不彻底改变我们的思维和行为模式，大自然会迫使我们改变，而我们会为这一堂课交付极其昂贵的学费。

有关大自然的新看法

根据卡巴拉智慧，目前这次危机的起因根植于支配大自然的那些法则以及我们人类与这些法则的关系。正如科学现在已经了解到的，大自然要维持其自身持久的平衡，当这种平衡受到威胁和破坏的时候，大自然便会利用各种机制自动地重新获得平衡。

这些法则中最根本的便是相互关联和团结的法则。这一法则决定了大自然中所有的组成部分不能只为了维持自己的利益而运作，而是要为了支撑整个体系而运作。换句话说，这在人类的眼中似乎很不可思议，在大自然中的每一种

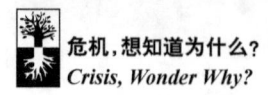

元素都在关心大自然中所有其他的元素，而不是自己。这就是自然的真实的运作方式。

与人类不同，大自然的这种维持平衡的动力存在于大自然的所有层面的天性之中，包括：静止层面(非生物)、植物层面和动物层面，是它们与生俱来的特性。而人类是这项法则唯一的例外。因此，**在整个宇宙中，人类是整个自然中制造混乱导致平衡被破坏的唯一元素。所以，改正人类的本性也会自动改正大自然其他的部分，如果继续破坏大自然的平衡，则必然会拖延并增加我们自己的麻烦**。卡巴拉智慧教导我们，我们唯一可以做的能够帮助我们自己和我们生存的这个世界的事情，便是在我们自己身上"做功"，用"满足自然整体的愿望"来取代我们的自我满足的愿望。

狗吃狗

时间在一天天过去，人类也已变得越来越自私自利，我们越来越疏远他人，和大自然团结的法则相背离。人类不仅剥削动物、植物和资源，而且喜欢在摧毁他人的基础上成就自己。这样做使得我们一直以来都在违背大自然最根本的团结的法则。但是大自然不会改变，它的运行法则是永恒的。每一次违反大自然的法则都会触发大自然执行其平衡机制，并产生不可避免的反作用。而我们越自私，刺激大自然重新恢复平衡的动力就越强。这就是我们会感觉大自然是在向我们复仇的原因。但实际上这不是复仇，自然只不过是在试图修复我们对其造成的伤害而已。

大自然不会也不能向我们做出让步。我们可以继续把我们的头埋在沙子里(置若罔闻)，但是如果这样做，我们很可能会发现，这个决不妥协的大自然会真的将我们的头彻底埋进沙子里。如今，警钟正在敲响，时间也已几乎耗尽。我们仍然还有最后的机会将自己从死亡的威胁中拯救出来，但是要获得成功，我们全人类都必须下定决心并共同努力。这将是我们第一次试图表现得像大自然一样，为了集体的系统的需要而协调行动。

抉择

正如我们先前提到过的，人类是大自然中唯一天生不具备同环境维持平衡、和谐以及互惠互利的内在动力的物种。相反，我们为了满足自己的需要，肆意攫取任何我们想要的东西。由于大自然已经预先制定了这些规则而且不以人的意志为转移，因此除了"选择团结一致和自愿地互惠互利"之外，我们别无选择。事实上，这其中包含着一个只为人类保留着的利益：**只有人类拥有了解自然是如何运作以及为什么这样运作的能力，而不是盲目地遵循自然的法则。**

卡巴拉智慧提供了一套经得起时间考验的自我转变的方法。由于它的基础是向我们隐藏着的大自然的内在法则，也就是自然规律本身。将近五千年来，卡巴拉学家们反反复复地测试了这一方法。虽然为了适应不同时期卡巴拉智慧学习者的需要，卡巴拉智慧在其术语方面发生了很多变化，然而其原理仍然和自然本身一样从来没有改变过，因为自然本身就是这些原理所描述的那样。而且，虽然自然没有给予我们与生俱来的互惠互利的能力，但是它却给我们提供了通过我们自己的自由意志去掌握这种能力的方法。何况，通过这样去做，自然向那些"从自然学校毕业"的人提供的绝对回报是对自然的全知及获得和自然一样的全能，而它需要我们的只是我们去这样做的意愿，你愿意吗？

11

内在的飓风

是什么使自然失去平衡？我们又能做什么去拯救这个星球？

一种不祥的趋势

它又再次发生了。加勒比岛屿和美国经历了三重打击：先是飓风古斯塔夫，然后是汉娜和艾克。飓风古斯塔夫使人害怕，像飓风卡特里娜那样巨大的破坏力和生命损失以及百万人逃离新奥尔良地区的家园会再次发生。幸运的是，风暴在着陆前开始减弱，避免了那场预期的灾难。

新奥尔良那回脱险了，但海地却没有那么幸运。四轮一连串的飓风，从八月中旬的飓风费伊开始，导致了岛上基础设施的灾难性破坏。虽然眼前风暴中的死亡人数相对较低，但随后的人道主义灾难预计将有数以百计的人因疾病和饥饿丧生。

而现在，德克萨斯州的海岸正被艾克猛击。加尔维斯顿被洪水淹没，火灾发生在消防员无法进入的地区，休斯顿的数百万人可能要遭遇持续几个星期的停电。

人们很容易把关注点放在发生在自己身上或自家附近的事件上，但自然的冲击并没有地域的限制。由于季风洪水所引起的主要河流的决堤，当数以万吨的水向其下游的村庄喷泻时，在印度数千人因洪水死亡了。2008年5月，中国汶川遭受了八级地震的袭击，造成七万人死亡，数月后仍有两万人被报道失踪。

在世界的另一边，智利的沙伊顿火山在沉寂几千年后开始爆发。附近城镇被迫疏散，不然的话，碎屑岩和熔岩流将会快速地吞没一切。

无论我们在科学和技术上取得的进步多么巨大，自然仍然在不断地提醒我们，人类是多么的无能和渺小。那么，为了防止下一场灾难的发生，我们有没有什么能做的呢？事实上，我们能做的有很多。而这需要从理解我们和自然的关系开始。

自然的不平衡

如果仔细观察自然，我们将发现其所有组成部分之间存在着一种持续的平衡行为。自然中的所有元素相互联系和相互依存的程度是如此地紧密，以至于改变任何一个小小的细节就能使整个系统失去平衡。然而不管怎样，整个系统都会快速调整以恢复其平衡。

在小的范围内这显得最为明显。如果夏天你把一桶冰块拿出来，冰会很快融化而周围空气的温度也随之降低下来。冷热双方互相协调对方直到达到平衡。同样的现象也在大自然中的大范围内发生，但是自然对极端的温度和压力的再平衡可能就会导致被我们称为飓风、台风、龙卷风的那些剧烈事件。

这种平衡原则也适用于动物王国。生态系统中的每种元素，无论是动物还是植物，都为保证系统的平衡和协调而运作着。不要被你最近看到的自然记录片中那些动物之间为了生存互相猎杀的暴力场景所误导。表面上，大自然看似很残酷，但仔细研究表明，其所有的冲突和不协调，实际上，都是为了恢复其内在的平衡。Jane Goodall博士，她是多年在密林中度过人生的一位著名的黑猩猩研究人员，在分享她的经验时，证实了这点："我感觉到了，自然中没有一丁点儿的邪恶力量，只有纯粹的爱。"

利己主义造成的不平衡

而人类是那个一直扰乱着自然这种完美的平衡的机体中唯一的生物。我们为了自己的私利，忽视整个系统的平衡和福利。利己主义是我们允许自己互相利用对方的根源，甚至损人利己。其实，我们企图甚至理所当然地把自然看作某种为了我们自身的利益可以随便利用的对象。

我们并不总是能够理解我们的行为和自然反应之间的联系，但"无知者无罪"这一原则在自然界并不成立，无知是无罪，但由于无知而采取了错误的行为，这个行为本身就会引来惩罚，也就是我们会受到惩罚的根源却在于我们错误地对待自然和其他人的思想和行为，所以，**一切都是我们在惩罚我们自己，**

而这就是天道。即使我们自以为是地认为自然灾害都是天灾，是自然的，与我们无关，我们也无力影响它，并通过精心打造各种堤防系统、利用各种高科技手段或建立早期预警系统，并天真地认为这样就可以保障我们的安全，但自然一再向我们展示——所有这一切外在的预防措施都只会是徒劳的挣扎而已，人类并不能置身于自然的平衡法则之外。而且灾难的发生其实是自然在向我们发出警告，我们的路走错了，并且在迫使我们去寻找灾难发生背后的原因，以及灾难本身想引领我们到达哪里。

与自然和谐起来

卡巴拉智慧告诉我们，人类是统一的自然系统的一部分。虽然我们没有意识到这一点，但在我们自私地与他人以及环境建立联系时，就会令整个系统脱离平衡。反过来，自然不可避免地应用其"改正的"力量来重新使系统获得平衡，我们越走向利己主义，自然采用的推动我们重新回到平衡状态的方式就表现得越极端。最终，我们将不得不了解——只有自然才会赢得这场战争。

然而，在这里我们有着一种选择的自由。我们可以选择与自然体系结盟，而不是斗争。因此，如果我们想要解决生态危机，我们就必须学习自然是怎样运转的并学会怎样在人类社会中贯彻其法则。

为此，我们首先要利用各种信息传播系统来向公众揭示这场生态危机产生的原因——即人类在一再变本加厉地违反自然的平衡原则。同时，我们应该建立尽量广泛的意识，即大自然是一个多细胞的统一的机体，而且，其中的每一个细胞都互相联系并依赖于其它细胞。为了使人类变得与自然平衡，它也必须同样地作为一个统一的、相互联系、相互依存的机体的一部分的方式来运作。

如果我们理解到人类和自然是一个统一的整体，并致力于从分离到统一，从彼此仇恨到团结友爱，改变人与人之间彼此的关系，那么我们将会把失去的平衡重新带回给自然，并由此带来真正的安全和和谐。

12

全球变暖——那又怎样！？

现如今，大众都能得到丰富的信息，每个人都清楚全球变暖和气候变化。但看样子，知道和关切并不总是齐头并进。

有一些大学设有专门研究气候变化问题的部门，包括气候学和环境研究。全世界的活跃团体正努力提高人们对全球气候变化趋势的意识；电视和互联网新闻给观众展示了海洋气候变化和正在迅速融化的冰川的卫星照片；大量的科学文稿、报刊文章以及国会听证会都在致力于该问题。

即使大众文化也加入到了这场运动中来，就像记录片《不愿面对的真相》表明的有关美国前副总统戈尔的活动，还有儿童动画片《冰河时代：冰河消融》——关于三个可爱的毛皮动物试图在冰川大坝的崩裂中幸存下来。好莱坞明星莱昂纳多 迪卡普里奥更成为环境意识的代言人。

迪卡普里奥和一个北极小熊在冰岛东南的断裂的冰川上的照片已刊登在《名利场》杂志的封面；他在欧普拉秀上谈论到此事，并在他的记录片《第11小时》警告说："由于生态环境的危机，人类正在面临灭绝。"

其他踊跃加入此潮流的名人还包括查理兹 塞隆、娜塔莉 波特曼、汤姆 汉克斯、苏珊 萨兰登和萨尔玛 哈耶克等等一众好莱坞明星大腕。

知晓之后的结果

这类新闻正日益变得更加触目惊心。就在我们眼前，我们可以目睹南极冰架倒塌并落入大海，也可以目睹灾难性的袭击美国海岸的飓风的盛怒和肆虐。

科学家之间对全球气候变暖这件事上没有任何辩论，无论是其原因还是其潜在的后果。《科学杂志》上的一篇文章指出，在928篇关于气候变化的论文

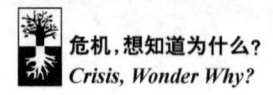

中，没有人不同意是人类的行为在改变着气候这一无可非议的事实。

但是，除了所有这些之外，真正令人不安的却是，**我们越了解全球变暖带来的威胁，就似乎变得越不在乎！**德克萨斯A&M大学科学家最近进行的一项对1100位美国人的调查显示："一个人拥有的关于全球变暖的信息越多，他就越少觉得他自己对这个问题负有责任，并越少关心全球变暖问题"（《危险分析》，28期，第一版，2008年2月）。这就与我们所期望的彻底相反：研究表明，媒体越积极地宣传这个问题，居民所知越多，反而对此关心得就越少！

对冷漠的解药

也许我们的冷漠可以归因于事实上没有人对即将发生的灾难能提供任何可行的解决办法，抑或是因为我们感到过多的事实报道已压得我们喘不过气来，哪还有时间思考这些与我们"毫不相干"的问题。所以，我们干脆选择把问题暂时推到一边，采用鸵鸟政策。但是，当这个问题真正开始影响我们个人，侵害我们的个人利益时，我们就不能忽视它了。比如，你和你的家庭遭受了飓风或地震的打击。由于全球已连为一个单一的自然的一体，任何人都可能会是下一个被打击的对象——这样一来，我们还有理由不关心吗？

卡巴拉智慧对此的解释很简单：阻止我们对这个问题清醒有效的思考的是我们自己那个狡诈、狭隘、自私的自我。自我使我们看不见一个更广阔的视野，也不允许我们估量整体情况的严重性。此外，我们的利己心蒙蔽了一个事实：**是我们自己导致了这一切，而且也只有我们自己能够改变这一切，**并且阻止我们去面对它。

这倒不是说我们不得不踏上那条"痛苦之路"——正如卡巴拉智慧所称。如果我们发展出那个给予性的感知，一种利他主义的感知，我们之间和现实更广阔的那个画面之间关系的感知，并以符合自然所渴望的方式来改正自己的本性，我们将结束这个不断加剧的人类与自然之间的不平衡。

因此，要改变气候变化和全球变暖的危险趋势，我们首先必须改变我们对待这个问题的漠然的态度。这就是为什么在世界各地传播卡巴拉智慧是如此重要——它是一种能够在我们内部开发出一种新的感知，从而使我们关心自然，并使我们真正改变的方法。

13

气候危机：谁能拯救地球？

以失败告终的哥本哈根气候会议，不禁使整个世界开始疑惑：我们人类能解决环境危机吗？——对此，自然自有其应对之道

哥本哈根气候会议没能完成将人类赖以生存的地球从气候变暖中拯救出来的使命，两个星期的全球峰会只不过留下了一个对缓解温室效应毫无作用的脆弱协议，与会成员国代表们仅仅只是无奈地做出让步到"记录下来"大众的建议。在开幕那天会议主席辞职后，丹麦首相拉斯穆森被委以重任主持峰会，他呼吁峰会代表们积极行动起来："世界各地的人民都在翘首期盼着我们能够有所行动。"

然而，拉斯穆森的呼吁，不但远远没能达到所期望的结果，它看起来甚至更像一场可悲的闹剧——事实证明整个会议过程就是一场十足的闹剧。从遥远的德国和瑞典引进的、用来接送这些"有气候意识"的代表的1200辆豪华轿车的超高碳排放量，已经遭到了人们的批评，除此之外，这个被宣称是"拯救环境最后的、最好的时机"的会议本身也遭到了大众的质疑。

法国报纸《解放Libération》将人们在挽救全球金融体系与气候问题上出的努力做了一个对比：我们必须清醒地看到："当涉及到挽救银行系统时，人们的讨论总是有效并坚决得多。"委内瑞拉总统乌戈 查韦斯简洁地加以总结："如果气候是一个银行的话，我们也许早已经去挽救它了。"

世界上历史最悠久的科研机构，英国皇家学会声称，峰会的失败使世界更进一步地陷入了"人道主义危机"。如果这些被委以重任来拯救地球的人们没能完成使命，如果生态危机仍一如既往地恶化下去，人们不禁要问：到底谁能够拯救地球？

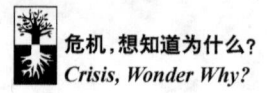
问题的本质

为了找到问题的答案，我们可以从自然中去观察这个问题的真正的本质。从一种宏观的视角看，我们必须首先认识到，自然，不是地球上所有矿物、植物以及动物的简单的总和，而是一种定义宇宙万物千丝万缕的联系的相互平衡的法则。

在我们身体内的这个生物系统的集合体就是对这种相互平衡的天然的联系法则的完美阐释：数十万亿的细胞为了支撑这些细胞的集聚体——我们的身体而齐心协力。

自然必须保持这种相互协调的平衡状态，除此之外别无选择。自然界的所有生物都只从环境中获取其所需，然后为了种群的整体利益而共同努力。为什么人类是破坏这种平衡的唯一的物种呢？人类是地球上唯一对物质贪得无厌、向自然贪婪索取，企图操纵自然的生物。结果，人类的欲望不再只满足于食物、住所和家园，他们还想拥有财富、权力、名望和荣誉。

正是人类的这些独有的特性导致了其与自然、以及自然内部的失衡。如果我们把视线移向人类创造出的所有体系的背面，我们就会看到一种力量：自我（利己主义）。人类并没有从整体的利益去考虑，而是被个人的利己主义所驱使着，从而导致了与自然的分离，也正是这种分离导致了我们人类自身和自然面临的一系列问题。

回归平衡之路

人类似乎不但没有把自己看作自然的一部分，而是一直企图凌驾于自然之上，然而，我们确实只是这个单一、相互联系的全球自然系统的一个组成部分。地球上的自然的平衡被人们破坏后，会蔓延影响到整个系统，并破坏自然系统整体的和谐。这就是为什么即使哥本哈根气候会议获得了成功，却仍然拯救不了地球的原因。因为它没有抓住问题的关键。我们，与其费尽心机去应对问题产生的那些结果，例如试图去减少温室气体的排放量等等，不如真正地从问题的根源上去着手解决问题。

拯救环境的途径存在且仅存在于那个导致自然的平衡被破坏的层面上，也就是在人与人之间的关系的层面上。概括地说，自然，就是指导存在的宇宙万物具体联系之间的那个相互平衡的爱与利他的法则。但是人类却在自私自利地支配着环境和其他生物。如果，我们能够采取另外一种态度——考虑到整个人类整体和我们赖以生存的地球的利益，我们就不仅能够拯救地球，也能够拯救我们自己。

自然中的所有其他层面的存在都在遵循着这个自然法则。但只有我们人类拥有着真正联系起来的可能，也有着将这种联系扩展到整个自然的需要，当我们陆续开始觉醒到这一认知，我们就能从我们的内在建立一种彼此互利共赢的关系，这样我们就能够恢复因我们而失去的自然的平衡，从而也给地球带来和谐和安宁。

拯救地球的秘方其实就在我们自己的身上、在我们的内心和思想里。当然，所有危机的背后都隐藏着一个惊人的创造的秘密。而危机之所以发生，就是为了迫使我们去寻找并打开那扇通向那个秘密的大门！

14

与自然对立

正确的诊断是成功治愈疾病的一半。因此，要解决人类面临的问题，我们首先需要了解问题的成因。最安全的起点是了解人类的本性以及这个世界的本质是什么。如果我们能够了解自己的本性，以及影响我们的自然法则以及它们为什么要这样影响我们的话，那么我们就能知道我们错在了哪里，以及必须去做些什么才能摆脱目前所面临的困境。

大自然中的无生命层面、植物层面和动物层面都被其先天的本能驱动着。它们的行为不能被认为是好或者不好；它们只是简单地遵循它们与生俱来的天性而已，也就是与大自然、彼此之间保持着和谐共处，互惠互利的关系。

但是，如果仔细观察人的本性，我们会发现人类与大自然中的其他物种有着本质的不同。人类是唯一会以剥削他人以及凌驾于他人之上为乐的生物。只有人会因为自己独一无二、与众不同、超越他人而感到快乐。因此，人类的利己主义是与大自然的利他法则正好是相背离的，也正是这种背离破坏了大自然的平衡，从而引发了各种灾难和危机。

但令人遗憾的是亿万年来这种自私自利的进化发展并没有给我们带来持久的幸福，就连一个最低限度的美好未来的保证都没能实现。我们感到越来越困惑不解，而这种困惑的状态是建立在困扰着我们的危机和挑战的基础上的。此外，人类以牺牲他人为代价寻求以自我为中心的快乐的这种嗜好随着时间的流逝也变得越来越强烈了。如今，人们正努力试着将自己的成功建立在他人和整个自然生态的毁灭之上。不包容、疏远以及相互憎恨已经达到了一个全新的、可怕的高度，正在危及着人类这一整个物种的根本生存。

但是，当我们仔细观察大自然的时候，我们看到所有的生物生来就遵循着一种利他主义的原则——关心他人。为了支撑整个机体，有机体内的细胞通过互惠互利地给予团结到了一起。每一个细胞都只吸收其生存所必需的能量，而将其余的能量都倾注于有机体的其他部分和整体的福祉上。在大自然的每一个层面上，个体的运作都以造福它自己是其中一部分并赖以生存的整体，并在整体受益的基础上，维持着个体的存在并使个体发现自己在这个大家都赖以生存的整体中所扮演的真正的完整角色。要是没有这种利他的行为，一个机体根本无法维持正常运作。事实上，生命本身也无法持续，个体和整体都会消亡。

现如今，在研究过许多不同的领域之后，科学正在得出一个结论，整个人类连同自然事实上也是一个完整的有机体。问题是我们人类仍然没有意识到这一点。我们必须知道我们目前存在的问题和面临的全面危机并非巧合，我们从过去找到的我们所熟知的任何方法都无法解决目前面临的这些问题。除非我们开始按照自然的法则行事，即按照利他主义法则去行动，否则这些问题将会持续恶化下去。

　　"两个人在一条船上，其中一个人拿起钻头开始在他自己的下面钻洞。他的同伴对他说：你为什么这样做呢？他回答说：这关你什么事呢？我不是在我自己的下面钻洞吗？另一人回答说：但你会使这条船进水，这会让我俩都会因船沉没而淹死！"

——卡巴拉学家，西蒙巴约海（公元1世纪），*Midrash Rabbah,*

III

全球化：
全球化＋利己主义
＝死路一条

　　不知不觉中，人类社会已从过去那种相对封闭的社会形态发展成为了一个被全球化经济和高速互联网联系在一起的全球一体的社会。这种转变是一种质的转变，它为所有在这之后发生的事情定义了一种新的环境。所有过去哪些曾经成功的解决问题的方法都变得不再适用于这种新的环境条件下出现的新问题。而最可怕的却是人类还没有为这种深刻的转变做好心智上的准备！而这种准备不足将会被证明是灾难性的！

15

全球化到底意味着什么?

我们生活在一个越来越全球化的世界中,但很少有人明白"全球化"这个词到底对我们人类意味着什么,或者更重要的是,它是怎样影响我们的生活的。欢迎来到当今这个世界上最迫切需要的课堂中。

全球化这个单词刚刚加入到我们的词典中,而且是一个在人们的大脑中还没有明确成型的概念。哪么,全球化是什么?对我们又能意味着什么呢?

"全球化是本地或区域的现象转变为全球化的一种过程。这可被描述为一种混合和同化的过程,其中世界上的人民成为一个统一的社会并开始一同运作"

这是维基百科提供的定义。

"全球化是一种人、企业和不同国家政府之间的相互作用和整合的过程,是一种被国际贸易和投资推进以及由信息技术所协助的过程。这一过程在全世界范围内影响了社会的环境、文化、政治系统、经济发展和繁荣以及人类的物质福利"。

这是www.globalization101.org提供的定义。

"全球化是对我们彼此之间的关系达到的一种全新的阶段的揭示"。

卡巴拉则这么定义全球化。

不是你所期待的

你也许认为分享信息、快乐、忧愁以及分享责任应该对我们都有利，但当前的金融危机一清二楚地展示了全球化给我们带来的仅仅是更多的"问题"。

为什么会发生这样的情况呢？卡巴拉解释说，这是由于我们在反方向地运用这个统一的全球化集成系统：我们都在试图为了利己主义的目的，互相支配和压制对方，而不是共同协作。

全球化已将我们带入一个令人惋惜的境地，而现在世界各国首脑们正在匆忙地尽力使用更加"公平"的政策来扭转这种形势，如"你帮我，我帮你"。然而，即使我们遵循这种商业模式，即使我们不再互相欺骗并开始做"诚实的生意"，仍然会于事无补。全球化已经把我们带入了一个就如同我们都是同一个生命机体中的细胞一样的状态。当我们变得如此互相联系在一起的时候，为了保护自己的利益而去做诚实的生意并建立一种我们自认为公平的全球政府或全球银行系统都是毫无用处的，因为我们仍然在使用利己主义的算计程序去控制一切。

然而，这就是世界的政治和经济首脑们——二十国集团G20在金融危机发生后所做的：讨论建立一种联合的全球调控系统。不幸的是，这不会解决当前的经济危机，因为我们违反了那个涵盖一切的自然的爱和给予的法则。我们新建立的系统一定不能仅仅基于过去那种一直有效的所谓的公平的政策、协议和诚实；整个系统必须作为一个统一体系来执行新的运作模式，而且，在该系统中，我们必须像考虑自己的利益那样，去考虑他人的利益。

卡巴拉警告我们，**如果我们还是试图在那些曾经有效但现在已经过时的利己主义的原则上建立一套新的系统——即使是最公开和最诚实的，遵照"你的归你，我的归我"的游戏规则，这个系统也无法运转，而且还会带来更大的危机。这无异于"穿新鞋，走老路，却期望得到一个新的不同的结果"，而这将被证明将是人类最后的疯狂！**

全球化世界的规则不一样了

全球化意味着我们已经互相交织在一起，如同一个统一的、集成的系统。因此，我们得意识到一切都是共有的，而幸存下去的唯一方法是每个人都要去关心所有其他人。仅仅把那些个体存在所必需的一切当作"个人的"，而其余的一切应该算是全人类的财产——自然资源、产品、教育、卫生保健等等。危

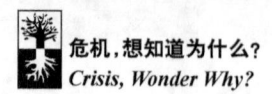
机会一直持续到我们开始这样去行动，而且无论我们多么努力地试图通过我们自私的逻辑来管理事物，我们仍然要继续遭受危机接踵而来的打击。

卡巴拉解释说，自然把我们当作一个完整的遵循各个部分相互联系的绝对法则的体系。没有人能逃离此法则，就像我们不能避开万有引力一样。这正是古老的《圣经》所表达的根本原则——"像爱你自己一样，爱你的邻居。"

你或许会反对："通过和其他人之间进行的公平的交易，我不是已经在遵守这一原则了吗？"那么问题究竟出在何处呢？即使我们建立在不同国家之间相互合作的合情合理的系统(即遵循"我的归我，你的归你"这一原则)，这仍将导致更严重的危机。为什么呢？因为这样，我们还是在试图从这种互相联系中谋取利己主义的利益。这样我们不但不会改正自己的利己主义，反而加剧了它。

因此，一种新的危机将会呈现并展示出我们试图"绕过"自然所导致的后果。那种危机会比当前的危机表现得更加激烈、更加严重，以使我们知道什么是不该做的。

一条更明智的途径

那么，在这种全球化的背景下，卡巴拉建议如何去做呢？卡巴拉阐明了我们未来存在的形态应该是：全人类必须作为一个单一的统一的机体来运作，而且，我们应该立刻尽量将这种设想付诸实践。

这并不意味着我们只能简单地建立公平的分配机制。首先我们要把"我的归我，你的归你"的原则作为第一步，同时进行强化的教育，以传授人类和平共处的法则。这将帮助人们发现我们的社会是一个统一的鼓励采取相互协调的行为的机体。只有那样我们才会走在正确的道路上，即转变到改正利己主义之路上，而我们也将立即看见自己苦难的减轻。

20世纪伟大的卡巴拉学家巴拉苏拉姆讲述了这样一个比喻：

"我们都在沙漠中迷失了方向，不知道要到哪里去。直到耗尽了所有精力之后，我们才意识到，避免在沙漠中迷路是根本不可能的。而今天，我们在尝试了各种利己主义的发展道路并发现它们都将我们带入了死胡同之后，我们才终于发现了一条新的道路，并且看到在道路的终点处有一个充满所有丰富和美好的城堡。就在我们已经绝望准备放弃的时候，突然间，我们从那些在更高世界处可以看到这个世界里发生的一切的人那

里接收到一张地图。我们只要去认同并改变我们对待这个世界的态度，我们就会发现这整个世界，包括我们已经经历和正在经历的所有苦难，都是为了使我们能够发现这条道路而创造的，而且突然间我们也发展出了达到此目标所需要的能量。"

于是，现如今最实用的解决方法是去了解我们的世界，并学会怎样像在"同一条船上"，在一个不可分割的一体系统中共存下去。在这条船上，所有人的拯救取决于每一个个体。由于我们已经生活在一个全球化的生态和一个全球化的人类社会中，我们必须要学会怎样正确地使自己融入这个我们都必须去互相关心他人的系统中。

16

你有个新消息

你可以像年轻人一样匿名在网络聊天室里那样交流；你也可以在电脑屏幕上在一个虚拟用户名后保持隐秘，但这都不会维持太久。我们迟早会摆脱那个伪装并为其他人在我们的内心里（而不是我们的聊天室中）留出空间。

今天的年轻人已经不需要装在信封中盖着邮戳的长信。这些早就被电脑屏幕和键盘或者手机所替代。

孩子们从小就学会使用Yahoo、MSN以及Skype之类的即时通讯软件。这种方式免费、易用和快捷。此外，快速的互联网允许他们穿越时空的界限，并使他们的世界变得不受时空的限制，虽然他们仍然得依赖电脑或移动通信装置。这一方面令他们成为实用主义的人，而另一方面，他们同时又像所使用的技术一样，他们之间变得越来越相互疏远。

但他们不已经是这样了吗？是这种互联网交流方式使我们之间产生隔阂，还是隔阂导致我们发展出了这种使我们日益疏远的交流方式？只知道通过网上或无线交流方式的这一代今后会如何呢？

一切都是连接在一起的

小时候，我做梦也没有想过科学幻想漫画中描绘的那些新奇机器会在我有生之年变成了六岁儿童的日常通讯工具。在我们那个年代，当我想和朋友一起玩耍时，就不得不用一个叫做"腿"的老技术。也就是——走到朋友家里跟他们聊天玩耍。通常，我先要同我朋友的妈妈们先说上几句。

如今，通过移动通信设备，我能够瞬间就可到工作单位报到或者通过短信微博联系上朋友们。而且和我朋友的妈妈相遇的机会也减少了。我女儿和她的朋友大都是通过网络聊天器来交流。她使用缩写词并通过表情符号来表达自己的感情。甚至对我们的孩子而言，朋友关系似乎也已变成了一种虚拟的关系。

毕竟是互相连接的

为了理解人与人之间这种互相连接的本质，我们必须知道其根源是什么。根据卡巴拉智慧，这个根源存在于一个没有时间和空间的地方。卡巴拉学家告诉我们，在那里我们都互相连接在一起，作为一个统一的灵魂，被称做"亚当Adam HaRishon(第一个人)的灵魂"的形式存在着。这个灵魂就像一个由无数细胞组成的紧密的、互惠的机体。在其发展的某个特定时刻，这个灵魂破碎了，其各个部分(细胞)失去了那种相互团结的感觉，这个灵魂被分裂成很多相互分离的个体灵魂。

正是这种分离造成了我们之间的疏远和相互憎恨，从那时起，我们就一直在无意识地寻找着我们曾经拥有的那种整体感的替代品。实际上，贯穿历史在全世界人类制造的所有社会系统都是为了一个目的：恢复我们失去的那种相互联系和互惠给予的状态。

人类的本性，也就是利己主义的自我是导致我们相互分离的关键因素。利己主义不仅造成破碎，它同样增加着我们的疏远。利己主义使我们想利用其他人，从而令我们依靠他人以满足自己的需求。但利己主义同样令我们希望自己能找到其他满足我们自己的方法，那样我们就能够不再依赖其他人，甚至其他人可以干脆消失。

我们的自我不能接受我们彼此相互联系这一事实，而且我们无力改变这点。这种"一体感"干扰并加压于我们，因此我们抵制并拒绝我们相互联系的这个事实。当前的沟通方式就是对我们的这种状态的真实写照——它们反映了我们彼此之间的疏远，但同时又反映了我们之间的相互联系。

一方面，我们想要与大家在一起，另一方面，我们又想要躲在我们的电脑屏幕和用户名后保护自己。因此，尽管技术已经如此发达，现代通讯系统也不能真正将我们连接起来；它们令我们分离，但同时又保持联系。

我们虽然已变得越来越分离，但同时也感到一种更强烈的真正联系的渴望。这种联系无法通过电话、电脑或者任何其它通讯设施实现。这必须在我们的

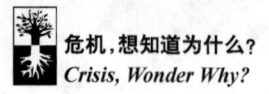
内心深处培养出来。我们迟早会发现我们需要在思想和愿望(而非在短信)层面上来建立一套升级的"通讯"体系。这样一来，我们将会发现我们曾经在亚当第一人的灵魂中的那种团结和统一，甚至重新恢复我们之间那个自然的、直接的和有益健康的结合。

卡巴拉连接人们

我们所处的这个时代在人类进化的历史上非常特殊。亚当的灵魂不会一直处于这种破碎状态。一旦其碎片(我们)认识到自己是分离的，我们就会认识到这正是导致我们所有痛苦的根源并开始努力通过重新连接来改正它。根据卡巴拉智慧，从1995年起，这个重新连接的阶段开始了。

当前的全球危机是在向我们展示"我们彼此相互依赖"的第一个征兆。但其实这不是危机，除非我们之间的相互依赖是我们的累赘。如果它不是不受欢迎的话，我们将会迫不及待地去帮助他人，并且不会把我们的这种状态当作危机，而是作为恢复我们相互联系的一个机会。

当我们重新彼此结合，我们将会感觉到那个统一的亚当的共同的灵魂；我们将感知到我们的存在是包含一切的、超越时间和空间的、而且不受感官的限制。此外，我们将真实地体验无限自由的快乐。但在此之前，我们还会继续隐藏在屏幕后边，并相信通过使用匿名，可以保护自己。下一个阶段将会是摘下我们的面具并使我们在心里真正团结在一起。

而暂时……你有一个新信息。

17

网络虚拟世界：你连接上了吗？

我们的生活正在变得越来越虚拟化——从虚拟银行到虚拟友谊。根据卡巴拉智慧，虚拟世界是步入精神世界的踏脚石，而在精神世界里我们全人类都是一个真正连接在一起的单一整体。

连接是一种我们都渴望的东西，它是一种归属和被爱的感觉。和他人的连接使家庭结合在一起并激励世界各地的人们加入各种俱乐部、宗教和兄弟互助组织。无论社会将这些特定的活动看作积极的或是消极的，"归属"于某种组织的吸引毋庸置疑是非常强烈的。

然而同时，我们却生存在一个人们比以往任何时候都孤立的世界里。我们不再生活于每个人都知道其他人的生活状况的小镇或村庄里。我们生活在甚至不知道我们邻居名字的城郊或大城市里！与当地的杂货店老板、银行家和零售商的关系已被自助服务机器和网上购物所替代，即使家庭结构也正在被打破。我们就是这样彼此之间变得越来越疏远。

拉伸(分离)至极限

卡巴拉智慧告诉我们，这两个极端——对连接的愿望和我们日益增长的分离——是不可分割地联系在一起的。对团结的愿望源自于我们的精神根源，在那里我们全都是统一团结在一个共同的机体中的。然而，在牺牲他人的基础上接受快乐的那个愿望——也就是我们的利己主义——却不允许我们感到自己在这个机体中的存在。相反，我们人类感到我们自己的存在就如同数十亿个个体分离地存在着。而这就是我们持续增长的利己主义令我们彼此之间越来越疏远的原因。

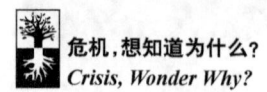

自相矛盾的是，我们越是分离，对连接的需要就越强烈。这有点像在拉伸一根橡皮筋：你越拉伸它，它试图回到原来形状的张力就越大。今天的人类已被"拉伸"到达了利己主义的最高峰和分离的极限。人们开始屈从于这种压力和极限负荷——这从世界上正在泛滥的自杀、抑郁症和家庭暴力等现象的盛行上都可以得到印证。

那么，我们对此能够做些什么呢？唯一的解决途径就是开始向我们之间相互联系的状态回归。无论是否意识到了这一点，人们已经在无意识地开始这样去做：这在互联网正在展现出的越来越大的影响力和其越来越流行的服务模式——社交网络上都得到了证实。

技术和通信——将我们重新连接

说来也奇怪，使我们能够自给自足从而导致我们之间相互分离的高科技，现在正为我们提供一种重新与他人相互联系的方法。社交网站已是目前网络上最红的站点，甚至超过长期受欢迎的色情网站。

对于一个崇尚个性的世界，互联网为人们提供了一种基于内在的共同的特点、兴趣、愿望和目标而又相互不构成威胁的新连接方式。人们可以与世界各地甚至可能永远不会见面的人发展友谊！此外，它还避免了身体接触所带来的烦扰。

我们不必在我们的日常生活中应付这些朋友，或者因为任何那些令人讨厌的个性怪癖而分离。如果你不想跟某种人交往，你所要做的就是干脆不打开他的邮件或者不接受他的邀请。

那么，这种虚拟世界是如何使我们忽略外在印象的干扰并发展出和其他人之间的连接的呢？虚拟空间最大限度地掩盖或减少了生理、外貌、种族和宗教之类的分离因素对连接的影响，从而让我们可以在一个更深刻的、较少物质色彩的基础上互相连接。这种连接，不是基于对他人的容貌等外在特点感兴趣，而是基于他们之间共同的内在品质——思想、爱好和好恶、乃至他们独特的、个人的观念。

然而，事情远非这么简单：正是这种与他人在更深的层次上的互相连接的渴望，甚至去体验理解他们最内在的感受的愿望，激发了那些能使我们真正进入他人的感知中的尖端技术的发展。

我们很快就会有机会通过其他人的眼睛(耳朵、手等)来体验其他人的内在世界!

瓦拉里 法索(Valeria Fuso),一位年轻的意大利设计师,发明了一种"经历记录器"————一种使人们能够在线交流感知和体验的装置。那个机器是一种配备了运动和温度传感器、照片和视频摄像头和录音机的"手套"。该装置能在自动模式下工作,捕捉用户每一刻的生活,甚至具有一种Wi-Fi无线同步并独立连接到互联网的配件选择。

其他正在迅速发展的新技术包括互联网语音协议(VoIP),那里的一切都是通过语音完成的,包括指挥、通讯等等。对流动的人群来说,VoIP很方便,它使得人们能在任何醒着的时候和虚拟社区进行连接。

在这些尖端技术帮助下,人们的沟通方式正在变得越来越虚拟化,甚至有了如此简单虚拟连接的方式,我们已经不需要走出家门和其他人约会。何必要付每天都在上涨的汽油费,在交通堵塞中浪费那么多宝贵时间呢?不是在自己的家里坐在屏幕对面就可以"看见"任何人吗?

所有这些因素都使互联网变成了人与人之间交流和联系的主要渠道和方法。由于网上交流的虚拟本质,我们的外在属性正在逐渐消失,而我们的"内在品质"和连接正在占据舞台的中心。

从虚拟世界过渡到更高的精神世界

随着时间的推移,我们发现所有外部的因素都变得越来越毫不相干,并开始寻求一种彻底的精神上的连接。然而,我们将很快发现,通过网络和其他高科技的虚拟连接并不足以到达那种我们寻求的完全的、精神的连接;我们将会发现一种更伟大的、精神的连接的必要性。

暂时,我们在虚拟世界的体验正在帮助我们试验那个超越物质领域的连接。但是我们不能只是单单在这个世界的虚拟领域中连接,我们还必须要学会怎样在精神领域中团结——在精神领域我们全人类一起构成了一个单一的机体并真正作为一个统一的整体而存在。而且没有任何一种比这更加伟大的连接方式,也没有比通过这种连接能带来的快乐和满足更大的了。

18

哈利波特魔法之谜

在过去的十年里，一个史无前例的文化现象涌现出来了，并且风靡全球。它的名字叫《哈利·波特》。迄今为止，这一系列包括七本书，全世界已经卖出了三亿两千五百万本。哈利波特系列被翻译成65种语言，其中有一些真正深奥的语言，例如拉丁语和祖鲁语。系列中最后一本书在短短两周内就卖了八百万本，仅仅在美国，每小时都能售出数以万计。你能想象到该书成功的程度吗？做个比喻：唯一比哈里波特系列更畅销的书籍是《圣经》。

怎么会大惊小怪？

作为一个和蔼可亲、就读于霍格沃茨魔法学校的戴眼镜的年轻人，哈利波特必须同邪恶的巫婆和妖怪作斗争以拯救人类。但哈利的斗争并不是什么独特的现象。它代表了神秘主义对全球日益增长的吸引达到了一个顶点，因此年轻的波特才这么地受欢迎。

随着哈利风而兴起的其他类似电影还有《黑客帝国》及《指环王》等等。我们可以举出许多例子，但传递的意图都很明显——我们人类喜爱幻想。那么，神秘主义究竟为何吸引我们？我们企图在其中发现什么在别处无法发现的东西呢？难道我们真正相信这种神奇的地方和魔法的存在，或者我们仅仅是在设法逃避我们枯燥乏味的现实呢？

朝向奇妙境界的旅程

我们内心深处隐藏着一种向往去发现现实的更深层次——即完整的、自由的，不受时间和空间限制的领域的冲动。就在我们意识的门槛下面，存在着去理解控制我们面前所看到的这个世界的画面的力量的强烈动机。

在某种程度上，魔幻小说能满足这一需求，并为我们提供了一个我们正在追求的更深层的现实的临时替代品。此外，它们还指引我们进入到其他的、令人眼花缭乱的神秘的世界，而且告诉我们在其他的纬度存在着控制和改变我们这个世界的神奇力量。

童年是探寻生命意义的最佳时间。通常，我们都很天真地设法自己去澄清我们是谁，我们从何处来这些问题。当我们至亲的人去世时，我们被迫使着去探询生命与死亡的意义。

魔幻小说为那些我们难以回答的问题提供了神奇的答案。我们随着主人公漂泊在书中描写的遥远的目的地，无限的冒险在那里发生，但我们总是能够平安地返回到家园。问题是，随着我们长大，生活开始变得越来越乏味黯淡，就像"波特"中描写的那个没有魔法血统的平淡无奇的"麻瓜Muggle"世界一样。

随着我们成长为"负责任的"成年人，我们开始忘记那些关于对生命意义的疑问，将之埋葬于成人世界的承诺当中。我们对魔法小说之所以表现出越来越大的兴趣，就是因为21世纪日益复杂的生活，重新唤起了人们对更具吸引力的另外一种现实的渴求。

通向无限的火车站台

还记得"波特"里那个位于伦敦国王渡火车站的第九又四分之三站台吗？在霍格沃茨魔法学校的信件中哈利波特被告知，他必须在那个站台踏上通往魔法世界的火车。但为了到达那个站台，哈利波特必须穿越一堵看起来异常坚实的墙，也就是在我们这个(麻瓜Muggle)世界和那个魔法世界之间的壁垒。没有那个肥胖女人的帮助，他永远也不会知道如何穿越它。

非常相似，20世纪最伟大的卡巴拉学家Baal Sulam在他的信件中给他的弟子们讲了一个关于第一次进入精神世界的故事。无独有偶，他也用一堵墙在做比喻，但不同的是，并不需要直接通过它，你唯一需要去做的就是获得一种正确的意图，而那墙就会自动消失。取代那个指引波特的肥胖南瓜女士的是卡巴拉著作和卡巴拉老师——他们指引我们怎样获得那个正确的意图。

魔咒是"爱"？

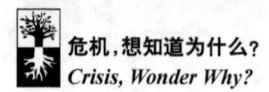
正如在魔法学校，在精神世界也有它的"猫头鹰"——卡巴拉学家。几个世纪以来，他们在自己的著作中，一直在向人们发着邀请，邀请人们进入精神世界，并将只有在我们进入到精神世界才能发现的丰富描述在他们的著作中。然而到目前为止，我们大多数人仍然没有去寻求这个入口：或者是还未意识到卡巴拉智慧的存在，也没有察觉到我们正在被邀请进入那个神奇的精神世界，或者我们干脆直接拒绝了这个邀请。

无论怎样，卡巴拉智慧随时都准备着迎接人们进入那神奇的智慧世界。卡巴拉智慧可以教导我们如何战胜我们在生活上遭遇的困难、挑战和困境，并帮助我们团结于彼此之间的爱中。卡巴拉著作能够让我们知道生命和宇宙的创造和存在有着十分崇高的目的。

人类在《爱丽斯梦游仙境》、《OZ国历险记》、《纳尼亚传奇》以及《哈利波特》等系列中，一直都在寻找的那个无与伦比的魔法世界实际上就在转角之处，并不存在于另一个世界里，也不在下一辈子，它只是位于另一种意图中。真正的魔法就隐藏于我们自身之内，而控制和启动那个魔法的咒语就是"爱"。

19

电脑游戏

虚拟世界已经变得比现实世界更加吸引人。这样好吗？卡巴拉智慧解释说这个现象是人类发展进化过程中不可避免的必然阶段。

随着技术的进步，人类制造了各种越来越富有激情的方式来满足自己。今天，我们都很熟悉那些被电脑游戏迷住的孩子们的面容。就连那些平日里最嬉闹或注意力不能集中的孩子都对电脑游戏着迷。

从第一个游戏出现的那一天到现在，电脑游戏业界就在持续地发展着。100亿的游戏产业已经超过了电影工业，现在，电脑游戏甚至是世界上最赚钱的一个行业。

1970年，一个叫做ATARI的游戏系统被设计出来。如果你在那时候还是小孩的话，你就能知道ATARI当时是多么了不起。当时没有比它更能吸引人的游戏了。当1983年任天堂游戏(NINTENDO)刚刚发行时，全世界的目光都被他深深地吸引住了，晚上全家一起玩桌球游戏的镜头越来越少见。

电脑游戏与互联网络一起肩并肩地同步发展着。用不了几分钟，人们只要在游戏系统里注册一下，然后就能一块打游戏了。今天MMO(大型多人在线游戏)、MMORPG(大型多人在线角色扮演网络)给游戏玩家提供了一个创造新人的机会，并且可以使他们沉溺于幻想的虚拟世界中。玩家们不但可以互相之间做买卖，打仗，而且还能谈恋爱。有些游戏，例如EverQuest或"魔兽世界"(World of Warcraft)，玩起来感觉十分真实，甚至令许多人认为在游戏中获得的成功超过其在真实生活中取得的成就。

卡巴拉智慧能帮我们理解电脑游戏为什么会这么流行。虽然世界上每个人都很独特，都不一样，但我们却都是按照一个同样的利己主义程序来运转的。

在MMORPG大型多人在线角色扮演网络虚拟世界里，除了肚腹之外，能满

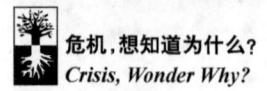
足人的所有愿望，包括家庭、性、权力、名誉、财富与知识。在那里，自我能超越实际生活中的各种限制，这样一来，玩家就能变成超人。而且，在虚拟世界里得到的满足并不需要人们实际上去完成同样的目标。不管追求什么样的乐趣，只要坐在电脑对面按下鼠标，你都能得到。

如此看来，似乎电脑游戏带来的乐趣是不需要付出努力就能获得的。但卡巴拉智慧告诉我们：玩电脑游戏获得的乐趣到最后也会慢慢消失的，就像ATARI游戏对现在的孩子已没有什么诱惑力一样。当这股风潮过去，电脑游戏的玩家们又不得不去追求其他形式的快乐。那时他们必须做出选择：要么继续在幻想的虚拟世界里追求新的幻想，要么用卡巴拉智慧去找到那个真正真实并永恒的满足。

20

比虚拟世界更好的世界?

在这里你可以找到任何东西,或至少是人的头脑能想到的东西。一个完整的三维动漫虚拟生活世界就在你的手掌之中。你所需要的只是一个鼠标、一个显示器、加上丰富的想象力。这种"虚拟"的趋势想要探求的到底是什么?隐藏在这种对虚拟世界的激情背后的是什么呢?

他坐在舒适的椅子上,在键盘上键入地址并准备去到那个小镇呆一晚。他设法进入到了一个俱乐部——一个与你所知道的任何俱乐部都不同的俱乐部。那里没有水泥墙壁、霓虹灯或舞蹈地板。这个俱乐部只存在于一个虚拟空间里。

然而,人们的行为却和你在任何一个西方世界中的实际俱乐部中看到的一样:他们听着响亮刺耳的现代摇滚音乐、在拥挤的地板上肩并肩地疯狂起舞,并且在吧台上享受着各种酒精饮料。而且这一次,他们都是在世界不同的角落,坐在他们的计算机屏幕之前。

屏幕上闪烁着三维虚拟人物——他们都是由用户们自行设计、穿戴、命名的。而隐藏在每个虚拟人物背后的,都是现实中位于地球某个地方的真实的人。

就在这个时刻,屏幕显示出从米兰来的一个建筑师、一位来自南达科他的中年律师和另一位来自纽约的营销经理(喔,至少这些是他们所说的他们是谁)。这时,丹尼加入了他们——当然,也是一个假名字(他的真名是被加密并安全地保存在服务器上的)。让我们尾随他来一次虚拟世界的旅行吧,他在虚拟的酒吧,花了十虚拟美元买了一杯虚拟的啤酒。

参加者们都用神秘的代码名字互相介绍并互动着:黑色童话,光王子,雷奥纳多 达芬奇……但这没有什么好奇怪的——在虚拟世界中,你可以是随便

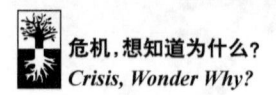

哪个你想成为的人。他们当中的四个人在以前的"会面"中已经知道对方是谁了，但他们只知道对方每一个人选择告诉别人的事情。

就以这种同样的方式，丹尼开始了他的第二人生，也往往是典型的秘密的生活中的另一个晚上……

生活在19英寸屏幕内

"丹尼"今年33岁，已婚，并有着两个天真可爱的孩子。他和他的家人在美国加利福尼亚州的帕洛阿尔托是居住在一座双层公寓里。四年前，他从计算机工程专业毕业，并很快成为一个在去年成功进入股票交易市场的高科技公司的高级经理。

像我们中的很多人一样，丹尼是一个常规的互联网用户——他早上通过浏览新闻头条获取新闻、在正午查看一下他的各项投资情况，并像任何自尊的专业人员一样珍惜时间，每月在线支付各种账单。到目前为止，随着时光的流逝：世俗、高效且很正常，一切都很顺利。

大约一年前，当他第一次进入虚拟世界，丹尼的生活发生了变化。突然间，他体验到了一种他从未体验过的非常不同的经验。他平淡的生活突然被一种他曾长期渴望的东西充满并变得兴奋起来，他立即被这个新的世界所吸引。自那时以来，他一直是这个被称为"第二人生"的虚拟世界的一个忠实的定期参与者，连同其他700万用户一起在一个新的超越时间和空间而存在的虚拟世界里生活。

虚拟世界的魅力

那么，是什么能将700万人吸引进入一个虚拟的世界里，使他们可以在那里开始一种全新的、不同的生活呢？

根据卡巴拉智慧，"第二人生"现象和所有其他虚拟服务的出现都并非巧合。他们都是一个正在人类不知不觉中发生的变化的外在体现。这是我们的存在已发展到了一个越来越独立于物质层次的存在的过程的一部分。换句话说，人类正在为它的下一个层面的存在做着准备——一种精神层面的存在。

如果仔细观察这一过程，你将会看到这种虚拟现实对我们的吸引早在目前流行的"第二人生"趋势之前就开始了。随着现代技术的突飞猛进，绝大多数行业开始依赖于它去连接信息——而信息的本质就是虚拟的。这种虚拟商品——信息——已变得对我们至关重要。那些超级的大公司依赖它，并投下巨资加密安全保护它，并最终将其以天文数字出售。

另一个使得虚拟现实生活方式变成我们生活的一个重要组成部分的因素，是我们日益增长的全球化。例如，我们可以在网络上存储照片和视频，并与在洛杉矶的夏琳姑妈和在伦敦的弗兰克叔叔同时分享。利用互联网通信，我们能够很容易廉价地克服各大洲之间在时间和距离上的差异。这就好像我们正在开始超越这个物质现实世界的界限。

考虑到这一正在发展着的虚拟化的进程，你会觉得700万人(就在这一刻这个数字正在变得越来越大)在他们实际的物质生活之外，正开始一种完全的虚拟生活是很自然的。

逃向虚拟世界

但是，卡巴拉智慧解释说，导致这一过程产生还有其他的因素：也就是我们在其他纬度寻求庇护的尝试，这当然源于我们"真实"的生活正在变得越来越困难和使人心力憔悴，我们渴望逃避到另外一个世界这一事实。

在任何一个地方和领域，人类都正在经历着正在不断升级的危机，突出地表现在毒品泛滥、抑郁症流行、教育系统崩溃、家庭解体、社会差距不断扩大，生态灾难越来越极端和频繁等等，这个列表可以一直列下去。

因为人们正在逐渐失去在这个物质的层面会好转的希望，人们就开始寻求另一个维度，一种使我们能够暂时忘记我们世俗世界的所有烦恼的地方。因此，我们发现我们自己正在构筑越来越多的、能够既让我们快速从现实逃离、又能让我们兴奋和宁静的各类框架——所有在我们日常的物质的生活中找不到的一切。

下一步

那么接下来呢？我们都将进入到这个虚拟的世界中吗？喝虚拟啤酒，虚拟地和丹尼以及他那些虚拟的哥们出去吗？恐怕不行。"第二人生"只不过是人

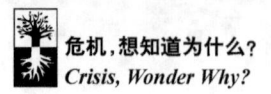
类的下一种存在状态的一种前奏而已。

正如前面已经提到过的，目前这种虚拟世界对人们的吸引力不是偶然产生的。卡巴拉智慧解释说，它是我们根深蒂固的要实现我们在精神世界存在的内在冲动———一个完美的、永恒的、无限的存在层面———的一种表达。

根据卡巴拉智慧，这一潜在的欲望已经在人类当中进化发展了数千年。然而，虽然在过去，我们可以满足于我们在物质世界中有限的物质经验，但是，今天对精神的渴望，已经在越来越多的人心中浮现出来，并渴望它的实现。任何物质世界所能提供的，再也不能满足我们。

因此，虚拟世界对我们的吸引实际上标志着人类在进化进程中的一个很大的进步。它在人类的精神准备中发挥了重要的作用。事实上，我们所有虚拟的交易都是正在准备我们和物质分离，与我们物质的身份脱离，并超越时间、空间和运动的局限性。这甚至在我们不知道它的情况下就发生着；只是通过发送电子邮件———今天最常见的这一活动，我们就消除了我们之间存在的时空距离，并和世界的另一端连接在一起。

但是，这种虚拟世界只不过是一种前奏而已。卡巴拉学家们解释说，随着对精神世界的渴望在我们内在继续展开，我们会越来越多地感觉我们简直不能生存于这个物质层面上。最终，甚至我们的这种虚拟之旅对我们来说也将不足够———我们将不得不学习如何真正进入精神世界并生活在里面。

幸运的是，已经有了这样做的方法。卡巴拉智慧为此已经耐心地等待了几千年，等待着任何一个已做好准备的人使用它。卡巴拉学家们解释说，一旦我们开始踏上精神的旅程，我们就会发现一道比任何高分辨率还要丰富的光"照耀"着我们。而且这种"光"不会在计算机屏幕上短暂闪烁忽隐忽现，在你回到"现实生活"中来时，就又消失的无影无踪。它将是一种真正的存在———一种充满着无限、永恒和完美之光的存在。

21

Facebook —大家到底在上面忙碌什么？

对Facebook的痴迷表明了一种我们每一个人身上根深蒂固的愿望——一种想和每个人连接在一起的愿望。但是，这个最大的虚拟社区真的能实现我们所寻求的那种新的和改良的社交世界吗？

对Facebook的报道已有很多很多：它是世界上最成功的社交网站，在世界各地有数以亿计的人已在使用它，它是一个官方价值超过150亿美元的公司，微软支付2亿4千万美元只得到其1.6%的股份份额，等等。

但是在这些炫目的数字、巨大的成功和所有的溢美之词之下，存在一个不那么容易回答的问题：为什么？

为什么人们愿意通过在社交网站上使用及时信息、SMS、视频和照片进行社交活动，而不是走出去实际上和人们互相见面去交流呢？

昙花一现还是社会趋势？

Facebook绝对是在网上的社交。每个人都在添加朋友、玩新的应用程序、共享视频，以及上传图片。许多互联网用户都坦诚地承认他们沉迷于网络，每天都要在那里花上几个小时。

但是，却很少有人明白这是为什么。想一想：为什么会花这么多时间，而这却不会在现实世界中为您提供任何好处呢？这是因为 Facebook为满足我们扩大我们的社交圈子的需要提供了一个平台吗？还是它可以提供一种"隐身"约会服务呢？或者，它也许是发展业务关系的一个跳板呢？

所有这些问题中没有一个可以被清晰地回答。但有一点是肯定的：Facebook不过是另一种容易从日常现实生活逃避的方式。它让我们逃到一个现成的、虚拟的世界里——一个在那里你可以拥有成百上千个朋友，一个游戏的世界，一个没有社会摩擦(反正，至少现在没有)的世界。整整一天，您都可以在那里发送和接收礼品、调情、浏览私人的照片……而可能发生在你身上的最痛苦的事情可能是有人决定"恶心"你，这意味着一个愚蠢的小图标将出现在屏幕上。哎哟！

但现在出现的问题却是：难道Facebook实际上变成了现实世界中社交的一个替代品了吗？我们在现实生活中的彼此交往真的这么难吗？

自我希望获得所有，而灵魂希望团结统一

正如发生着的情况那样，我们人类是一种社会性的生物。正因如此，我们喜欢通过展现我们是多么漂亮、聪明和机敏，当然，也通过我们是如何受欢迎等来抚慰我们的自我(EGO)。我们喜欢看见也喜欢被看见，而像Facebook这样的社交网站正好给了我们这样去做的最佳机会：我们可以看见整个世界，也可以让整个世界看见我们，我们可以将最佳的"我"展现在前面，远比实际的我伟大得多。

我们用我们自己拍得最俊的照片呈现自己，赢得大量的称赞并赢取大量的关注——这一切可能都是为了想要掩饰一种深层次的需要——一种我们都渴望的被卡巴拉智慧称作为"团结"的需要。

我们将相互联系

像Facebook一样，卡巴拉智慧也同人与人之间的连接有很大的关系。卡巴拉学家解释说，在存在的最深的层面，我们全人类都连接在一个单一的、共同的灵魂上——一种由无数个别的灵魂组成的一个巨大的存在。在那个层面上，我们全都作为一个整体系统的一部分存在着，彼此之间不间断地相互联系，无缝隙地交织在一起。

但是，在我们进化过程的某个时刻，我们失去了对那个普遍的灵魂的感知，并且不再感觉到我们之间的这种相互联系。这种感知的丧失给我们留下了一种空虚的感觉，一种在我们之间缺少着某种东西的感觉。从那时起，我们一直在寻找某种多少能够替代和弥补这种我们曾经感知到的完整和统一的感觉的方式。

事实上，正是那种我们曾经在那个共同灵魂中连接的潜意识的"记忆"激发着我们数以百万的人们源源不断地涌入像Facebook这样的社交网站里。在这里我们可以超越时间、空间或任何其他方面的差异，相互联系。但是，这只是一种对我们真正的、精神的连接的脆弱的模仿而已，而且它也不能满足我们对那种真正的团结统一的渴望。

通过连接的失去获得连接

那个阻止我们对共同的灵魂的感知并使我们相互感到疏远的东西就是我们人类的那个不断增长的叫做利己主义的自我。虽然利己主义在整个人类历史上都在增长着，但近年来它已达到其顶峰。而且，伴随着这个创纪录的利己主义，是前所未有的技术进步，但它同时也阻止我们相互团结。因此，我们开始感觉到那个在我们心中的深深的空虚，一种想要在我们之间恢复某种相互联系的渴望。

但是，直到我们这样做之前，那个自我将继续迫使我们感到我们一定要比其他人更伟大、比其他人更好。它迫使我们相互利用，甚至为了我们个人的利益伤害别人。但最重要的是，它使我们看不到，在所有这些分离的背后，我们实际上都是内在地相互联系在一起的。

自我让我们讨厌和其他人连接的思想。我们感到这种"相互依赖"或"团结互助"的理念不舒服、对我们是一种沉重的负担，甚至反感。这就是为什么我们拒绝那个将我们绑定在一起的联系。

但就在我们试图否认它的同时，在我们生活的每一个领域中出现的危机，全球化进程的加速，甚至剧烈的自然灾难性事件本身，都正在迫使我们达成这种一致的共识：事实上，我们都是相互联系、相互依存的。

今天，我们被夹在两种趋势中间：一方面，我们希望能与每一个人在一起，但在另一方面，我们又不想相互靠得太近。所以，像Facebook这样的社交网络正好为我们提供了完美的解决方案：我们可以只躲在我们的计算机屏幕背后，就可以和成千上万的人交往时又保持"和他们在身体层面的分离"。

但是，我们庞大的技术却不能真的将我们连接在一起，而只能让我们感觉连接的同时又相互分离。然而，这种随着时间的推移不断深化的分离的感觉，却揭示了一种对那种连接的真正需要——一种不能通过电缆或虚拟媒介做到的

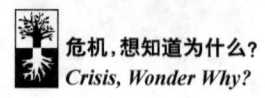
连接。

为了满足这种连接的真正需要，我们将不得不"升级"我们的社交网络——从一种基于光纤的网络到一种基于我们的内心的网络。

无限的频带宽度

我们所处的这个时代在人类发展历史上是一个独特的阶段。我们比以往任何时候都更加接近要重新发现我们内在的团结，并从而实现我们的存在的目的的时刻。卡巴拉智慧正是那个可以精确地恢复在我们彼此之间存在着的统一的方法——一种在自然的更深的层次上，在每一个人的内心中存在着的团结统一。

但是，要想重新发现那个团结，我们必须在我们感知现实的方式上做出一种根本性的改变。这意味着我们必须将我们的利己主义转变为一种无条件的爱和给予的品质。通过这样做，我们将会体验一种崭新的、精神的现实。

那时，我们就不会需要隐藏在我们的计算机屏幕背后，尝试探索那种相互之间的联系。相反，我们会在我们之间感觉到一种水晶般透明的团结的感觉，而这一次，是一种通过我们的心的连接获得的真正团结。

22

Generation I — 乔布斯和其苹果成功的真正秘密

在我们这个"以自我为中心"的时代，每个人都是独一无二的。但是，真正的艺术却是知道如何变得独一无二。

回到上世纪80年代，道格拉斯 科普兰德使用的表达但是出现的新一代人的"X一代(Generation X)"变成了一种流行的表达方式。这很快变成一个热点话题，而且围绕着这个概念形成了一种试图解码新一代人的特点的POP流行文化。超越简单的好奇心，新一代年轻人的特点和消费取向被那些为数以百万计的年轻用户市场寻找正确的行销策略的大公司插上了翅膀。

今天，我们这一代年轻人所呈现的却是"我"一代——Generation I，一种特点为只关注自己，时时刻刻以自我为中心的一代人。

iPod，iTunes，iPhone，iLife，iPhoto，iDVD，iWeb以及iMovie等等所有这些以"i"起头的商标，显示了苹果公司(Apple Inc.)以及它的卓越的CEO史蒂夫 乔布斯，早在很多年前就已经准确地把握住了这个"I(自我为中心)"，正是我们这个时代的潮流趋势，而且更重要的是，他们为这一代生活为了"自我i"，并呼吸着"自我i"的新新人类提供的产品及市场包装方式，将消费者的"自我i"摆在它的行销策略的中心的做法无疑是正中靶心。

但是，从一个更长远的视角来看，就会很容易看清楚iPod和其它所有的"i-玩意"只不过是一个目前正在发生着的一个更广泛的过程的片段而已。人们正在变得越来越自恋，这也可以在流行的每日脱口秀节目上清楚地看到。而且，这个"自我i"的潮流，不只是占据着大众媒体节目和大公司的产品行销策略的制高点，它也出现在人类当前其他生活领域的方方面面。

为什么会这样呢？我们这一代人的特点，这种追求如此强烈的独特性的感觉是从哪里来的呢？而在这里是否存在着一个我们可以用于产生某种积极转变的跳

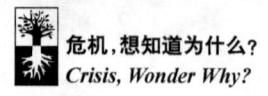

板呢？

同一个灵魂的碎片

> *"这种奇异性（Singlarity）的品质是直接从创造者那里延伸到我们（创造物）这里的，而创造者是这个世界单一的，并且是所有创造物的根源。"*
>
> ——卡巴拉学家，耶胡达·阿斯拉格(巴拉苏拉姆)《世界的和平》

在他的《世界的和平》一文中，巴拉苏拉姆解释了这种奇异性存在于每一个以及所有人的内心中。这是因为人类源自他们的创造者，而且，正像创造者是一、唯一和统一的，我们也都感觉我们自己是这个世界上唯一的和独一无二的存在——我们将之称作奇异性（Singlarity）。

但我们人类并不总是感觉如此。最初，在我们被创造的那个时刻，我们大家都是一个被称为"共同灵魂"的实体的一部分。这个"共同灵魂"是创造者的唯一的创造物，并且是通过爱和创造者不可分割地黏合在一起的统一的存在。但随着这个"共同灵魂"开始进化发展，它破碎分裂成许多个体的灵魂，也就是"穿在"物质肉身的那个共同灵魂的碎片。

我们的现实就是如此形成的，每个人都带着那个"共同灵魂"的一个独特的、个人的"小碎片"。这个"小碎片"激发我们重新建立我们与它的根源的团结，也就是和创造者的合一。但是在我们意识到这一愿望，并开始了解如何正确地去实现它之前，我们只会将它感知为一种日益增长的唯一性的品质。

> *"因为人的灵魂是从创造者那儿扩展出来的——而创造者是一、唯一和统一的，而且宇宙万物都是他的创造，因此，作为从他那儿衍生出来的人类，也会感觉到这个世界上存在的所有创造物都应该受到他的管辖并且认为其它一切存在的目的也都是为了他的利益而存在的……人与人之间的所有差异只在于他们的选择：有些人选择利用他人满足自己的低级趣味要求；另一些人——则通过获得控制权力利用他人为己谋利；而第三种人——则通过获得荣誉来满足自己。"*
>
> ——卡巴拉学家，耶胡达·阿斯拉格(巴拉苏拉姆)，《世界的和平》

巴拉苏拉姆解释说，问题出在我们利用我们的这种奇异性的品质的方式，也就是为了自己的私利，而不惜以自然和他人为代价的这种方式。经常的情况是，我们都会很巧妙地利用他人。实际上，这种对我们具有的最崇高的品质的利己主义使用方式是我们这个世界上所有邪恶产生的根源。

"虽然我们已澄清了其崇高的根源：这种品质是直接从创造者那里延伸到我们这里的……不过，因为这种奇异性（Singlarity）的感觉被局限在我们狭隘的利己主义的自我当中，它的行为就变成了破坏和毁灭，以至于它是这个世界上发生的所有的毁灭的根源。"

——卡巴拉学家，耶胡达·阿斯拉格(巴拉苏拉姆)《世界的和平》

站在十字路口

那么，有没有可以改变我们这种自私自利的、破坏性的使用这种奇异性的品质的方法呢？巴拉苏拉姆说，有。

他解释说，创造者将会把我们带到一个十字路口，在那里，让我们自己选择要走哪一条路。一方面，我们可以将我们这种奇异性的品质引导到给予和关心他人的方向上。通过这样做，我们在以一种和创造者相同的方式使用这种品质，从而消除了导致我们和他分离的那种品质上相对立和差异。

然而，由于不知道他的存在，我们绝大多数人都选择了另一种利用方式：为了我们自己的利益使用这个奇异性的品质。换句话说，我们每个人都渴望比其他人更伟大，而这样做的结果是，我们更加疏远了我们之间的关系。巴拉苏拉姆采用下面这个比喻来说明这种情况的严重程度：

我们的身体由数十亿个细胞组成，每个细胞都自动运作，实现着它自己的唯一的目的。虽然它们也都是"为了自己的目的"的个体的细胞，但它们都团结在一个共同的目标之下——为整个机体的健康运作提供生命和能量。每个细胞都有其自身的利益，但它们更看重共同的目标——这就是为什么身体能保持存活的原因。然而，只要一个细胞停止为了整个身体的利益去工作，并且开始只为自己的利益工作，它将开始一个称为"癌"的链式反应。最早的癌细胞用其"自私自利"的倾向感染其他细胞，从而导致整个身体的解体。而这就是我们现代的社会所有问题的根源之所在：这种"自我利益"的疾病正在整个人类

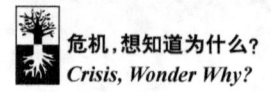

的集体机体中蔓延，甚至就在我们讲这些话的时刻。

解决之道

"的确，这枚唯一性的硬币有两个面，如果我们从和这个宇宙的唯一存在——也就是和创造者——形式等同的角度来看，它只有以"给予他人"的方式工作，因为创造者只有给予的形式，丝毫不存在任何接受的形式……因此，从他那儿延伸到我们这的唯一性也必须只以"给予他人"的形式工作，无论如何不应该有任何的自我接受的形式存在。"

——卡巴拉学家，耶胡达·阿斯拉格（巴拉苏拉姆）《世界的和平》

我们不需要为了成为整体的人类机体的"健康细胞"而抑制我们这种奇异性的内在品质，事实上，即使我们可以尝试去这样做，我们也不能这样做。我们所需要做的仅仅是学习如何正确使用这种奇异性品质的方法。这意味着改变我们行为的意图，从"自私自利"变成"给予他人"。

通过这样做，一个人将变得类似于创造者，因为创造者是纯粹的给予。一个人就会开始在精神的阶梯上攀升，逐渐回到一个人的精神根源。而且，一个人攀升得越高，他获得创造者给予的品质就越多，直到最后和创造者变得完全一样。

因此，这种唯一性的品质实际上是我们每个人都拥有的最美好的东西：当我们在它上面赋予一种爱和给予他人的意图时，我们就可以上升到存在的一个全新的层面——也就是创造者的层面。

当一个人变成像创造者一样时，他就实现了他个人所携带的那个灵魂碎片在那个共同灵魂中所扮演的角色，也就是实现了他生命的意义，并与创造者团结成为一、唯一和统一。

苹果之所以成功，他的掌门人乔布斯之所以成为不朽的传奇，正是在于乔布斯抓住了人类目前所处的"I"一代的时代脉博，顺应了人类尤其是年轻一代人崇尚自我、展现自我的时代潮流。但可以令"果粉"们更应值得高兴和期待的是，除了赞赏乔布斯抓住的我们这个时代的特点和享受苹果给我们带来的享受之外，在这种自我为中心的时代潮流的背后，还隐藏着一个更大的秘密等待着我们每一个人去探索。一个真正伟大灿烂的世界等待这我们每一个人去进入！

23

Google 唯一搜索不到的东西

Google搜索引擎似乎能帮你在这个世界上搜索到任何你想要的东西。但是对于搜索那个对我们来讲最重要的事情方面，它能给我们带来什么结果呢？

谷歌的梦世界

在硅谷森林的纵深处，矗立着一座叫做Googleplex(谷歌大厦)的迷人的王国。要穿过围绕着这个王国的那些厚墙是很困难的，但是，据说它是一个现代的天堂。那里有健身房、美食餐厅、游泳池、SPA、影像走廊以及年度滑雪假期等等。所有这些都是提供给这个Google王国的主人们的设施和奖品。一个梦想实现的地方？几乎是了！

对于那些不知道Googleplex的人们，Googleplex是一个巨型企业的总部，以它高效的搜索引擎和最近开发出来的各类互联网服务内容而闻名于世。它交易的商品名字是信息，一种我们这个时代最珍贵的资产，它给这个公司带来250亿美元的年收入。毫无疑问，Google是商业世界成功的典范，一颗现代高科技工业皇冠上的耀眼的钻石。

虚拟成功的秘密

Google成功的秘密相当简单：在一个白色页面屏幕上的一个小方框。它是一道通往另一个世界的大门，一个进入虚拟世界的无限空间的公开邀请。在任何一个给定时间，都有成千上万的问题通过那个小方框，然后进入到它位于加利福尼亚风景秀美的Google总部的心脏。Google搜索分队将它巨大的手臂涵盖

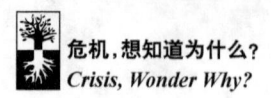

延伸到虚拟世界的任何角落，为任何疑问寻找着答案，即使是那些最神秘的东西。

只要你问，Google这个魔法师就会回答。在方框内填写你要寻找的东西，甚至在点击"手气不错"之前，你要的答案已呈现在你面前。Google为我们提供了一种解答我们所有的疑问和欲望的方式，不是吗？

我们到底在搜寻什么？

Google的高科技魔法的威力实在是惊人，但在这种连接的另一端到底正在发生着什么呢？这么多人在疯狂搜寻的又到底是什么，以至于这种搜寻的渴望能够驱使这样一头猛兽前进得这么快？

在表面上看，答案可能多到这个世界有多少人就会有多少种答案。某些人为了搜索"事物"——从DVD一直到价值数百万美元的别墅。任何你能想到的东西，你都会找到某人正在试图将它卖给你。

另外一些人想与有着共同爱好的人建立某种联系。快速搜索"Google团队"你会发现有超过150万个社团在等待着你的加入，而这只不过是说英语的社团的数目而已！没有人再需要感觉孤独，总会有其他人和你一样有着相同的梦想、问题和兴趣。

还有一些人利用Google来满足他们对知识的渴求。利用Google，你可以在任何时间与任何一个领域的专家即时取得联系。

但是在所有这些搜寻的背后都有着某种共性的东西，它是什么呢？每一个将某种东西键入Google搜索引擎的人都在试图填补一种需要，一种缺失某种东西的感觉。不论看上去多么微不足道，每一次搜索都开始于一个想要被满足的简单的欲望。

然而，尽管Google似乎能够提供无限的满足，我们还是在不停地提出越来越多的问题，并产生越来越强烈的欲望，落入它的意愿的魔口，为什么我们就是永远不满足于那些它已经给予我们的答案呢？

卡巴拉——精神搜索引擎

我们之所以永不满足是因为那种能够使我们持久的满足不可能从那些你在

这个世界能够搜寻到的东西中获得！我们能够被真正满足的那个唯一的愿望是找到我们生命的意义和宇宙创造的奥秘，而这却是Google没有办法为我们找到的东西。虽然，当你键入"什么是我生命的意义？"时，你可以得到超过5000万次点击流量。但是，Google却无论如何不能给我们提供一个真正的答案。

为了能够找到这个超越一切的最重要的问题的答案，我们需要另外一种搜索引擎，一种能够带领我们超越这个世界的有限的存在，进入一个崭新的，精神的现实纬度的引擎。

卡巴拉智慧告诉我们真正的满足只能在我们内心找到，而它正好可以为我们提供找到它的那个"引擎"。它提供的方法使我们能够在我们内部搜寻并找到我们的生命的根源并与之连接上。当点击它时，我们将会知道我们到底是谁，为什么我们在一生中的大部分时间里都在寻找快乐和满足，并且最终这种寻求会将我们引向这一切的终极——我生命的意义！

No,
to a profit Economy

与以利润为中心的经济说拜拜

Yes,
to a Human Economy

开始以发展人性为导向的经济

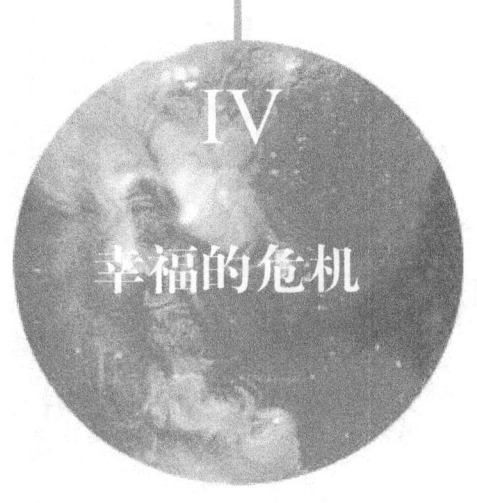

IV

幸福的危机

　　驱动人类历史向前发展的背后的发动机就是人类对幸福的不断追求。如果说在过去，我们都相信将来会有一个幸福明天的话，那么，在危机重重的今天，相信明天会比今天更幸福的人却越来越少。如果一定要回答"我们为什么就是找不到真正的幸福？"这个问题，回答将是"在你因为找不到真正的幸福而变得绝望而改变你接受幸福的方式之前，你是不可能找到真正的幸福的。"在那之前，幸福就像是吊在拉磨转圈的毛驴面前的那根胡萝卜……后面还有鞭子在鞭打着我们……

24

破解幸福的密码

在卡巴拉，即关于幸福的科学里，幸福已不再是神秘的东西。这个难以捉摸的概念可以被分解为若干组成部分，并且能够让人心领神会。就像 $E=mc^2$ 公式一样，维持幸福也有一个公式。

"迅速想一想：什么东西会使你的的确确感到幸福呢？"

这是2007年《新闻周刊》五月号专门针对幸福主题的标题文章。国际顶级的心理学家、社会学家、生物学家和经济学家都试图去回答这一永恒的问题："幸福的秘密是什么？"或者更精确地说，"什么东西会使我们幸福？"

美元的另一面永远更绿

"也许是金钱？"研究者问。"假如我有钱，"典型的幸福白日梦者断言说，"我就可以拥有自己想要的任何东西，或者做自己想做的任何事情：环游世界、随兴购物、独立、对自己的生活负责……简而言之，金钱肯定会使我幸福，难道不是吗？"

令人惊讶的是，很多最近的研究却显示，一旦我们拥有足够的东西满足了基本的需求，金钱就不再能够使我们更加幸福。一项著名的研究显示，即使是彩票中奖者，他们在中彩的那一刻感到非常、非常地激动，但这种极度的快乐很快就会消失。过了一段时间，他们的心情就会恢复到和中大彩之前完全一样。

其实，一旦我们拥有比满足基本需求更多的金钱，我们享受金钱的能力就会被这样的问题蒙上一层阴影，"同左邻右舍相比，我比他们更富有吗？"因为无论我们挣多少，邻居家的美元似乎永远比我的美元看起来更绿一些。

幸福经济学

有更多的自由支配时间会怎么样？假如我们工作的时间更少、休闲的时间更多，我们会获得我们渴望已久的幸福吗？

幸福研究者同样直截了当地摒弃了这个假设。在英格兰莱切斯特大学心理学院最近出版的《世界的幸福地图》上，勤劳的美利坚合众国的幸福指数排在第23位，而热衷度假的法兰西则晃晃悠悠地落在了第62位。

幸福研究者们挨个废除了关于通向幸福之路的各种最常见的理论。他们得出结论：从长远来看，成功的职业、幸福的婚姻、甚至健康的身体都不会使我们更幸福。

那什么会使我们幸福呢？这正是让研究者们哑言失声的问题。由于种种原因，与为真正的幸福提供实用可行的公式相比，确定那些使我们不幸福的那些因素要更容易一些。

"幸福无处不在——在畅销书名单上，在决策者的脑子里，摆在经济学家的前面和中心——但它依然难以捉摸。"《新闻周刊》的高级经济学撰稿人拉娜·弗鲁哈如此定论。

那我们怎样捕捉那转瞬即逝的幸福呢？

幸福的机理结构

要解开幸福的密码，必须从认清我们自己到底是谁以及我们的本性是什么入手。这是很简单的东西：我们自己的本质就是一种对幸福的渴望。换言之，我们都愿意接受快乐、享受愉悦，或者如卡巴拉所说的，我们本身就是"接受的愿望"。

> *"……从始至终，这个接受快乐的愿望就构成了宇宙万物的全部实质。……所有类型的创造物及其变种只是那个'接受的愿望'的比率，或者是被改变了的"接受的愿望"值的大小的外在体现而已。*

> ——卡巴拉学家，耶胡达·阿斯拉格《卡巴拉智慧序言》

这个你可能听起来耳熟。但我们的本性，即这个接受的愿望，比我们所想

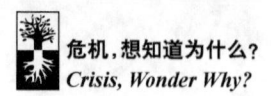
的要更加复杂和狡猾。它并不仅是一直在促使我们去发现幸福的持久的愿望。这个接受的愿望其实是我们做任何一件事情的动机，小至我们采取的最小行动，甚至包括我们进行的每一次思考。

这个接受的愿望每时每刻都在寻找满足，并保证我们不达到满足誓不罢休。它还时常决定我们的感受：如果我们满足它，我们就感到幸福，我们就感到愉快，生活就变得像一首歌；如果我们不能满足它，我们就变得失望、愤怒、情绪低落，甚至产生暴力和自杀倾向。

或许你也能猜到这一点。但这个事实往往被我们所忽视——它也是破解幸福密码的钥匙——即一旦我们的这个"接受的愿望"得到满足之时，我们所感受到的快乐也同时消失了。

伟大的爱尔兰作家奥斯卡·王尔德在写下这段文字时，当然懂得这个道理，他写道：

"这个世界只有两种悲剧。一种是得不到自己想要的，另一种是得到自己想要的。后一种悲剧最最糟糕；后一种悲剧才是真正的悲剧。"

——奥斯卡·王尔德

卡巴拉如此解释这个过程的机理结构：最初，我们想得到某种东西，并为获得它付出努力。在我们得到自己热切渴望之物的那一刻，我们感到最愉快、欢乐和欣喜。或者用卡巴拉语言来说，渴望和渴望被实现之间的首次交会就是获得的快乐的顶峰。

到现在为止，一切都还好——但这个过程还未完结。也同样就在我们得到自己原先想得到之物的那一刻开始，渴望开始减弱。换言之，我们慢慢地不再希望得到自己已经获得的东西。结果我们的愉快也随之开始减退……直到完全消逝。

例如，你知道真正饥饿的时候是什么样子：你能吃得下一大块牛排，这块牛排大得像一座小山似的(对素食者而言：可以把它想象为一大块豆腐)。但当你开始吃的时候会发生什么事情呢？

第一口是纯粹的狂喜，第二口是好极了，紧接一口是还不错，又一口是……还凑合，还来一口就一般般了。而再来一口却是："不吃了，我要吐了……"

任何事物都会有这样一个过程，不仅仅是食物。我们可能花费数年时间来梦想得到一辆豪华跑车，而当我们终于得到它的那一刻，我们欣喜若狂——好吧，至少能维持数月或数天幸福感。但很快我们就发现自己变得越来越享受不到它的快乐，直到它不再给我们带来任何快乐的感觉为止。之后每当我们看到这辆跑车，我们感觉到的唯一东西是今后十年我们需要偿还巨额贷款的那份沉重。

研究幸福的先锋、南加利福尼亚大学的经济学教授理查德·伊斯特林把这种现象称为"快乐的适应（hedonic adaptation）"，也就是说，"我们得到一辆新车，然后我们习惯了它。我们得到新衣服，然后我们又习惯了它……我们对自己得到的快乐非常快速地进行调整并适应……"

但这还不能是故事的结尾，对吧？毕竟，正当我们描述这种现象的时候，我们还都渴望获得持久的快乐。那么，是不是自然把我们放进了一个永远不可能获得真正幸福的恶性循环之中了呢？幸福会不会是永远不能实现的童话和圣诞老人式的故事呢？

幸福的(秘密)公式

好在卡巴拉解释说，自然一点也不残酷；其实，它唯一的渴望就是给我们带来我们所寻求的幸福。如果我们并不打算实现自己对幸福的渴望的话，那么，我们从一开始就不会拥有这个愿望。自然的目的就是让我们独立地获得完全彻底的幸福感——不是"有一点"幸福或"大部分时间是幸福的"之类的幸福，而是一种绝对的、完全的和永恒的幸福。

而我们实际上比自己所想的更接近它。其实，对幸福的研究的最新动向，以及我们对自己永远得不到满足的本性的不断深入的这种认识，实际上确实已经使我们朝着幸福走得更近。我们开始认知到：

幸福与我们挣多少钱或者我们的婚姻如何美好没有任何关系——事实上，它与我们试图获得的任何其他类型的快乐都没有关系。我们正在揭露一个根本的事实，**即我们只能用一种完全不同的接受快乐的法则去感觉幸福。**

关于这一点，卡巴拉从根源上帮助我们解决幸福的问题。我们已经阐明自己为什么从来没有感觉到任何事物所带来的持久快乐：因为就在快乐满足渴望的那个同一时刻，渴望被满足抵消了。而由于我们的渴望被抵消，我们也不再

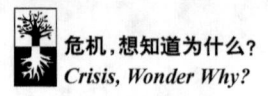
享受那个快乐。

因此卡巴拉解释说，幸福的秘密就在于给这一过程加上另一个要素，即"意图"这一要素。这里的意思是，我们还是一如既往地保持自己需要的那个愿望，只是在自己的这个渴望之上附加一个不同的意图：我们将它向外引导，就好像我们是在给予别人。换言之，这个意向将我们的渴望变成一个通向快乐的"通道"。这样，我们所感受到的快乐就不会停止。它将始终贯穿我们的渴望，听从我们的意向。而我们的渴望将能够保持源源不断的接受，快乐就会持久，永不熄灭。

这就是获得无穷快乐或者说持久幸福的公式。当一个人应用这个公式的时候，他实际上是在经历一个深刻的转变并开始感受不同类型的快乐。卡巴拉将它们称为"精神的快乐"，准确地说这种快乐是永恒的、无限的。

总之，对幸福我们可以小结如下：

· 什么是幸福？
幸福是当我们满足我们的"接受的愿望"时感觉到的东西。

· 为什么它会转瞬即逝？
因为满足愿望时的快乐中和了我们的愿望，而如果没有愿望，就感觉不到快乐。

· 什么是感觉无限幸福的公式？
在我们的"接受的愿望"之上加上一个"给予的意图"，这样快乐就可以永不停止地流经我们的愿望。愿望不会消失，快乐也就能持久。

真正的幸福就在你伸手就可触及的地方，等待着我们去学习如何去感觉它，如何在我们的愿望之上加上一个意图，学习卡巴拉时，我们就会自然获得这种新的精神的意图并开始获得自然想要我们接受快乐的完美的方式。这就是为什么"卡巴拉"在希伯来语是"接受"的意思——它实际上是教我们如何去接受真正快乐的智慧。

25

超越满足的原则

关于如何去接受的智慧

在人的一生中，我们很少会有这样的时刻：感到有一种特殊的力量围绕着我们，它亲切地环抱着我们，它弥漫着整个世界。这种感觉给予我们一种从未有过的强烈的愉快的感觉。在感受过这种力量后，这个世界上的每一个人都会愿意付出任何代价去经验感受它。

但事实是我们感知快乐的能力远大于此。卡巴拉智慧，一种教我们如何去感受终极快乐的智慧指出，即使这种感知好像已经是快乐的顶峰，但它与一个人在达成精神世界之时所产生的感受相比，只能是微不足道。

确实，这种精神快乐的感觉是如此强烈和令人愉快，以至于我们没有人能够在现在的情况下领会它。这就像你突然赢了几万亿的彩票一样，你的心会因为这强烈的感觉就像要爆炸了一样。

然而，只要我们感知的能力是有限的，你能感知到的快乐也只能是有限的。卡巴拉智慧教导我们如何去发展、增大它们，以便达到一个全新的感知的高度。这样我们才能感受到永恒、完美和无限。

为了增强我们的敏感度和我们感受、体验快乐的能力，我们需要学习如何以一种全新的方法去感知快乐，这样我们才能感到快乐一直在不断增加并增强，而不是在不断减少直至消失。

为什么在这个世界我们的快乐不能持久？

我们甚至都没有意识到，我们都只是在自私自利地接受快乐，这就是为什么我们感觉到的快乐总是昙花一现的原因。任何时候，我们为某些开心事情感到快乐的时候，快乐只会维持很短时间，然后就消失得无影无踪。有时候只是几分钟，有时候是几个小时，有时候可能是几周，如果是件大事的话。就好像有了一座新的房子，或者一次开心的旅行。但是，无论如何我们感受到的快乐还是会终结、渐渐消失。

问题是，我们试图直接去满足我们自己，但这种直接满足的方式会立刻中和我们对它的渴望。无论我们如何努力去获得某种东西，不管是食物、饮料、情欲、名声或其他任何东西，只要我们一得到它，快乐立刻就会减退。有时候，我们是如此强烈地想要某些东西，以至于花上几年的时间来追求它，而一旦我们得到了，快乐还是会消失。

为什么会这样呢？为了买一座新房子而存了数年的钱，但最后当你买到的时候，几周或者几个月以后，你就不会再感到新奇和快乐了。这是因为买到新房的时候，你想得到它的那个愿望实现了，快乐就结束了。

卡巴拉智慧教导我们如何通过建立一种永恒的愿望来脱离这种困境。这样我们就可以从所有事情当中感受到快乐，而且我们的快乐会不断地增大和增强。

而现在，我们就像一个梦想吃下一大桶冰淇淋的孩子一样，事实上我们连三份都吃不了。

获得持久快乐的秘密就是知道怎样去和它"调情"

卡巴拉智慧揭示了一种非常意料不到的接受持久快乐的方法：所有我们需要做的就是去"隐藏"我们的愿望，这个过程就像是在"调情"一样。想象一下女人是怎样将自己遮掩起来，然后慢慢地再显露她自己的。这是一场"美丽和快乐在遮遮掩掩中产生"的游戏。这种诱惑隐藏促成我们去发现快乐。

同样地，当我们所追求的持久的快乐是向我们隐藏着的时候，我们需要获得一种想要去揭示它的渴望。当我们发现这种快乐时，让它持久的方法就是把它的揭示在我们的利己的愿望中隐藏起来。如果我们将快乐向自己的利己主义遮掩、隐藏起来，那我们就会超越我们的利己主义的愿望并发现一种巨大的精神的快乐。而这就是获得持久满足的方法。

卡巴拉智慧是一种保护我们所获得的快乐持久的方法，它确保我们的满足感不会消失。因此，我们会获得一种生命永恒和完美的感觉。

我们会感到生活没有意义、有缺陷、不免一死的唯一原因正是因为我们在愿望和满足愿望的快乐之间缺失了一层遮掩物。难怪从事电工技术工作的人们知道怎样利用这种原则。他们不会将两条电线直接相连，因为这样会导致电线正负极相接触而短路。他们改为在两条电线之间放置一个电阻，这样做就可以产生有益的效果。然而，一旦涉及我们自己的人生时，我们却忽视了这个原则，于是，虽然我们在拼命寻找快乐，但收获的却总是空虚。

世界上最伟大的智慧就在于知道怎样才能借助一个"盖子"掩盖和保护这个世界上最大的快乐。这样，这种隐藏会一直吸引着我们。这就是我们如何才能揭示永恒、完美的精神的世界，以及获得其中的所有快乐的奥秘。

"心里之点"是一种在人类的利己主义的愿望中存在的对精神世界的渴望，而且一个人单靠自己无法实现它。当人类的物质愿望进化到达其最终的阶段时，对精神世界的渴望就会开始苏醒，这个愿望就被称为"心里之点"。它超越了这个世界上所有物质的快乐——食物、性、家庭、财富、健康、权力和知识等。它是一种对更高世界的愿望，这就是"心里之点"。这个愿望也被称为"以色列"。

这个"心里之点"就像"精神愿望"的胚胎一样，是一种达到更高领域的愿望的种子。当这个"心里之点"苏醒之后，一个人的精神进化就开始了。

26

一切为了快乐

我们都向往享受，或者如卡巴拉学家所说的，喜欢接受快乐。对一些人来说，得到一块汁美的牛排是最大的快乐，对另一些人则是赢得跳棋比赛或者其最爱的体育团队获得的胜利。你也许想要中头彩，而你的朋友减去了最近增加的十斤体重后，就能感到快乐。虽然人们享受着不同的事情，但他们都在在试图获得一种形式上可能不同但本质却相同的东西——快乐。

令人迷惑的快乐

这个"快乐的主题"有一个问题：假如我们真诚地审视一下人生，就会发现，我们迄今为止所做的一切只不过是留下了一些忆记。我们追寻快乐，但一旦我们拥有了它们，快乐就会从我们的指缝中瞬间滑走。

在幼儿园时，我们想要进入小学。我们认为小学是个完全充满乐趣的地方，在那里大孩子们"度过愉快的时光"并接触到新的激动人心的事物。可一旦进入小学，我们又迫不及待地向往中学。在中学，新的目标是大学，在大学，目标是成功的职业生涯。下一个阶段对我们来讲总显得更好、更吸引人。难道真的是这样吗？

另一个主题是：一旦得到了我们所想要的，满足就在指缝中滑走，留下我们就像沙漠中流浪口渴而幻想一杯水的人一样。就算找到了水，可怜的我们也只能享受到那第一小口，而喝得越多，快乐感就越少。最后，我们甚至忘记曾经口渴过。总之，我们毕生都在追逐快乐，但快乐对我们来讲却永远像一个幻影。我们即使捕捉到了它，刹那间，它就又再次溜走了。

愿望的五个层次

卡巴拉学家发现，根据愿望进化发展所处的不同阶段，按照强度和复杂性排列，我们的愿望的形式可分为如下五个阶段：

阶段一，也是最基本的愿望——表现为生存的愿望，包括食物、健康、性和家庭。

阶段二，表现为对财富的渴望，我们认为这能够保证我们的生存和更好的生活品质。

阶段三，则表现为对荣誉和权势的渴求，那样我们就能如同控制自己一样控制其他人。

阶段四，则产生出对知识的渴求，我们相信拥有知识能保证幸福。

阶段五，只有在这一阶段我们才明白，有某种超越我们意识的、并且控制着我们的生活的某种更高力量，而且开始认识到，我们需要连接到那个"某种"事物，某种更高的力量。

对食物和性的需要被称为生理的欲望，动物也具有这种欲望。假设人独自生活，他/她仍然需要食物、健康和性的满足。

而对财富、荣誉和权势的愿望，被认为是"人性的愿望"，社会性的愿望。这些愿望是由于我们参与到社会中而发展出来的，而且也只有通过和他人的联系，才能满足它们。

然而，当第五阶段的愿望被唤醒时，我们却根本不知道怎样才能去满足它。卡巴拉学家将这个超越我们这个世界的愿望称为"心里之点"。也叫做"以色列"。

心里之点

卡巴拉学家把人的愿望的总和统称为"心"，而将更高精神的领域的那个愿望，称为"心里之点"。这个愿望令我们感到人生枯燥乏味，并逼迫去寻找人生的目的。那些"心里之点"被唤醒的人突然从内心中向自己提问，"我人生的意义是什么？"而任何一个与这个物质世界相关的答案都无法解答它。

你可以向有"心里之点"的人提供很多金钱、荣誉、权势和知识，然而，他还是会依旧感到茫然失意。这个愿望来自于超越这个物质世界的一个更高的

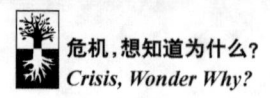
世界，因此，它的满足也要从那个世界里才能获得。卡巴拉智慧解释了我们怎样才能满足这一愿望。

今天，我们开始目睹越来越多的人的"心里之点"被唤醒。这就是卡巴拉智慧在当前开始变得越来越流行的原因——人们转向卡巴拉智慧，是为了寻求到怎样才能满足最近在他们之中被唤醒的那个愿望。

填补空虚

一个"心里之点"被唤醒的人渴求得到精神的快乐，卡巴拉学家将之描述为一种"完全的、永恒的充满和满足"。如上所述，我们可以满足人类物质的各种需求，可是，一旦对精神世界的那个愿望被唤醒，我们却再也不知道如何去满足它。

此外，越来越多的人开始感到迷惑和沮丧，因为他们未能意识到他们对精神世界的愿望已经被唤醒了，甚至不清楚这就是他们所有不满和抑郁沮丧的原因。对实现这个精神世界的愿望的无能为力引发了所有那些无助、绝望、沮丧和无意义的感觉。这也是毒品、酗酒、网络游戏以及其他逃离现实方法泛滥并持续增长的原因。

小时候很多人问自己，"我是为什么而活着呢？"但随着时间流逝，人们在各种世俗愿望的追逐和诱惑的淹没下偏离了对该问题的求索，或者说太忙了，而根本没有时间探求这个问题，只是随着社会的潮流随波逐流，而这导致我们对找到这个问题的真正的答案的需求枯萎了。

尽管如此，这个"心里之点"总有一天会被唤醒，并且通常是伴随着痛苦和危机。那些坚持寻找这个答案的人开始走向卡巴拉，因为只有在那里他们才能找到满足精神愿望的方法，从而满足那个"心里之点"的需要。满足精神的愿望赋予一个人一种超越这个物质世界存在的感觉，于是一个精神上连接的人能体验到生命是永恒的和完整的。这种感觉是十分强烈的：即使一个人的肉体死亡时，他/她并不会感到生命的停止，因为那个人已经与那个存在的最高的满足——"精神世界"——连接上了。

27

如何感染"幸福"

人类数千年来一直在追求幸福，但是至今我们绝大多数人仍然对它深感迷惑。那么，什么可以给我们带来长久渴望的幸福、快乐、安居乐业，并帮助我们幸福永驻呢？

来自哈佛大学、加州大学圣地亚哥分校的专家们刚刚发布了一份对幸福的20年研究的结果，揭示出幸福是……啊哦，有传染性的。是的——就像你可以从你的朋友那里传染感冒一样，你也能传染上"幸福"！

在一篇叫做《幸福效应》的文章中，《时代》杂志总结了这一已引起了轰动的开创性研究："克里斯塔基斯和福勒对近5000人与他们共享的5万多个社会联系的情绪状态进行了研究探讨。……研究结果使他们得出那个引人入胜的发现，幸福是如何可以传染的：如果一个被研究对象的朋友是幸福的话，这个被研究对象就有15%的可能性也是快乐的；如果那位朋友的朋友是快乐的话，那个被研究对象将有10%的可能性也是快乐的。即使被研究对象的朋友的朋友的朋友——一个与被研究对象完全无关的人是幸福的话，这个被研究对象的幸福的可能性都仍有5.6%的提升。"

事实证明，卡巴拉学家们已经知道并利用了这种"幸福效应"几千年。但卡巴拉不止限于对统计数字的分析：它指出我们具有一种用幸福使彼此相互"传染"(或使之充满活力)从而使在世界上的每一个人都达到100%幸福的能力！

但是，您可能会很正确地反驳道，"我们如何才能感染对方使彼此感到幸福，如果我们大多数人连幸福究竟是什么都不知道，而且也感知不到多大的幸福呢？"这不是借口，因为卡巴拉学家们使用了另一种科学现在正在开始了解的技术：只是强迫自己微笑(假装的)，不仅将会使你自己立即感到更快乐，而且

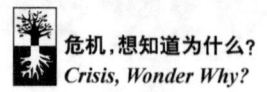

别人也会认为你是在真正地微笑。这反过来，会让他们感觉更幸福、更快乐，而这种喜悦又会通过其他人返回到你身上。如果我们每个人都参与这个"由假变真"的游戏的话，用不了多久，这个幸福的流行病就会蔓延到世界的每一个角落！

某种比幸福更伟大的东西？

但卡巴拉智慧并没有止步于此。它告诉我们，这种用感觉和情绪"感染"彼此的技术有着更大的潜力。这是对的：甚至大于能够为世界上所有的人提供可持续的幸福。它实际上可以让我们提升到一个感知的新的水平，一个超越时间和空间，并超越我们短暂的物质存在的水平。事实上，这正是卡巴拉涉及的全部内容——帮助我们揭示我们存在的更高维度。这个维度被称为"更高的世界"——一个从任何角度来看都是无限的、永恒的、完美的世界、一个我们都像一家人一样互相关心互相爱护的现实。

就像我们想实现可持续的幸福，这在开始看起来遥不可及，然而我们达成更高世界是可能的，也就是获得真正的永恒、全人类都是统一以及完善的感觉是可能的。如何做到呢？很明显，我们是从一种根本感觉不到这些东西或者甚至连它存在与否都不知道的状态出发，但是，虽然我们仍然不能感觉到它，或甚至不能意识到它有多伟大，我们可以通过还是可以用一种非常重要和值得争取获得这种更高的感知的感觉来开始感染（激励）彼此。我们人为地上升（或假装上升）到一个超越我们当前的这种感知，在我们中间培养这种新的精神的感知。当我们在玩这个"精神的感知"的游戏时，就像一个人工的微笑最终会使我们和别人都快乐起来一样，一种新的精神的感知也会开始出现在我们内部产生。

掌控自然的规律

除了教我们如何掌握自然法则和使用自然法则以外，卡巴拉还为我们提供了他们是如何工作的精确的、科学的解释。它告诉我们变化的主要因素（无论我们是在谈论情绪还是精神的感知）是我们达到一种更好的状态或一个更高发展的水平的愿望。这种愿望会唤起一种叫做"更高之光"的东西——一种来自那个我们渴望的更高世界的未来状态的能量。

例如，当孩子们想要变成大人时，他们就模仿大人，而这就是他们如何长大的方式。在不知不觉中，他们将得到更高的能量——说它更高，是因为它来自发展的未来的程度。这种能量来到他们，是因为他们希望我们到达下一个级别。与在更高世界一样，这一原则在我们的这个世界也同样有效。（"更高的"意味着一种已存在我们内在的更先进的潜在状态，我们发展将到达的下一个状态，而不是"某种在某个地方可以找到的东西"。它就像一个成人的状态早就已经潜在地存在于一个儿童身上一样。）

这是我们从发展的一个状态提升到下一个状态的唯一方式。我们在观察植物或动物生长的动力学时，我们也能看到同样的原则：对当前状态的否定和下一个状态的渴望正是变化和增长的动力。

因此，卡巴拉教我们自然的真正力量，而且更重要的是，教我们如何使用它们来实现真正幸福。但超出常规幸福概念的是，我们可以达到一种无限的、永恒的快乐状态，甚至当我们"死亡"（肉体死亡）时，我们也会感觉到在我们每一个人内部都存在的那种永恒的快乐。而这，才是真正的幸福！

28

肥胖：缺少精神食粮？

如今每个人都在计算他们吸取的卡路里——但肥胖的问题只会继续增加。卡巴拉智慧解释说，这个流行病是现代人类没有得到其"精神食粮"的另一个征兆。

肥胖和超重在逐年增长并不是什么秘密。根据国家卫生统计中心的统计，过去20年中美国的肥胖人数在惊人地增长，2003年，66%的美国成年人不是肥胖就是超重。

"连小孩的体重也在增加，"《生命科学》报道。"1963年10岁男孩的平均重量是74.2磅；2002年将近85磅。在女孩中，这一数字从77.4磅上升到88磅。"世界卫生组织预计到2015年，大约23亿成年人将超重，超过7亿人将成为极肥胖的人。

肥胖流行病不仅损害人的自尊、幸福和健康，而且还要花费大量金钱。根据美国公共卫生署署长防止和减少超重和肥胖的行动号召，2000年美国投入在肥胖上的开销超过 1，170亿。这些钱花费在从节食到治疗肥胖所引起的疾病上，这还没有将由于雇员的肥胖引发的相关疾病引起的数十亿的商业损失计算在内。

实际上，肥胖的影响随处可见。美国有线新闻网CNN特别于11月14日透露，航空公司正在计划附加一种"肥胖税"，因为旅客的超重意味着航空公司要支出更多的燃料费用，并减少苗条客户的座位空间。一些外科医生由于太高的危险性拒绝给超重的人进行手术，甚至迪士尼乐园也受到影响——它已关闭和"修复"了一些游乐设施，因为太多超重的客户使它们无法正常工作(《有线网络》报道)。

但所有问题中最糟糕的也许是对健康状况的担忧。疾病控制和预防中心表明，一个人超重得越多，他/她的健康问题就可能越多。澳大利亚营养学家John Tickell陈述，II型糖尿病是和肥胖有关的疾病，而且它是世界上增长最快的疾病。其它与肥胖相关的疾病包括高血压、冠心病、中风和癌症。

内心真正的饥渴

不可否认，一些人超重是因为遗传基因等因素。但营养学家John Tickell指出，这只占超重人群的20%。其他80%肥胖和超重的人们仅仅是因为他们吃得过多——一个过去20年中惊人发展的趋势。

为什么呢？Tickell认为，"这一切都基于态度；这一切都在人的脑海中。"这才是决定一个人是肥胖还是苗条，以及吃得健康与否的原因。

医学健康网提出了类似的观点，表示吃得过多的原因可能是："沮丧、绝望、愤怒、无聊以及与饥饿毫无关系的很多其他原因。"换言之，"人们的感觉影响他们的饮食习惯，导致他们吃得过多。"卡巴拉智慧甚至更深入地缩小范围捕捉到那个罪魁祸首——原因就在于我们无法满足自己增长的利己主义而感到内心空虚。我们被迫用各种其他方式弥补这一内在的空虚，填充对满足的缺失感，而其替代品之一就是食物。

换言之，如今在全世界蔓延的肥胖流行病就是一个现代人类所感到的空虚的征兆之一。

满足——不是补偿

现如今，人类利己主义的滋长已令很多人感到越来越不满足，无论我们做什么、无论我们拥有多少物质、财富、地位等，我们还是一直"想要得到某种东西"，仍然感到内心的空虚。这种持续的空虚让我们寻找着补偿，而对我们中的一些人而言，这种补偿就是不停地吃、吃、吃。

但无论我们消耗多少食物，我们内心的空虚仍然不能被满足，而卡巴拉智慧解释说，这只不过是因为我们所真正渴望的其实是某种非物质的东西。不知不觉地，一个精神的愿望在所有人内心中浮现出来，而且在21世纪，这个愿望比以往任何时候都更强烈，更饥渴，要求被满足。而这个满足只能是精神的，

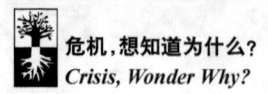
或换句话说，是某种"精神食粮"。

因此，卡巴拉智慧为我们提供的解决方案，并不是让人开始节食以治疗肥胖。相反，它治疗问题的根源，为我们揭示怎样满足那个精神愿望——即我们最深切最根本的匮乏。当我们最终揭示了那个真正的缺乏，"我想要什么……但我根本不知道具体是什么——也许是一瓶啤酒"这之类的想法将会消失得无影无踪。那些在精神世界发展的人开始在一个完全不同的层面来思考问题。开始像经历一种持续不断的奇遇一样地经历人生，在人生的每一时刻，都能感到内在的能量和满足。

当前，这种加速增长的肥胖和超重的程度只不过是在证明，人们渴望他们没有得到的那种精神的满足。如果我们认识到这一点，并学会如何真正满足自己，我们将不再需要其他任何外在的"附加替代品"。

29

有关健康的万应灵药

据世界卫生组织报道，在过去30年内出现了近40种新的疾病，而且近5年就发生了超过1100种流行传染病，精神病更成为一种瘟疫。根据卡巴拉智慧，造成所有这些疾病产生的根源是我们自己——人类的利己主义。

"这些疾病的状况是如此地不稳定……以至于新的疾病已达到了史无前例的逐年递增的比例。"世界卫生组织总干事在最近的世界健康报告中写道："在一种异常的不祥的趋势中，支柱产品抗菌剂[即用于抵抗有害微生物的物质]未能跟上替代药品的发展。……这对世界已经构成巨大的威胁……人类已变得越来越脆弱。"

这篇标题为《更安全的未来》的报告包含了对当前状况的乐观看法。然而，快速审视一下就显示我们的未来离安全还非常遥远。这篇长篇的报告披露出很多正在影响以及未来会影响人类的疾病。那么现代医学对此能做出什么解释呢？又有什么应对良方呢？当然，这些新闻几乎无法使人安定。

伴随着现有疾病的增长，比如糖尿病、心脏疾病和抑郁症，报告同样警告说："那种假定再也不会发生另一个像艾滋病那样子的疾病、另一个埃博拉病毒、另一个非典的想法，是极其幼稚和掉以轻心的。"

为什么这会发生在我们身上？

看上去，医生们觉得很难为这些问题提供一个清晰而直接的回答。无论怎样，根据这份报告的作者所说，有一件事是肯定的：正是人类自身的行为使得自己的公众健康处于危险之中。

无论这听起来多么惊人，但卡巴拉学家也描绘了有关21世纪可能影响人类的疾病。像当今的医生一样，他们断言，人类在自己正在遭受的这些苦难中承担了主要的责任，而且他们还同时对我们今天面临的健康威胁提供了可行的解决方案。

但你会问：卡巴拉学家难道懂得医学吗？

现代医学界定义疾病是一种平衡稳态(即我们身体的动态平衡)的过程的破坏。当一个细胞或者一个器官的功能不正常，身体中的平衡就被破坏，于是我们开始生病。为了战胜疾病，身体会尽一切努力恢复其所有系统的平衡。

但是，卡巴拉学家表明，平衡起来的过程不仅仅只发生在身体内部。

与现代科学类似，卡巴拉智慧解释说，在所有自然界中都包含持续的平衡稳态过程。在早期的卡巴拉著作中，卡巴拉学家把自然描述成一个封闭的完整的系统，其中所有的部分都完美协调地合作着。这种神奇的平衡是由自然中不同部分之间的相互给予的关爱所维持。

Guntar Blubel教授(诺贝尔生理学及医学奖项获得者，他由于对细胞增殖的研究而闻名)说道，根据科学所发现的，"那个相互给予的法则是自然界每个体系生存的关键。一个活着的身体中的细胞，是最好的论证样本。细胞通过为了给予整体而相互联系起来。每个细胞只获得它生存所必需的一切并用它所有的力量照看整个身体"。

良好的健康＝与自然的良好关系

如同我们身体内的细胞，自然中每个层面中的每一个个别的元素，都在做着支持它所赖以生存的整体的行为，并这样展现其完整性。当个别的个体破坏这个自然的平衡时，所有自然的体系会瞬间调整以调节压力并恢复被破坏的平衡。

比如，随着地核内部的压力增长，地球的外层不再能承受内在压力，就会发生火山喷发。根据卡巴拉智慧，**如今这些新的疾病的爆发，不过是人类与自然之间关系的不平衡滋长的各种症状。**

我们总是忘却，正如所有矿物、植物和动物一样，人类同样是自然这个完整体系的一部分。因此，运用在自然这个完整体系的规则同样适用于我们，找出那些规则正好可以让我们发现我们的问题的原因以及它们的解决方案。

"治未病"的万应灵药

每个人都知道，人类社会的利己主义在持续地增长。每个人都在相互利用对方，对别人的痛苦幸灾乐祸，并且通过毁灭他人建立自己的"成功"。伴随着这种自私自利的态度，人类偏离了自然规律，离自然越来越远，系统性地破坏了那个平衡与相互给予的法则，因而，人类本身不断遭受来自自然恢复平衡的回应，造成所有这些痛苦。

非此即彼，自然总是在平衡它所发现的不平衡因素。在现代社会如此盛行的自私自利的态度就像一个飞去来器：它掉转头来以更多的疾病和其它我们难以解释的令人不安的现象回击我们，惩罚着我们错误的行为。

即便向健康体系投入大量的资源和技术，我们也还只是在隔靴搔痒。现在是治疗产生问题的根源——即人类的利己主义的时候了，而不是试图在表面上去对抗每一个新出现的症状。

然而，这并不意味着明天我们就应该告别我们的医生。相反，即使我们需要继续去诊所看病，我们也必须开始着手在其根源上治疗问题，也就是改正人类的利己主义。

卡巴拉智慧向我们展示如何才能开拓一种新的感知以发现我们是同一个单一的自然系统的一部分。如果我们能因而恢复自己跟自然的平衡，大多数的疾病就会直接消失，因为其真正的根源已不复存在。因此，卡巴拉学家说，改正我们的利己主义才是真正"治未病"的万应灵药。

30

毒品为什么成为不可避免的趋势

毒品泛滥性的增长正在成为全世界关注的战略问题。政治家对此并不怎么感兴趣，因为他们所需要的——是统治人或事。因此，他们尽一切可能隐瞒这个现象，甚至在竞选期间，也不优先考虑它。这是因为他们对此感到无能为力，并把它当作一个不可能完成的任务。当然，如果我们不仅关注当前发生的是什么，也同样去识别一种趋势，我们肯定会得出结论，人类作为宇宙中唯一有智慧和自由意志的那个部分，正在进入毁灭自己的那个阶段。

在现代社会，毒品问题在无数会议上被仔细地研究、描述和探讨。它在联合国议程上，并且在政府公开或封闭的辩论中被讨论。

从生产角度来看，毒品应该是极其廉价的商品。所有人都很容易得到。那么为何不这样做呢？地球上有许多人处在闲散、无事可做、堕落、无家可归和疾病状态。健康预算支出超过了国防开支。瘾君子，当他们能够得到满足日常剂量的毒品时，就不会诱发对社会任何严重的威胁。相对于其他任何一个普通的失业市民的状况，他们只需要极少的关照。吸毒者存在并沉浸于自己的幻觉世界里，从社会问题中分离，无法造成严重伤害。

问题是一个人处于被麻醉的麻木状态时，其人性的发展被终止，而这与自然的根本法则不相容。自然永远不会容忍人类从有意识地实现其人生意义的过程中脱离，也就永远不会允许不受控制地滥用毒品，这就是为什么人们对毒品这么反感的潜意识原因。

人类几千年前就知道毒品。然而，过去它们从来没有被过量地使用。因为在古代，人们没有感受到这样一种脱离现实，逃避人生的迫切需求。那时人们可以在周围世界所看到的东西中接受并获得快乐。他所有的渴望无论是多还是少，都能够在这个世界被实现。他知道他的目标，并且每次都做了决定是否值得为了得到它，而做出努力。他总是选择是否追求一定的目标，并表现出这样或那样的决心。他从来没有被留在一个需要答案的状态中。

人们辛苦地工作，经历着难以置信的磨难，被卖身为奴，但无论如何，他都仍然可以看见他渴望、期望得到的目标。人们显然很清楚，通过某种交换或者一定的努力，就能够获得他想要的一切。然而，假如那个梦想是不切实际的，他宁愿去忘记而不去想它，如果因为身体(这个接受的愿望)不愿意吃这个苦，他会把那个愿望从他的视线和想法中排除掉，正如古谚所说："老百姓不会想要不自量力去娶公主。"

即使一个目标很遥远，人们为了达到它，也愿意劳苦很多年。他不需要毒品作为一种脱离现实的方法，因为他期待着未来可以获得的那种满足。

人们从什么时候开始转向毒品？这发生于当人们不能在这个世界上满足其愿望的时候。因为没有其他选择，他情愿将自己从缺乏和挫折中逃避出来而转入毒品。但凡他还能看到获得快乐的某些源头，他永远不会这么做。

我们知道人们的愿望从一代到另一代在不断增长和发展：从生理的需要和满足：对食、性、住宅和家庭(即使人独立于社会之外生活时都有这些欲望)，直到对财富、尊敬、名望、权力以及知识的渴望。

每个人都以不同的组合包含着这些愿望，但在历史进程中，这些愿望不但在数量而且在质量上也在发展着。人类的进展只不过是由每个人的愿望的进化发展决定的。

这说明当所有这些人性的愿望停止增长时，一种新的愿望、对一些模糊不清和不能解释的事情的渴求开始浮现出来。人们甚至不能描述这一愿望是什么；他就是向往某种事情，虽然他自己都不知道它究竟是什么或者能不能在这个世界找到它。

但是现在人们一旦不知道怎样设法满足自己的愿望，有些人就选择了逃避，而吸毒的根源就在于逃避，既然在现实中得不到满足，那就到一个想象的虚幻世界中得到满足。

很多人把这种状态称为抑郁症，这已经导致无数人离婚。人们感到需要去改变其生活中的一些事，并相信一个新的婚姻能够解决这个问题。一般来说，这样做他会发现他所做的一切也完全是徒劳的，而且会陷入一种更深的失望和

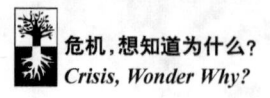

孤独当中。

许多人把这个对某种未知事物的新的渴望解释为一种精神性的、对另一个世界的渴求。越来越多的人感觉到这个并加入到吸毒的队伍中，也有很多人因而成为心理咨询师的客户。

从长远来看，人们逐渐发现这个新的渴望其实是一种对精神世界的愿望。人们开始到处奔波寻求达到精神根源的方法。他们到印度和其他东方国家寻找导师；书店里充斥着各种各样关于精神方法和探寻的书籍。

人们所有的愿望的总和称为"心"。那种对于新产生的未知的没有源头可以满足的愿望被称为是"心里之点"。

科学近来也证实了"更高世界"的存在。越来越多杰出的科学家，在他们对物质和能量的研究过程中，得出存在着一些其他现实的结论。通常，他们是核物理学家、生物学家，等等，就是那些在其领域中钻研到物质内部的人。

人类早就拥有达到那个更高世界的方法，这个方法称为卡巴拉智慧。卡巴拉智慧是一种满足那个未知的精神世界的愿望的方法。我们应该体验这个方法，而不是拒绝它。当你对于抑郁、离婚、人与人之间的冷漠，以及更严重的吸毒——这些日益增长的问题都感到无可奈何时，看一看卡巴拉智慧，相信你能找到答案，而且………

这种情况只会更糟，人们将继续购买毒品。它们的生产将会可怕地增长，毒品交易将随处可见。带毒的植物将在大农场生长；毒品将在家庭作坊中被生产。

无论如何，这将达到一种政治家，经济学家和其他力量都无法控制的程度。因为人们不再从金钱、名誉和权力那里得到满足。那时这个问题将上升到战略的高度。

当人们发现卡巴拉智慧，他就开始意识到在那里有解决方法、有答案。当然，这可能还需要五到十年的努力(这段时间需要为了本身实现卡巴拉智慧所说的一切并达到精神世界)，但解决方法的确在那里。这样一来，人们就不再需要毒品，因为他已经生活在对未来的美好的期望中。人生的目的应当揭示给他，通过它而不是毒品给他一次机会去满足自己。为了用它来代替毒品，应该向人们揭示一个人人都愿意去实现的目标——给人们一个可以找到真正满足自己的机会。

31

现代的年轻人怎么了？

越来越多的青少年屈从于毒品、抑郁和恐怖暴力行为。年轻一代所面对的危机是由什么带来的呢？卡巴拉解释说，年轻人的愿望正处在一场危机当中，因为他们再也不能用我们试图给予他们的一切来满足他们的那些愿望。

当我坐下来看新闻，巨大的标题再次冲击我。一个少年走进拥挤的假日购物大厦开枪杀死了8个人。是什么导致一个有着光明未来的年轻人做出这种残忍的行为？同时，一个好朋友的侄女在吞咽了整瓶安眠药企图自杀后躺在医院里维系着生命。在青少年中，抑郁症已经达到类似流行病的程度。

我们的年轻一代究竟怎么了？难道他们不是太年轻去这么痛苦地感到绝望和不可救药。这世界中存在的绝望在很多国家是可以理解的——即在那些令人难以置信的艰苦、贫困、饥饿和暴力都好似家常便饭的国家。但这是美国——这些孩子很多来自富裕、有爱心的、拥有金钱能买到的一切的家庭。

在另一端，我们看到越来越多的人却还停留在童年时代——即便在二十多岁，三十多岁以及更大的年龄。他们可能把自己的风火轮玩具车抵价换取实际的物品而且参与更昂贵的"游戏"，但他们仍然是世界上不想承担任何责任的成年小孩。此外，我们还目睹在不同领域中的其它情形，比如美国家庭的破裂比例持续攀升，破产申请的数量连创记录，企业想要招聘有责任心的、成熟的职员越来越难等等。

虽然没有人会拒绝承认，年轻人和成年人都面临着一场社会危机，但似乎没有人知道为什么。脱口秀节目主持人通过阐述这些问题和会见"专家"已经成为了百万富翁。政治家推动其提议的社会改革计划，社区通过越来越多的法律以努力控制各种事件的发生，但这些都是对问题的下意识的反应。为了达到

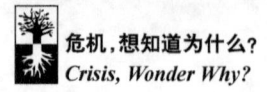
真正的改变，我们必须找出问题的根源。

卡巴拉智慧对找出社会不和谐的根源，继而解决问题，展现出光明的前景，它帮助我们在我们正在见证的所有的这些不愉快的现象背后揭示出那一个共同的线索。

识别问题的根源

为了识别造成我们的年轻人这些行为背后的原因，我们首先要检验我们的本性，并观察它是怎么进化演变的。根据卡巴拉智慧，我们所有行为的背后的驱动力来源于一个向往得到快乐的愿望。换句话说，一个人所做的每种行为，无论多么小，都是由一个渴望快乐的愿望所促使的。

然而，还有更多有关这个愿望的事情：这个接受快乐的愿望在人类中持续发展，并且迫使我们不断地寻找新的快乐形式。这些演变起始于我们最基本的愿望：那些我们生存必须要满足的——身体带来的自然的愿望，比如对食物、性、住所的愿望。换言之，多年前，有顿美餐和头顶上能有个遮挡已是极大的福气。

在人类发展的晚些时期，新的愿望浮现出来了——也就是那些社会性的愿望。这些愿望的出现源于人们在社会中的相互作用。此类愿望包括对财富、名望和权势的追逐。数千年来我们在这些社会性的愿望中发展，实现它们中每个可能的组合以及方方面面。从这个角度而言，电影明星、体育偶像或政治人物都"代表"了人类中所发展的那些社会性愿望。

但是今天，正如卡巴拉学家所解释的，一个新的愿望在人性中开始浮现出来，一个我们既不能通过身体也不能通过和其他人之间的互相作用来满足的愿望。我们仍然很难定义这个愿望是什么，甚至我们其实并不懂得怎样去满足它——这是一个意识到我们存在的目的的愿望。

理所当然，每一代人中，总是有那么几个人对"我为什么在这里？"这类问题感到疑惑不解，但现在却是历史上第一次这个问题在大片人群中开始觉醒并要求答案的时代。

不满的代价

那么这和我们年轻一代面临的这个危机有着怎样的关联呢？由于他们处在愿望发展的顶峰，所以天性地感觉到金钱、名誉和权势都不能给他们带来真正的幸福。这并不意味着目前的孩子们对任何事物都不感兴趣；相反，他们有着一个更加巨大的愿望：只不过他们不知道怎样去满足它。

　　这很简单：如果在生日的那一天我特别想要一只小狗，你却送给我一套新衣服，我就不会有多高兴。即使这新衣服我穿上去看起来很好看，但它不符合我内心的那个愿望。对我们年轻人，每一个愿望均是这样。他们以迅疾的速度从一个愿望跃到另一个，却始终发现自己无法得到满足。

　　到他们十几岁时，很多孩子对父母为他们展示的怎样去得到快乐的能力不抱期望并感到怀疑。他们并不理解为什么要努力去达到大人们为他们设定的目标。另一方面，他们也不知道应该为什么而努力。我们会认为现代的孩子懒惰，但是他们缺乏动机实际上是一种绝望的表现。在极端的情况下，他们的绝望是如此地痛苦以至于他们会感觉生命本身显得毫无意义而自杀，这似乎是唯一的解决办法。

　　现在越来越多的青少年普遍采纳一种"人生苦短；享受第一"的人生态度，把时间花在追逐各种刺激愉悦上，只要能容易获得。结果是他们成了"永远的孩子"，一旦需要真正付出努力时，他们就会退缩，他们不能维持正常家庭或工作关系。这些孩子也容易受到毒品、酒精和暴富的诱惑，因为所有这一切都承诺垂手可得、强烈愉悦，而又不需要付出任何实际的努力和代价。

　　另外一些十几岁的孩子们则将他们的空虚感表现为愤怒，抨击父母和社会，因为他们不能提供他们有关人生的意义的答案。有时这种愤怒爆发成为骇人听闻的青少年暴力事件，比如那个商场枪击事件。

满足青少年的需要

　　年轻一代在理解和满足自己的愿望方面的无力和无助是他们所有问题的根源。没有前面几代人的指导，青少年们将在黑暗中摸索，因为他们都在想方设法满足他们内心那个无名的愿望。

　　《骇客帝国》、《指环王》和《哈里·波特》的风靡反映了孩子们对某些

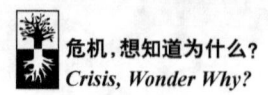
我们在这个世界找不到的事物的渴望。新世纪宗教、神秘主义和东方哲学在年轻人中的兴盛，同样表现出年轻人越来越需要找到他们生命的意义。

为了帮助我们的孩子，我们必须让他们知道他们所感到的空虚和困惑是有原因的。我们需要告诉他们如何适应这个人类发展的特定的阶段——让他们知道他们代表着那个接受的愿望演变的最后一个阶段。而我们应该为他们提供一个发展和满足那个愿望的途径。

卡巴拉能帮助我们通过给予年轻人一个对他们存在的目的的切实可行的指导。一旦我们的孩子们知道了他们的人生目的，他们将积极追随它。冷漠、愤怒、抑郁和绝望将转化为热情和力量，就像他们的父母和祖父母们曾经追求那个"美国梦"时表现的一样——对金钱、荣誉和名利的渴求。

我们的孩子们将能够达到那个无限快乐的状态，但我们必须为他们的旅程提供工具和指导。这样一来，我们将使他们从苦难中解脱出来，使他们能够找到真正的幸福，并加快每个人向着存在和生命的真正的目标前进的步伐。

32

我们如何才能停止将医疗事业商业化？

现代医疗保险系统错在了什么地方？

用于将美国从经济危机中解救出来提振美国经济的资金的35%被投放到了医疗领域，因为它是被金融危机冲击得最厉害的领域。保险费率已经上升，但人们的收入却没有相应增长，所以越来越多的人不再能负担得起看医生或购买医药的费用。那些失业的人们的状态更糟糕，他们甚至完全丧失了健康保险。

政府正在试图挽救这种状况，但是，不幸的是，首先，它正在采用导致了医疗工业进入到这次危机的那个同样的措施：将资金投向了人们的自我——利己主义。而正是我们的自我导致了这场危机，怎么会这样呢？

人的自我，也就是他们想获得越来越多金钱的欲望，在人的自我看来，已经变得比医生和病人之间的健康关系更重要。现代医疗工业是由经济利润原则驱动的：它不是建立在如何有效地帮助病患，而是建立在能够带给相关产业链条上的利益各方多少利润基础上的。

医生从他们的病患的疾病种类、程度和实施的医疗过程中赚取金钱，因而，治疗好病人的动机就变得很脆弱；而病人呢，反过来则在寻求医生错误行医、起诉医生的机会。由于整个医疗系统是围绕着金钱运转而不是围绕着关爱病人和他们的健康运转的，在医生和病人之间没有信任可言。

医疗系统曾经不都是这样

大约在4000年前，古代的中国，每天清晨，一个医生(治疗师)会寻访经过村庄里的每一户人家。在每个家庭大门的进口处都会摆放着一个瓦罐，正常情况下，每个瓦罐里都会放着给这个医生的一枚铜币，这表示这个家庭的每一个成员都很健康。如果这个瓦罐是空的，在里面没有铜币，则表示这个房子里的某个人生病了，这个医师就会进入到这户人家对病人实施力所能及的最好的救治，而且，治疗所需的各种草药、针头和医疗所需都是由那些没有放进瓦罐里的铜币来支付的。在他的空闲时间，这个医师会经常走访每个村民的家以确保他们的饮食和生活方式是健康的。

在那个时候，健康保险与今天的概念是完全相反的。人们付钱是为了保持健康，而那个病人在治疗阶段则不需要付钱给医生。

这种体系在今天会可行吗？

很明显，我们不得不停止这种将医疗系统变成一个商业利益系统的做法。今天，医生的收入取决于他拥有的病人的数量、他为病人施行的医疗救治品种的数量和价格，以及医院是否住满了病患等等。这种系统是建立在医生希望病人病得越久越好，能给他带来的经济利益越高越好！然而，难道医生最首要的关注点不应该是病人的健康吗？

然而，我们真的能回到古时候那个"乐善好施"的系统吗？不，我们不能回到那时，因为在那时，人类利己主义的自我比现在小得多。而且，现在的问题已是全球性的，不是局部的。在这种情况下，创造一个健康的医疗系统的唯一方式是通过创造一个全球性的整体的解决方案，这个解决方案需要专门针对人类利己主义的自我。

只有社会作为一个整体为健康付钱，而不是为疾病付钱，医生们才会有在第一时间考虑预防疾病发生的动机，人们的健康状况才会改善，而相应的健康维护开销才会降低。

金钱应该从医生-病人的关系中移走。一个医生如果造成了医疗事故，他应该受到行政上的惩罚，而非金钱上的惩罚。病人也不应该通过法庭要求金钱赔偿。取而代之的是，他应该获得的唯一的补偿是治疗。

在拉丁语中，"doctor医生"意思是"老师"。所以，医生应该是教导人们如何正确生活而不得病从而保持健康的人！这个定义与我们现在建立在利己主义基础上的医疗系统是多么的不同啊！

V

婚姻和家庭危机
为什么爱总是
带来伤害?

"当一个人相爱时，一个人总是以欺
骗自己开始，却总是以欺骗他人终止。这
就是世人所说的浪漫。"

——奥斯卡·王尔德

王尔德或许道出了大部分的婚姻为什
么不幸福以及现在为什么离婚变得越来越
流行的原因——欺骗。但是为什么会是这
样呢？为什么我们在结婚后就是找不到初
恋时那种甜美的幸福感了呢？这是因为我
们现在经验的所谓的爱根本就不是真正的
爱，我们认为我们在爱别人，实际上，我
们只是在爱我们自己！就像你爱鱼，是因
为你喜欢吃它时，鱼给你带来的快感！

"男人、女人以及其间神圣的存在."

——《巴比伦塔木德》

同一个灵魂的两个分离部分（阴阳，男女，给予和接受等等）之间只有在达到精神团结时，才能创造出真正的和谐，而在这个团结中创造者（爱和给予的品质）也同时被揭示出来。这时夫妻关系才能和谐幸福。

33

破译爱的密码

又一个情人节到了，到处都充满了红色、红花、红心，甚至连泰德熊都是红色的。好吧，今天给你们来点更新鲜的，卡巴拉为爱的概念开启了一个全新的视角，揭开围绕着爱的神秘面纱。

有趣的是，没有一个人真正知道情人节的来历。它的复杂的历史夹杂着希腊神话、罗马帝国的剧变、基督教教会的被接纳、甚至带着一些非常悲惨的事件和历史曲折的古代异教庆祝活动的痕迹。但最重要的是，无论我们喜欢与否，它是西方世界每年向人们对那个永恒的主题——"爱"——的一次提醒。

你已经知道的爱

对某些人来说，这一天是与我们的伙伴幸福的机会，买玫瑰花和巧克力送给对方，在浪漫的电影面前依偎缠绵。对另外一些人来说，这一天却伴随着永无止境的痛苦、伴随着使人极度疲劳的尝试，力图避免那些"令人讨厌的伴侣"，但不管走到哪里，我们都无法避免那些红心向我们发出的"威胁"和嘲讽，那些红心好像在说，"爱不过就是为了嘲弄你而发明的东西"。

无论你属于哪一个阵营，我们所有人都至少经历过一次那种深深的、绝望的爱的感觉。爱情是盲目的，当我们相爱时，我们在我们的爱人那里看不到任何瑕疵，我们维护着他们所做的一切，并且只看到他或她最好的一面。但是，我们大多数人也都知道这个爱的泡泡总有一天会破灭，当我们回味时，我们不禁会问："难道我感觉到的那个爱是幻觉吗？为什么现在我不能感觉和相爱的时候一样好呢？"

真正的爱是什么呢？

值得庆幸的是，卡巴拉智慧对爱的这种困境做出了一种全新的解释。第一，卡巴拉学家解释说，当我们体验"这个叫爱的东西"时，我们感觉最幸福

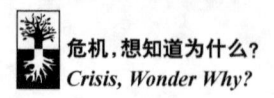

是有它的理由的：因为在那时，我们对另一个人的感觉正好与自然的内在品质相一致。

通过感觉到爱，我们获得连接到那个给予现实中所有存在部分活力并将他们结合在一起的积极的品质。卡巴拉将那种品质叫做"爱"或"给予"，并解释说它是现实中将所有元素团结统一在一起的因素：包括矿物、植物和动物等各个存在层面，以及所有人的内心世界的经验。

自然的所有部分都分享着这种博爱的品质——只有人类除外。换句话说，人类是唯一不会自动实施这种品质的存在物，而所有其他层面的存在物，包括静止层面、植物层面和动物层面的创造物，他们的行为都是天生自然地遵从这种品质。我们人类是唯一的例外，我们按照我们的喜好自由行动：爱或恨、给予或索取、等等。

我们站在爱的对立面

事实是，我们往往会倾向于以和大自然普遍的品质相反的方式采取行动，而这正是我们所有的负面感觉产生的根源。出于某种原因，我们通常认为，只有通过做有利于我们自己的事情时，我们才会感觉美好，甚至不惜以牺牲别人为代价。我们只专注于"我、我、我，""如何我才能感觉更好？"和"如何去做我才能获得更多的金钱、名誉、权力，你可在这里填上任何你渴望得到的东西？"等等，而且很多人都知道，通往这种"幸福"的道路是由竞争、嫉妒、孤独和痛苦铺就的。

很明显，这是和我们认为当我们在相爱时的感觉是相反的，当我们相爱时，我们所有的想法都是朝向对方的，而且所有我们所关心的也只是有关那个人的。当我们相爱时，唯一在我们脑海中出现的就是"我能做些什么才能使他／她感觉更好呢？"

如果将我们的视线从日常的现实中离开一小会儿，从一个更广泛的角度来审视一下自己的话，我们将很容易看到我们感觉最幸福的时刻，正好是当我们与那种爱的品质和谐一致的时候。再强调一下，这是因为我们将我们的"内在频率"调整到了和那个弥漫在整个宇宙中的普遍存在的爱和给予的品质的频率相一致时自然产生的结果。

而这并不是只有卡巴拉智慧才指出的东西。如果你随便去问一个生物学家或植物学家，他们将会同意，所有的生命有机体，所有的生命和发展，都基于这一"爱"的法则。这是因为一个生物体的所有组成部分都以一种互相"给予"的法则相互作用，他们不断给予对方。每一个以及所有的细胞都是为了照顾整个身体的基本功能和福祉而行动，以维持整个机体的活力。

我们的身体本身也遵从这种自然的法则，这是因为我们的身体是在动物层面上发挥着其功能的。只有在我们相互作用的人类水平，也就是我们之间的相互关系上——在我们的思想和感觉上——我们才开始转向另一个方向。我们内在的人类层次是我们感觉到我们的"I(我)"、我们的身份认同以及我们对自身的持续关注。由于我们的这一部分只是关心我们个人的利益和收获，它通常会忽视这整个世界都是一个单一的、完整的、相互联系和相互依存的完整机体这一事实。

换句话说，我们没有意识到：另一个人的快乐和痛苦，与我们自己的感受是不可分割的，我们自己的福祉也直接依赖于其他人的福祉这一事实。卡巴拉可以帮助我们重新聚焦，并在"放大镜下"看看究竟正在发生着什么，然后，我们将看到这种自然的普遍的绝对的爱的法则，远远没有在我们人类的层面上被遵从。

我们通过与自然和谐感到无限的爱

如果我们改变这种倾向，并开始根据自然的给予的法则去对待每个人，那么我们就会总是感觉到那种"爱"带来的美妙感觉，而不仅仅只是转瞬即逝的片刻。这是因为一旦我们认识到我们全部都是相互联系在一起的，就像我们身体中的所有细胞一样，我们将作为不可或缺的元素参与到这个自然整体的生命涌流当中。我们将与自然的其他部分融合在一起，而我们对待我们周围一切的态度将会变成是纯粹的爱。

这种在人类层面与自然的和谐将会给我们带来一种被卡巴拉称作"无限"的东西——无限的爱、喜悦与和平。这种感觉之所以称为"无限"，是因为当我们感觉到它时，我们之间由于利己主义的自我造成的界限就完全消失了，这样会使我们确实感到其他人好像就是我们自己的一部分。

因此，一种爱和给予的关系并不只是一种态度上的改变，而是我们在生活的品质和我们感知范围的一种根本上的升级。所以，让我们不要在这个情人节，将太多的时间花在生那些"令人讨厌的伴侣"的气身上，或者在纳闷为什么我们和前妻、前夫就是合不来。相反，让它变成是当我们把我们的注意力从恨转变为爱，从接受转换为给予时，我们就能体验那种无限的爱的一种提醒。

34

爱、爱、爱

在1969年，披头士(the Beatles)乐队大声地唱道，我们全部所需要的就是爱，他们是对的……卡巴拉说，现实中存在着的唯一力量和唯一法则，就是这种爱的力量(或法则)。

在20世纪60年代，爱是那场著名运动的名字。伍德斯托克(Woodstock)、头发(Hair)以及"要爱，不要战争"的观点是塑造着我们生活的模型。但如果连那个现实的法则都同意，爱是那个游戏的名字的话，那么为什么那个将我们吸引到伍德斯托克的理想最后不能持久呢？我们承诺的那个爱又在哪里呢？

爱是生命

在我们发现爱去到哪里了之前，我们需要理解为什么卡巴拉智慧指出，在整个现实中，有且只有爱存在着。请想象一下，一名母亲抱着她新生的婴儿的样子，她将他抱在怀里，她的目光向下看着他，微笑着，婴儿饿了时喂他，将他包裹在保暖毛毯中以使他保持温暖的情景。在她所有的这些行为背后只存在着一种激发生命能量的力量：她对她的孩子的爱。这就是爱的法则。

这看起来很明显的例子说明了为什么爱是可以创造生命的唯一力量。有什么其他的力量可以保证父母会照顾他们的后代，从而确保物种的延续呢？又有什么其他的力量可以确保那个生存着的物种能够维持并蓬勃发展下去呢？显然，没有爱，就没有生命。这就是为什么卡巴拉智慧说，创造者、自然与爱是同义词。

还有另一种卡巴拉学家对爱的表达方式，"创造者就是爱"。因为他是至善的，他创造了想要获得他给予的所有丰富的创造物。

根据卡巴拉智慧的主要著作，《光辉之书》(The Book of Zohar)，现实产生于创造者想要使创造物受益的思想。《光辉之书》解释了创造者的本质是至善的；因此，他的意愿也是至善的，也因此，他的思想也是至善的。

而且，因为他想要做的都是好的，他创造了一个在为了获得他想要给予的好处的愿望的基础上运行着的世界。这就是为什么支撑整个现实的运作的力量就是创造者的爱的原因。

母亲的爱

这使我们又回到我们的问题：我们被承诺的爱在哪里呢？它的利益又在哪里呢？因为创造者构成了我们的现实，我们就是那些希望获得他想要给予的利益的创造物。

在母亲——婴儿的例子中表明爱不存在于婴儿那里(创造物)，而是在母亲那里(创造者)。她是那个真正享受着对婴儿的爱的人，而那个婴儿只是一个享受她对它的爱的存在而已。

而就像婴儿可以很可爱一样，作为一个婴儿却不是生命的目的。婴儿不会永远是婴儿，而是会长大，长大为成人，并且要培养他们自己去爱的能力。因此，他们会变得像他们的创造者(父母亲)一样。

同样，创造者创造我们的目的就是想要我们变得像他一样。卡巴拉用于表达变得像创造者一样的词汇是Dvekut(粘附)。Dvekut并不意味着两样东西彼此"粘合"在一起，而是在它们相等的同时，它们又是独立的存在。

因此，为了享受到我们的创造者所拥有的爱，我们需要"长大成人"，并变成一个像他一样的"精神成人"。

很多碎片，一个灵魂

就像我们在上文所述的，在整个现实中，只有创造者的爱存在着。这份爱创造了我们——那些预定要接受他的爱的接受者。卡巴拉学家给这个创造物的名称是"亚当的灵魂(第一人)"。或简短地，我们把它称为"亚当"。

亚当不是简单地将很多灵魂(创造物)放在一起；亚当是一个集体的灵魂，分裂成了数十亿个碎片。正如虽然我们的身体中有上万亿个细胞，但所有的细胞都作为一个机体运作着一样，亚当的灵魂是由数十亿个灵魂碎片组成，所有的灵魂碎片都作为一个精神的实体运作着。

如果我们身体中的细胞和谐地工作，我们就是健康的；如果他们彼此反对着彼此的工作，我们就变得生病了。同样地，当我们的灵魂，亚当的灵魂的碎片，共同努力，我们的灵魂——整个全人类——在精神上就是健康的。

亚当的灵魂分裂为这么多的灵魂碎片并不是偶然的，而是一种由创造者预先确定的行为。这个分裂是一种使我们能成功地变得像他一样的必要的步骤。就像孩子们需要在他们周围的其他儿童中发展其社会技能和成长一样，我们的灵魂，为了发展成为像创造者一样也同样需要其他的灵魂。

这些灵魂不是真的和我们分开；它们是同一个灵魂(机体)的不同的部分。而只是，我们将这些灵魂感觉为不同的和独立的灵魂，为的是允许我们相对于他们作为单独的存在，从而可以创造一个"灵魂的社会"，就像我们人类社会一样。而且正像孩子们一起玩耍学习如何成为大人一样，我们和"其他"的灵魂进行沟通，并和亚当共同灵魂的所有部分和谐地工作。这就是我们的灵魂如何变得成熟的方式。

直接和创造者连接

然而，在我们的灵魂发展与我们发展我们的社交技能之间存在着一个根本的区别。孩子们有可见的可以效仿和学习的榜样。但是，我们"精神的父母"却处于一种隐藏状态。因为我们不能看到或听到他，我们也就不能效仿他。

要想成为精神的成人，我们需要采用和我们学校的常规的课程稍有不同的方法，在那里大家一起学习。正如我们的身体中的每个细胞都有着不同的功能一样，亚当灵魂的每块碎片都代表着接受快乐的那个总体愿望的不同的方方面面。有些部分被创造的想要富有、某些想要有权势、有些想变得知识渊博、还有一些则想要变成创造者，或者变得至少像他一样。

亚伯拉罕就是想变得像创造者一样的人。他发现想要变得像他一样，就意味着获得他的品质——也就是给予的品质。当亚伯拉罕变得像创造者一样时，他开始传播这个有关创造者的知识，只要他能到达的地方。事实上，我们叫他"先祖"就是因为他与我们精神的父亲的亲密关系，以及他想要将我们每一个人都带向他的那个渴望。

在卡巴拉，那些变得想要像创造者的灵魂被称为以色列（Ysrael）。Ysrael是两个字的组合：Yashar(直接)和El(上帝)。因此，以色列是指那些他们的愿望想直接和创造者相连接，以实现他的本性的那些人。

亚伯拉罕的遗产

那些早期的先祖们以任何可行的方式教导着人们，因为他们从自己的经验知道这是他们可以给他们同行的人最好的东西，这也是他们的精神遗产。12世纪伟大的卡巴拉学家Rambam（Maimonides），在他的著作《大能的手》The Mighty Hand中，精彩地描述了亚伯拉罕是如何从一个城市到另一个城市，从一个国家到另一个国家，将这个智慧和知识传播给所有愿意听的人。这就是他如何创立第一个卡巴拉团队的方式。

亚伯拉罕的团队最终成长为一个民族，以它的愿望命名——就是以色列（Israel）。自从首次作为第一个卡巴拉团队出现以来，这个民族在世界的角色就没有改变过。那种传播达成创造者的方法的精神遗产也保持不变。16世纪伟大的卡巴拉学家，神圣的Ari，在他的著作《Shaar HaPsukim》"Parashat Shemot"中精彩地将其表达为："亚当（Adam）第一人包含了所有的灵魂并包含着所有的世界。当他犯了原罪后，所有的灵魂……被分裂为七十个民族。而以色列应该流亡在各民族当中，为的是收集散落在那些荆棘中的神圣的灵魂的玫瑰。"

对爱的渴望

人们都说"有钱能使鬼推磨"，钱使整个世界运转着。奇怪的是，希伯莱语的钱Kesef，源自Kisufim(渴望)一词。20世纪伟大的卡巴拉学家，巴拉苏拉姆（Baal HaSulam），抓住了这种相似性，并解释说钱确实就是代表渴望，但渴望的却不是钱本身。这种渴望实际上是对创造者的爱的渴望。然后，巴拉苏拉姆继续解释说，当我们与创造者"Dvekut(粘附)"在一起时，也就是当我们变得和他一样时，我们才能获得创造者的爱。

想要感知到他的爱，我们需要做的一切就是采用一种正确的方法。然后，他对我们的爱，就会在我们心中，在我们彼此之间被感受到，并返回到创造者。Kook导师(以色列的首席拉比)在一次与作家阿扎尔(AZAR，1911年)的对话中，豪情地表达了这种爱："我希望将全人类都能放到一个单一的身体中，这样我就可以拥抱他们全部。"

35

亚当夏娃的故事到底隐藏着什么秘密?

几千年来，亚当和夏娃的故事挑战着所有人的想象力。现在是发现这个故事隐含着的真谛的时候了。那么，那个引诱夏娃偷吃禁果的狡猾的蛇究竟是什么? 这一切又是怎样和今天已达百分之五十以上的美国夫妇走上离婚之路的事实相联系的?

他们俩是历史上最受关注的一对情侣。她是那个不忠实的、毫无顾忌的妻子引诱她的丈夫做了被上帝禁止做的事情。而他是"人类的父亲"，一个道德的牺牲者，他未能克制他不顺从的妻子并被她引诱而导致犯了罪(sin)。

或者，你可能会喜欢现代版的亚当夏娃的故事。她优雅、有节制、纯净，对她所导致的一切充满了痛苦的悔恨。他粗鲁、轻率、具有报复心，因为在灾难性的那一天，他未能抵抗住一个女人的诱惑。

在这里，我们不是在谈论另一对明星夫妇走在时髦的离婚路上。女士们、先生们，我们给你们揭示的是亚当、夏娃和蛇的故事——历史上第一个浪漫的三角关系背后隐藏着的秘密。

伊甸园

"最近美国的离婚统计数字看上去对持久的婚姻并不持乐观态度。离婚率目前已达到了百分之五十，使得数以百万计的离异的美国人的确不知道在自己的家庭、房产和财产分割上应该怎么去做。"《在线律师资源》声明说。

了解亚当和夏娃的故事能够帮助我们在两性之间出现的裂痕上，得到迫切需要的"光"。但要这么做，我们必须深入到这个著名的故事中，去了解这个故事背后真正隐藏的含义。

首先，我们必须认识到，像所有圣经故事那样，这个迷人的故事也是用一种特别的隐喻性的语言写出来的。每一个单词都隐喻着在现实的更高层面里所发生的、自然地被隐藏着不为我们所掌握的那些过程。如果我们能够学会破解那种语言，我们就会发现我们自己的精神根源并且进而了解男女的真正角色到底是什么。因此，让我们从头开始。

在最开始

根据卡巴拉智慧，在现实中存在着一个操控一切的包罗万象的力量，即"创造者"。这个力量的品质是完全的、无条件的爱和给予，并且他的目标有且只有一个——给予他的创造物绝对的快乐。

为了实现他的这个给予的愿望，他创造了一个将接受到他要给予的全部的丰富的创造物或称作灵魂。这一灵魂称为"Adam Ha Rishon"（"亚当第一人"），或者简单地称作"Adam"（"亚当"）——人。

而这正好是那个伊甸园的故事所描述的。这揭示了亚当——即灵魂，那个存在着的唯一的创造物——如何无忧无虑地在伊甸园内嬉戏，直到创造者决定为了加速亚当的进化发展要做些什么：

"上帝说，'那人独居不好，我要为他造一个帮助者作他配偶'。"（《创世纪》，2:18）

如前所述，亚当指的不是一个有形的肉体的人，而是一个精神实体，就像"伊甸园"不是某个物理地方，而是代表一个精神层面的现实。其实，那是一种存在的最好状态，那么创造者为什么要干预这种完美的无忧无虑的存在呢？

那是因为那个灵魂在那时只有一个微小的还未发展成熟的接受的愿望，而创造者不能把它所有的丰富给予当时还未成熟的亚当，因为他的接受的愿望，也就是这个要用于盛装上帝给予的丰富的容器(灵魂)还太小。所以，为了使这个灵魂成长并成熟，创造者决定要把它放到一条"成熟之路"上。

一个整体的两个部分

为了使灵魂达到一个可以充满无限的永恒的快乐的状态，首先，这个灵魂

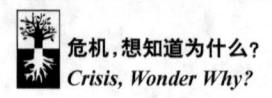
要学习分辨理解接受和给予的含义分别是什么。出于这个原因，创造者把它分成了两个一半："男性的一半"(代表给予的品质)和"女性的一半"(代表接受的品质)。

因而，只有找出他们彼此之间正确的关系之后，这个灵魂的两个部分——亚当和夏娃——才能创造出一个完整的完美的能够盛装创造者想要给予的全部丰富的容器，也就是灵魂。

知识善恶树

那么，"偷尝禁果"跟这有什么关系呢？卡巴拉智慧解释道，"吃"指的是接受创造者给予的快乐。而知识善恶树象征着创造者想要给予的那个完全的快乐，然而，由于那时灵魂(容器)还太小，还盛装不下上帝想要给予的全部丰富，因此，它被称为"禁果"。

那时包括了亚当和夏娃两个部分的灵魂尚未完成其发展成熟的全过程。于是，通过偷吃"禁果"(接受创造者给予的所有的快乐)，就会由于接受到的快乐过于强大，而导致灵魂的破碎，并失去了与创造者——给予的品质的联系。换言之，这个灵魂降落到了一个和创造者彻底分离的状态，并完全地被我们的利己主义——这个物质世界所控制。

起初，亚当和夏娃是成功地远离着"禁果"的——直到创造者再一次干预进来。这是因为灵魂必须要下降到这个物质世界的层面（也就是与创造者完全分离的状态）才能实现其完全的发展，而创造者想要"加速"这一进程。这一次他招来了那个最狡猾的帮助者——"蛇"——来完成这项任务。

那条著名的蛇

那条蛇并不是我们所熟知的爬虫类动物家族的蛇。"蛇"指的是驻留在我们所有人以及每一个人心中的利己主义倾向。在伊甸园的故事中，那蛇(利己主义)哄骗夏娃(灵魂的接受的愿望)去鼓励亚当(灵魂的给予的愿望，像创造者)去品尝那个禁果(即接受创造者的全部的快乐)，即使亚当和夏娃对此还没有准备好。结果，偷吃的结果导致了他们俩和创造者的彻底分离。

品尝禁果获得的快乐是如此地强烈，以致于这个灵魂彻底地忘记了创造者的存在以及创造者是这个快乐的来源这一事实。

结果，亚当和夏娃与创造者的关系颠倒了。他们"从伊甸园被驱逐了出来"——也就是指他们失去了和精神世界的联系并降落到了这个被称为"我们的世界"的物质的层面。

今天，这个故事仍未完结

亚当和夏娃代表着我们的灵魂的精神的根源。虽然在精神世界中，我们是一个单一的统一的整体，但在这个物质世界里，我们却是分离的，无法相互理解彼此。

那么，我们能做些什么呢？首先，卡巴拉智慧解释说，夫妻应该首先意识到在他们之间存在着的这条狡猾的蛇。他们应该理解到自我，也就是利己主义是夫妻关系中所有问题的唯一起因。通常，那蛇是如此狡猾地控制着我们，以至我们根本没有意识到它的存在，更别提发现它是造成夫妻彼此疏远的根源了。

其次，夫妇应该认识到婚姻关系的精神根源远远超出人类发明的这种婚姻的现实层面。婚姻是同一个灵魂的两个组成部分重新连接为一个完整的一体的精神过程的一部分。理解这个就易于使夫妇间展开合作，实现这个神圣的目标。然而，如果仅仅试图在这个世界的现实水平上为了我们那些世俗的目标来缩小彼此之间的差距，我们还是不会获得成功。

如果我们想要维持彼此之间的关系，必须用真正的精神含义来充满它。而这只有在夫妻双方都意识到那个共同的精神的目标时才能实现。

这就是卡巴拉学家所指的"男人、女人以及其间神圣的存在"的真正含义（《巴比伦塔木德》）。那个灵魂的两个分离部分之间的精神团结才能创造和谐，而在那个团结中创造者也同时被揭示出来。

亚当和夏娃的故事在当代意味着什么？

我们的利己主义就是那条阻止我们去真正爱别人的蛇。

其实在亚当、夏娃和蛇的故事背后的意义非常简单。蛇代表着亚当和夏娃、男和女之间显露出的个人利己主义。这就是故事的整个含义。

举例说，假设一对快乐而年轻的男女沉浸在爱河中。他们拥抱、接吻、欢笑、看电影、去沙滩。然后结婚，生活在一起，一切都那么美好，就像在伊甸园一样。

突然——蛇(利己主义)来了，他们突然争吵起来了。然后他们都开始打着自己的小算盘利用对方，比如"我怎样才能让他(她)成为我所需要的样子呢？"这一切都发生在我们每一个人身上，因为蛇(我们内心的利己主义)阻止我们去爱其他人，所以我们的爱情从一开始就是自私的。

在这些境况下，我们在日常生活中只有尽量放弃以自我为中心，才能够接近真正的爱情。但是，这仍然不能解决根源的问题，不能够使我们经历真正的、无条件的爱。而卡巴拉智慧提供了另一个解决方案：在根源上改正我们的灵魂或者改正把我们从伴侣身边分开的蛇。

为了做到这一点，伴侣双方必须要认识到他们的生活之所以这样，是因为这一切的背后隐藏着一个宏伟的超越这个世界的目标。只有到那时他们才会理解到，只有在生活中有了一个共同探索这条精神之路，实现创造目标和生命目的的伴侣，才能够达成这个目标。这就是经文中说的："男人、女人以及其间神圣的存在"的含义。这意味着为了到达神圣的存在、精神领域，我们必须正确地通过创造者互相连接在一起。

只有那时，亚当和夏娃才会使彼此变得完整，而不是互相利用对方。蛇也不会再将他们分离，蛇的存在就是为了促使他们去揭示那个神圣的力量———即神圣的存在或者创造者，而且这一切都是创造者的安排。

婚姻出轨的精神根源

在精神领域里的男性和女性特质的混合导致了我们这个世界的感情出轨、背叛和性偏差。

显然，没有人喜欢他的对象感情出轨，红杏出墙。不管我们多么希望这个不幸的现象是一种纯粹动物性的行为，事实上，在其背后都存在着一个精神的深层根源，因为这个世界中发生的每种现象都必须存在于精神世界。那么这种感情欺骗的精神根源或原因是什么呢？卡巴拉智慧称这个根源就是那个"亚当灵魂的碎裂"。

这表明我们曾经完全统一在那个共同的亚当灵魂中，可后来这个灵魂发生了破裂，分裂成了很多部分。这个"容器的破裂"导致所有分裂的部分都发生了两种品质的相互融合。而结果是，此刻在每一个分裂的部分中都既包含了女性的部分，也包含了男性的部分。因此，男性部分包含女性部分，反之亦然。我们甚至有彼此的荷尔蒙！

这种我们的特质的互相混合不仅导致了这个世界的感情出轨和背叛，而且也导致了这个世界上的所有的性关系的偏差，即同性恋和不正常性认同。此外，这些现象在当今这个年代比过去表现得更为明显，是因为人类已经到达了那个亚当灵魂自破裂而堕落到的"最低层次"所处的那个阶段。

男性和女性的部分看不到它们应该如何真正互相影响。在理想的、精神的状态中，男性和女性部分相互依赖对方。但是，在我们现在所处的状态——也就是在灵魂分裂，下降并互相混合后——每个人都具有属于他人的特质。这就是为什么我们渴望从不同的来源获得不同的满足。

然而，如果我们超越对这些不同愉悦的寻求，渴望精神的满足，那么我们将看到谁才是我们在精神之路上真正的伴侣。这把我们带到了那句著名的经

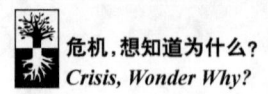
文，"男人、女人以及神圣存在其间"。如果精神世界是人生的最高存在和终极目标，那么他(或者她)将会找到生活中的真正的伴侣，也就是自己的"另一半"，这样他们将一起走在精神的道路上。而且，他们将一同达到与创造者的合一。

这听起来像一个乌托邦似的神话，因为在我们目前所处的这个现实中，我们难以看到并意识到如何才能实现。但当我们坚持朝着改正并开始朝着精神世界的方向前进时，我们就会越发理解这一点，并创造出一个充满信任和忠诚的未来，真正的幸福生活的大幕才会随之开启。

38

男人和鞋不会让女人快乐

女人们真正想要的是什么？开启真正幸福的钥匙就在你自己的手上。

你快乐吗？是的，我在跟你说话。今天，我想以开诚布公的方式，以女人对女人的方式和你谈一谈女人。我希望你真的思考一下这个问题。你真的幸福吗？如果您对自己诚实的话，您的回答可能会是："不，我不幸福"。也许你已经实现了你人生的很多目标：丈夫、孩子、令人兴奋的职业、经济上已经独立，过着一种健康的令人羡慕的生活方式；或者也许不是这样，但不论如何，世界各地的许多妇女都在问自己："到底是什么发生在我身上了呢？"最近一项对美国妇女的研究表明："妇女们在经过40多年的女权主义运动之后，发现与30年前相比，尽管取得了各种现代的进步，但实际上却变得越来越不快乐了。"(时代在线)。

在过去的几十年中，我们似乎已获得我们想要的一切。我们想要更独立，就有了妇女权利和各种各样的教育和就业机会。然而，我们对生活却变得越来越失望，越来越迷茫。另一个例子是我们对男人的不切实际的期望。我们经常将男人看作我们幸福的来源，但大部分时间我们却发现男人并不符合我们的标准，而且即使我们开始感到满意，随着时间的推移我们也会逐渐变得失望起来。

好吧，也许男人和令人兴奋的职业生涯不会使我们快乐，那么购物肯定会使我们快乐！但是我们大多数人现在都知道，消费是一个永无止境的陷阱，我们被购物消费一次一次地带向"快乐的高峰"，但一次又一次的随之而来的"快乐的消失"把我们和我们周围的人都带到一种"筋疲力尽"的状态。为什么我们就是感觉不到快乐呢？难道是我们一直都在错误的地方寻找快乐和幸福

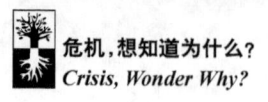
吗？

在某些时候，我们开始明白，也许我们在位于我们外部的丈夫、职业或"消费品"当中找不到幸福。我们内在的本能在驱动着我们去寻找"某种更好的东西"，寻找生命中更伟大的目标。所以，我们开始把注意力转移到各种各样的精神课程、心理学、灵性、自助成长书籍和瑜伽或冥想等等之上。但是，在经历很多次失败的尝试后，我们发现我们找到的与我们内心深处真正渴求的真正满足之间还是存在着巨大的距离。这就是现在的你吗？

我们到底在寻找什么？

如果现在我告诉你到目前为止发生在你身上的这一切都是事先被预定好的，这一切就是为了将你引领到你现在所处的这个状态：一个你已经耗尽自己所有的努力，你一直试图去找到快乐和幸福，但无论如何你仍然感到不快乐这样一个境地。如果我来告诉你女人的快乐和满足，并不在鞋、衣服、化妆品、假期、男人或瑜伽及冥想打坐上；而且这一切也都永远不会将你们带到女人最渴望的那个精神满足上来的话，你会怎么想呢？

在我们这个时代，我们开始看到，唯一可以使一个女人真正快乐的时刻，是她与某种更高的力量直接接触的时候，我们将那个更高力量称之为自然或创造者，而且它是一种我们已经和它疏远了很久，现在正在绝望地寻找的东西。即使我们拥有了现代文明带给我们的所有东西，并且已经实现了我们所有的物质能带给我们的所有目标，我们仍然感到一种永远没有满足的内在的空虚。因为一个女人的精神根源是一种"绝对接受的愿望"，或者如卡巴拉智慧所解释的，是一个创造者创造出来的为了将它装满快乐的"容器"，感觉空虚是我们的容器(灵魂)真正的自然本性，因为如果不感觉空虚，就不需要任何东西去填充(去满足)它。创造的一切都是为着这个唯一的目的，就是给我们女人(宇宙普遍的接受的愿望)带来快乐。

我们追求快乐满足的愿望正是那个在整个人类历史中，将我们从最早的原始社会形态发展到如今这种状态的背后的驱动力量。不过，因为我们现代的、集体的自我，我们对快乐的渴望，已经增长到如此之大，所有过去那些曾经能够满足我们的事物，已经变得不再能满足我们。今天，我们需要的是真正的精神满足，除此没有别的。

找到真正的满足

每一次我们尝试在这个世界中找到任何快乐得到满足时，我们都是在接触那个更高的力量，也就是我们真正想要的那个创造者。我们所有的发展和我们对快乐的搜寻的整个目的就是为了使我们到达现在这个快乐耗尽之点，这一特别之点就是当我们用外部世界的任何东西都不能使我们满足的时刻。也就是在那个时刻，我们才有机会开始向内心去搜寻，开始一个实现真正、完美、永恒的满足的征程。

卡巴拉智慧是一种实用的方法，可以指引一个女人如何以一种有意识的、主动的方式实现和她的精神的根源的重新连接。它可以指引我们如何做一件我们从来没有尝试过的找到永恒的满足的方法，这件事就是为取悦创造了我们的创造者而去接受快乐。当我们将我们接受的意图从"为了自己"切换为"为了别人"时，当我们在别人的快乐中找到我们自己的快乐时，我们感受到的快乐将会是呈指数级增长及永恒的。所以，为何不少去一些商场、放下最新出版的《10个达到幸福人生的步骤》等书籍，开始学习卡巴拉智慧，花一些时间去探索你的女性欲望背后隐藏的精神的根源呢？

39

女人，(精神的)生命之源

女人总是想要某种东西。对此，我们已经习以为然，不再追问这是为什么？终于，对这种现象有了一种解释——建议男人和女人都阅读一下。

一份发表在7月份"幸福杂志"上的研究报告表明，虽然妇女在成人生活的开始时比男人更快乐，但是到了中年时，她们的幸福感开始下降。研究分析表明，这是有关幸福的两个因素——财政和家庭因素导致的，并且表明男性和女性有着不同形式的愿望。换句话说，我们的欲望是不同的，满足它的方式也是不同的。

如果我们寻找一种模式，我们会发现男人更容易倾向于因物质形式的实现而感到满足，例如，消费品、漂亮的家、华丽的汽车、旅游、体育等等。虽然妇女也希望拥有这些东西，但她们的总体趋势是渴望得到更多其它的非物质层面的东西。随着妇女的成熟，她们意识到物质的东西不会带来持久的满足。不管她们赚多少钱，她们的婚姻是多么地美好或职业生涯如何成功，她们还是可能会感到不满意。

一个女人的认知

实际上，女人是以和男人不同的方式感知一切的。她有更多附加的见解，因为是她孕育并产生新生命。这在物质世界中很明显，在精神世界也是同样的。一名女性，作为"新生命"的来源，也更直观地感觉到对新的精神生活的渴望。另一方面，男人则必须更加努力地工作来协助女人发展这种愿望，因为这不会自然地出现在他们心中。

以上所说的妇女具有的对精神的愿望，正是为什么她们快速变得对任何事情都不满意的原因。自觉或不自觉地，妇女开始搜寻一种更深层次的满足，从而导致其持续地感觉到在这个物质世界中，没有任何东西能够满足她们。

男人、女人和精神的满足

对精神的渴望来自于一个人心灵的最深处。卡巴拉学家们将它称作"心里之点"，它是精神的一个小小的"火花"。一旦它被唤醒，在一个合适的环境中，它就会继续长大，将我们引领到一个更高的精神世界，直到它满足我们整个的经验和感知。

男人和女人都能感觉到这种愿望，但女人更有可能认真地追求它。一旦她感觉到这个新的愿望所提供的新的可能性，她就迅速聚焦并转向它。她直观地意识到它是唯一可以带来持久满足、充实和真正的幸福的东西。

然而，一名女性不能在孤立中独立发展这个愿望。她是通过与周围的人分享她对精神的渴望来发展它的。她能够通过点燃其他人的激情来揭示和达成精神世界，从而实现她作为生命的起源的女性角色。

不会令人惊讶的是，男人可以通过从女性那里吸收的方式来发展他的精神愿望。然而，与女性不同的是，男人的天性不是基于愿望，而是为了满足愿望。因此，当男人发展其精神的"火花"，他们使女性的愿望得到满足。这是因为在精神世界里，是没有身体的，而只有愿望和品质。通过实现其精神的本性，妇女提供精神的愿望，而男人则提供对那个愿望的满足。

这就是男人和女人在精神上是如何相互补充的，并使彼此达到一种完美的无限的满足的状态。

40

我们为什么这么专注于性?

性的精神根源是灵魂与创造者的合一。这就是为什么对性的渴望是一切愿望的基础和根源。

在精神世界中,灵魂和光是处在合一的状态中的,这种合一叫做Zivug "交合"。它构成了创造物的两个部分——阴和阳,男性和女性之间——的结合,而且这也是所能达到的终极的快乐——创造者的光满足创造物(灵魂)。

这种精神的交合在我们这个物质世界也有着分枝或某种复制。这就是为什么我们这么专注于性——它也是这个世界上能体验到的最大的愉悦,并且它也是这个世界上我们所有的愿望(欲望)的根源和基础。

性是我们所有思想的基础,因为它的根源在于灵魂(创造物)和创造者之间的融合。这种融合是自然最终要实现的目标,这个世界上发生的,正在发生和将要发生的所有一切都取决于这个终极的目标。这就是我们无法停止去思考性的根本原因,我们对异性的吸引和快乐同样来自于这个最终状态——和创造者的融合,称做"Zivug"(永无止境的性的联合)。

我们从性中获得的感觉是肉体满足和精神满足之间的区别的一个很好的例子。我们花费了那么多时间和努力去想性,我们想象它会带给我们巨大的快感,但事实上我们一旦达到性满足的顶端(性高潮),我们的愉悦就立即消失在空中。当我们正准备好去享受这种美妙的感觉时,它就结束了,消失了,然后我们不得不再次为下一个时刻的愉悦而努力。

这就是在这个世界里所发生的,因为就在快乐满足渴望它的那个愿望时,快乐立刻使渴望中和消失了,这就好像电路的正负两极接在一起短路一样。而一旦不再有渴望,我们也不再感到快乐。它让我们感到空虚,而随着人生的延续,这种空虚感只会变得越来越强烈。因此,正如卡巴拉智慧解释的:"人们在离开世界时，他连一半的愿望都没有实现。"

而精神的性满足的过程却是非常不同的，因为在精神世界的性交合，意味着创造物是为了满足创造者(它给你带来"光"，"光"使我们感觉快乐)而去接受那个"光"。于是，在精神世界里，精神的性交合是持续永恒的，它会一直变得越来越强烈。因此，人感觉到一种持续强烈的永恒的和完美的满足。显然，这和我们在这个世界感受到的性愉悦是非常不同的，在这里我们只能感到伴随空虚而来的短暂的快乐。

这就是为什么卡巴拉智慧解释说，自从人类从精神世界降落到这个物质世界以后，只有那些再次到达精神世界的人仍然能感觉到性爱带来的真正快乐。当创造的两个相对立的部分——男性和女性(阴和阳、接受和给予)——融合在一起并被共同的"光"(快乐)所充满时，才能获得真正的精神满足。

潜意识地，在我们的灵魂层面，我们都向往着这种性交合，因为实际上我们也是为此才被创造成现在这个样子的。在进化发展的某个阶段上，特别是当我们耗尽了在这个物质世界的愿望，也就是我们在这个世界上再也找不到任何能满足我们、使我们感到快乐和满足的东西时，我们就会开始渴望到达精神世界，因为那是我们将找到的唯一的，真正的，永恒的快乐的地方，而如果我们找不到的话，人类将陷入绝望和自杀的泥潭，因为我们人类的本性是，无论如何的找到某种快乐，不论其形式为何；这也正是目前在世界上尤其是那些发达国家，抑郁症患者越来越多，自杀率越来越高，吸毒越来越泛滥的原因。

41

两性之间的战争

"男人是家庭的头!", "不对! 婚姻关系的一切都取决于女人。是女人生了男人!"等等。谁对谁错呢? 又是谁在真正主宰婚姻关系呢?

卡巴拉智慧说: 两者都不对! 在一个健康的婚姻关系中, 创造者才是那个真正支配着一切的力量。但是, 你可能会问, 创造者是什么? 创造者与我们的婚姻关系又有什么相干呢?

根据卡巴拉智慧, 创造者指的是一种无条件的爱和给予的品质。而当配偶双方都想要达到这种品质时, 他们将超越各自的自我, 也就不再需要争辨谁对谁错了。如果明白来我们被创造的目标是为了使创造物(我们)实现爱和给予的精神品质的话, 夫妻双方互相之间的谦让就变得很容易了。

事实上, 通过共享这一超越各自自我的共同目标, 夫妻双方开始变得更爱彼此, 因为通过追求那个绝对的爱和给予的品质, 我们扩展了我们自己爱和给予的能力。但最重要的是, 我们学会如何用爱和给予来回报创造者。这种关系改变了两性战争的规则: 获胜者是那个付出爱最多的人。

依靠夫妻双方永远不可能结束两性之间的战争。实际上, 夫妻之间为什么会存在这种战争, 是因为双方都受着利己主义的本性的控制造成的。现在人类维系婚姻家庭存在的基础是: 当夫妻双方都可以在对方那里找到满足自己的欲望的东西的时候, 婚姻就会存续。否则, 婚姻危机就会产生。只有在夫妻双方透过这种"战争"带来的痛苦, 找到"战争"要指引他们找到的创造者, 也就是要他们获得爱和给予的品质时, 战争才会结束, 真正的爱才会产生, 幸福才会到来! 这不但将结束两性之间几千年来的战争, 而且会给夫妻婚姻生活带来真正的幸福, 只有这样夫妻才会幸福, 延续了几千年的家庭战争才能结束, 家庭才能和谐, 社会才能和谐。

42

为什么爱总是带来伤害？

"当一个人相爱时，一个人总是以欺骗自己开始，却总是以欺骗他人终止。这就是世人所谓的浪漫。"

——奥斯卡·王尔德

爱总是在伤害我们，因为在我们的这个世界，爱情是建立在满足自我需要的基础之上的。无论我们是否意识到它，我们的爱总是带着某种利己的算计："这值不值得我这么做呢？"即使是当一个人如此神魂颠倒地愿意为自己"真爱"的人献出自己的生命时也是如此，那个位于这个决定背后的算计仍然是以自我利益为基础的。这是因为自我构成了我们整个人类的本性，而且我们永远无法在这个世界的层面上超越它——甚至对那些我们最爱的人也不行。

就拿在我们的世界中最"利他"的一种爱——母亲对她的孩子的爱举例来讲。仔细观察时，我们会发现很明显这份爱与那个母亲的个人利益密切相关，因为她只是喜欢她自己的孩子，永远无法从邻居的小孩那里得到这种相同的爱的感觉。我们与配偶、亲人、朋友甚至与整个世界的关系都是基于这种"这样做对我有什么好处？"这一利己主义的算计原则。

然而，当我们在寻找爱时，我们却真的希望找到那种纯粹的无条件的爱。但由于这已经超出了我们的本性，所以，爱总是以伤害我们作为结束。

但是，如果我们能够开始超越我们的本性来看待这件事，我们会发现有真正的爱这样的事存在——卡巴拉学家们则可以向我们展示如何找到通往那里的方法。卡巴拉智慧将指引我们找到这种无条件的爱——来自另一个世界的爱。如果一个人想感受另一种对别人的真正的爱，一个人必须将其他人看作共同追求一个更高的、完整的、永恒的目标的合作伙伴。然后一个人会将那个合作伙伴看作更高的、完整的和永恒的伙伴。

换句话说，需要一个真实的、永恒的目标，来创造一种真正的、永恒的爱。

来让我们握手言和，建立和平吧！？……

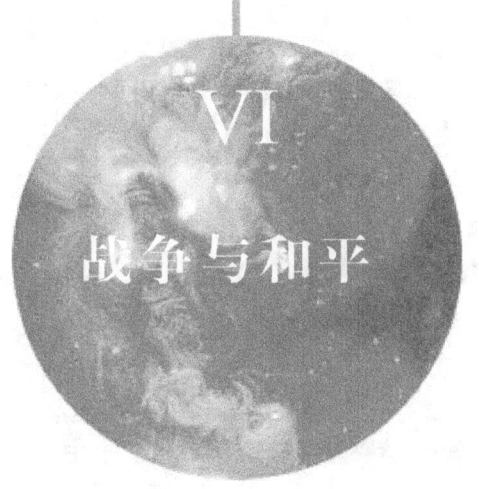

VI

战争与和平

　　人类的历史，某种意义上讲就是战争的历史。历史从时间上可以划分两大块：一块时间是人类在从事战争，另一块时间是人类在为战争做准备。人类一直在渴望和平，但和平的愿望最后都化为战争和苦难。虽然，战争的形式在不断发生着变化，但实质却没有变，都是为了获得或维护某种利己主义的利益！但是，在全球化的今天，再也没有人可以做到打击"敌人"而不伤及自己，现在的战争就是在伤害自己。但是，有一场终极的战争必然也必须要打，不经历这场战争，真正的和平不可能到来！但它可以不发生在外部，它可以只发生在每个人的内心中！当这场战争结束时，人类渴望的真正的和平就会到来。

43

在俄罗斯–格鲁吉亚战争中谁才是真正的敌人？

我们能够将手指指向任何方向，但是我们无法"在手指所指向的"任何地方找到我们真正的敌人，因为敌人就在我们自己的内心中。卡巴拉提供了一种新的战略来反击这个真正的敌人的进攻。

这不仅仅是格鲁吉亚(前苏联加盟共和国)的事。

我们大多数人从来没有听说过备受争议的这两块领土——南奥赛梯和阿布哈兹，俄国和格鲁吉亚之间的战争似乎只是另外一场地域性的冲突，但是正如处于全球化时代中的其他事物一样，整个世界都参与到了这次冲突之中，而且每个人都很关心这次事件的结果。

"如今在格鲁吉亚发生的一切将会影响到整个世界的秩序，对于整个世界来说知道这一点十分重要。"格鲁吉亚内阁大臣特穆尔·亚克巴斯夫里(Temur Yakobashvili)说道，"这不仅仅是格鲁吉亚的事，也关系到整个世界"(《时代》杂志)。这场战争游戏的所有参与者都会失去或者得到某样东西，而且相应地，在这场战争中谁对谁错每个人都有着自己的观点。

美国依赖格鲁吉亚在伊拉克的军队的支持。欧洲十分依赖俄国的能源供应。以色列和格鲁吉亚长久以来有着稳定的合作关系，但是也需要俄国作为同盟国在反击伊朗核威胁上给予支持。东欧国家如波兰十分依赖俄国的资源，但是他们也最容易受到他们的"老兄弟"的欺负。

在这场战争中当要决定支持哪一方的时候，各个国家都会有一些顾虑，而媒体的报道也正好反映了这其中的复杂性。对于在高加索地区(俄罗斯南部地区)真正发生了什么，到底有多少人员伤亡，谁对谁错，起初发动这场战争的原因是什么，还有这场战争最终将造成的长远后果是什么，这些问题从来都不缺少观点。但是这场战争真正的起因是什么？而且真正应该受到谴责的人又是谁呢？

了解你真正的敌人

根据卡巴拉智慧，无论你如何解读事实，无论你谴责谁，总体上来说，每个牵涉进战争里的人都是一个最大侵略者的受害者。而那个侵略者就是我们人类自身的利己主义。

当政治学家、经济分析师、社会学家们匍匐在书桌前撰写错综复杂的报告时，他们着眼的地方都是完全错误的。他们都在判断外在的结果，在事物的结果层面打转，却忽视了内在的真正起因。

人类的利己主义才是那个无形的但却是真正的诡计多端的罪犯，它迫使人们互相争斗，使国家之间产生摩擦，并使得许多无辜的平民百姓成为了战争的牺牲品。利己主义是一种在我们的本性中根深蒂固的力量，只要这种力量还在驱动着我们，我们就会不断陷入难以和解的冲突和战争之中，真正的和平也不会到来。

通往和平之路

事实上，我们的利己主义本身最终会让我们意识到我们必须摆脱它。但是如果我们继续等待着它自己从我们身上脱离出去，我们只是在为更大的冲突和战争制造机会。正如我们通常说的那样，这样的冲突和战争会变得越来越全球化。继续走在这条路上，我们的利己主义会逼迫我们陷入更大的苦难之中，但无论如何，其结果仍然会迫使我们认识到我们必须克服它带给我们的影响。

卡巴拉智慧提供了另外一条路径——通过自由选择而转变。我们能够独立地超越我们的利己主义，并且开始在更高的意识层面上消除我们之间的分歧，而不是等待着更多的苦难让我们信服我们应该放弃利己主义。选择这条道路，我们将顺利而愉快地朝着一个互惠互利以及给予的新世界去发展。

通过卡巴拉智慧提供的这种方法，每个人都能学会如何超越利己主义并且系统地产生对我们的现实的一种新的感知。

正如战争的后果与每个人息息相关一样，它的起因也是每个人的责任。因此，卡巴拉学家们提出的可行的方法是公开传播这一种方法，这种方法能够让我们提升到高于和我们敌对的利己主义之上，并且将我们引导到一个真正和平的现实中去。

44

从种族不合到精神上的和谐

为什么我们生来就各不相同？到目前为止，这样的不同带给我们的似乎只有分裂。卡巴拉智慧解释了如何将这些碎片再一块一块地重新拼在一起。

2008年的总统选举将美国一个最令人不快并长期存在的社会问题带到了最前沿：那就是种族不平等、种族歧视以及种族主义的问题。《中国邮报》报道称："尽管对种族主义的公开讨论在选举活动中很明显是禁忌，但是大多数细心的人都知道，许多美国人脑中这种有意识或者无意识的思想是影响他们投票决定的重要因素。"

一方面，美国经历了一段漫长的殖民地时期，那个时候奴隶、种族分离、印第安人居留地以及俘虏拘留所都是常见的现实。尽管如此，如果你跟任何一个美国种族的代表谈话，他们很可能会说当处理和其他种族之间的问题时他们也感觉到了种族主义所带来的痛苦。每一天，媒体都充斥着仇恨和犯罪的报道，这些犯罪都是基于人种或者种族划分的原因而引起的，因此受害人都具有目标性。

在美国，成百上千的白人至上主义者、分离主义者、种族主义者和仇恨组织公然活动，宣称他们有言论自由的权利。2006年南方贫困法律中心的情报组统计出美国有844个活跃的仇恨组织。这其中包括了像三K党(The Ku Klux Klan)、国民联盟党(the National Alliance)、国家社会主义运动(National Socialist Movement)以及雅利安民族党(the Aryan Nations)这些臭名昭著的组织。这一现象牵涉到了很多人——无论是美洲原住民，还是亚裔美国人、非裔美国人、拉丁美洲人、犹太人、穆斯林、美国白人等等都包括在内。

当然，美国不是世界上唯一存在这一问题的国家，而且很可能在达尔富尔

(苏丹地区)这样的国家里种族主义的表现会更为激烈，在那些地方种族歧视甚至会导致种族灭绝。然而，在美国种族不平等和仇恨的问题会表现得更为尖锐一些，因为美国一直是一个多种族的国家，被普遍称为"大熔炉"，从一开始，它就是一个完全的混合体，其中混杂着不同的种族和不同国籍的人。

但是，近年来，种族仇恨的问题不但没有得以解决似乎反而愈演愈烈。南方贫困法律中心的调查报告表明，"由于美国种族仇恨的水平令人咋舌，使得2007年成为了又一个标志性的一年"，"美国活跃的仇恨组织的数量同去年相比，增长到了888个，自2000年以来上升了48%。"

如果在美国这样一个最适宜解决这种问题的理想的背景下，美国人仍无法解决其自身的种族歧视问题的话，那么其他的国家又有什么希望能够除掉这个恶魔呢？难道我们注定要因为我们天生的特点，如肤色和种族来源，而永远憎恨、彼此伤害下去吗？

超越分歧向着和谐共同前进

"……创造的目的落在了整个人类的肩膀上，无论是黑人，白人还是黄种人。"

——卡巴拉学家耶胡达·阿斯拉格(巴拉苏拉姆)

"The Arvut"（《互相担保》，"Mutual Guarantee"）

卡巴拉智慧解释说，对其他种族的憎恶源自于我们自私自利的天性，这一天性会让人不自觉地讨厌与自己不同的人，喜欢和自己相同的一类人。我们自私自利的感知会令我们将所有与我们不同的人都看做异己分子，将其与我们自己分开，并认为他们与我们没有任何关系。

然而，卡巴拉学家同时也解释说，我们所有人都是互相紧密联系在一起的，并且作为一个完美而和谐的有机体存在着，多亏了我们之间的不同，才能精确地创造出一个这么完美而和谐的有机体！话句话说，只有当对立面都能统一在一起时才能创造出和谐。

有了这种认知，我们的处境就变得十分简单：我们之间生来就有许多不同点，我们不应该也不能消除这些不同，因为不管我们多么努力，这也是不可能实现的事情。相反，我们应该找到将我们的不同点连接起来然后达到一种完整

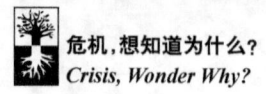

统一的和谐的方法。

卡巴拉学家并不是空想家，不会不顾我们的天性，就期望我们热爱我们之间的分歧。事实上，他们真正要说的是，我们目前的天性将永远不会使我们能够以这种方式彼此关联起来。

唯一能将我们的不同融合在一起的方法就是转变我们的天性。我们必须上升到高于我们狭隘的自私自利的感知的高度，看到一个更为广阔的图画：也就是现实的精神层面。换句话说，我们必须首先发展一种超越我们利己主义之外的新的感官，接着我们会发现正是我们之间的不同和多样性创造出了一幅完美而和谐的图画，卡巴拉学家将这一图画称之为"人类的共同灵魂"。

到那个时候，我们之间所有的不同都消失了，因为它们会被一个统一的更高的品质团结成一个整体，正如巴拉苏拉姆所写的那样，

"……世界上所有的机体将会团结在一起形成一个单一的、统一的机体，而且只有一个心。只有到那个时候人类所有应该得到的幸福才会在无上光荣中降临并被揭示出来。"

——卡巴拉学家耶胡达·阿斯拉格(巴拉苏拉姆)

(《自由》，The Freedom)

接下来我们会了解到为什么我们生来就不同，并且学会正视这些不同点的存在。我们的感知将会从狭隘的"与我不同的东西就是与我背道而驰"的认知提升到"与我不同的东西能够弥补我的不足并且跟我一起创造出和谐"这样一种新的认知。

45

正确地打击恐怖活动

从卡巴拉学家的角度来看，恐怖分子正是迫使我们去看医生寻求治疗的头痛病。如果现在我们在头痛的时候不去就医，等到它变成周期性偏头疼的时候，我们就不得不去了。

用正确的方法打击恐怖活动是一个矛盾的说法：因为你无法打击恐怖活动，所以，就没有什么方法可以讲是"正确的"了。为什么它是不可能的呢？因为恐怖主义的出现是有目的的。因此，无论受害者们什么时候找到抵抗恐怖的新方法，恐怖分子总能找到应对这个新方法的更新的方法去实施新一轮的恐怖活动，道高一尺，魔高一丈，而这通常会造成更大的破坏、混乱和恐惧。

恐怖主义出现的目的与我们这个世界中存在的每一种"邪恶"的目的一样：当我们快要无所事事的时候迫使我们远离自鸣得意的状态，并迫使我们重新审视我们的处境。如果你能从卡巴拉智慧的角度看世界，那么整个人类就是一个单一的统一的有机体系，而恐怖分子就是这个身体的头疼病，它使得我们不得不去看医生寻求治疗。要是我们在出现轻微头疼的时候不去看病的话，那么等到它变成周期性偏头疼的时候我们就不得不去了，而且很可能已经晚了。

正如已经被科学所证实，而数千年来卡巴拉学家一直所熟知的那样，宇宙是一个统一而且互相依赖的单一体系，其有效的运作依赖于其各个构成元素之间持续的互惠互利的行为。系统对每一个元素的照顾维持着这种互相依赖和互惠互利的关系，同时，每一个元素也将自身的力量贡献给整个系统，以保证系统的健康良好运行。那么，**"人人为我，我为人人"**的原则正是那个支撑着一切的平衡机制，包括地球上所有的生命形式。

然而，人类却是唯一能够选择违背这个自然的互惠互利的法则而行事的物种。**人类能够选择是去关心他人(利他)，还是关心自己(利己)。**由于我们选择了只关心自己，我们便将自己放在了与整个自然的运作法则完全对立的位置上，由此我们的行为法则颠倒为"人人犯我，我犯人人"。反过来说，通过选择关心他人，我们会自觉地与那个互惠互利的自然法则保持同步。是否按照整个自然的规则行事由我们自己选择，但是如果我们由于选择了与自然相对立而令我们自己不快乐，那么除了我们自己真的没有其他人可以去指责。

所有这些并不意味着恐怖分子是试图让我们看到真相的好心人。这其中的含意是，如果只想着为我们自己牟取利益的话，最终只会导致各种灾难和危机，包括恐怖活动来打击我们自己。从以自我为中心的观点来看，如果我不喜欢美国总统，就向美国投一颗原子弹，如果邻居家的狗在我家的草坪上拉狗屎，就朝邻居的胸膛开一枪，或者因为我今天被错怪了，我就要杀掉数十个小学生出气。但是这样作真的会令任何人快乐吗，即使是那些做错的人？

要获得幸福，我们需要与自然法则同步。这样做有许多益处：

第一，自然本身会支持我们，而不是像现在所做的一样，自然在反对我们。

第二，和整个大自然一样，人类整体将会保证每一个人在每一层面上的幸福，包括身体层面、情绪层面和精神层面。

本着这种精神，卡巴拉学家耶胡达·阿斯拉格(Rav Yehuda Ashlag，巴拉苏拉姆(Baal HaSulam))在他题为《世界的和平》的文章中写道："**首先，每个人都必须完全理解并向其周围的人解释，社会的幸福，国家的幸福和世界的幸福，它们三者之间都是完全互相依赖的。只要社会的法则不能令国家中的每一个个体都满意，而且不能让一个国家中的某些少数人满意，那么这少部分的人就会试图推翻它。**"因此个体的健康幸福、国家的健康幸福和世界的健康幸福都是互相依赖的。只有我们所有人都下定决心共同努力去建立一个巴拉苏拉姆所描述的那种社会时，我们才能取得成功。

第三，如果我们选择与整个自然同步，并且致力于令我们的同伴幸福，那么，我们的行为方式就会变得和自然法则和谐一致。也就是说，我们的行为方式会和自然法则趋同——互惠互利，互相依赖，而不是以自我为中心，自私自利。这样做会让我们过上舒适得多的生活；由于这种生活态度来源于我们自己的选择，我们也会获得有关那种模式的知识，获得对整个自然的知识以及获得整个宇宙的创造者的思想的知识。毕竟，在卡巴拉智慧中，Elokim"上帝"和"自然"是一样的，上帝就是自然，自然就是上帝。

46

粮食危机——人类持续增长的饥饿

当前的粮食危机在最近的新闻中被描述成一个"无声的海啸"。卡巴拉智慧能解释该问题产生的根源，并告诉我们怎样避免这个日益严重的威胁。

实际上，粮食短缺从来就不是一件什么新鲜事——从法老统治的埃及时期起，它就是人类历史的一部分。仅在过去的五十年，在非洲和亚洲的饥荒中，就已夺去数百万人的生命。那么，今天世界首脑们对当前的这个状况为什么会感到这样震惊呢？

形成鲜明对比的是，在古代法老时期，埃及的饥荒不会影响在美洲平原上生存的游牧部落。而今天的危机，无论发生在哪里，却都会波及整个世界。全球的粮食价格在过去三年中已上涨了百分之八十三，使得世界上最穷的国家已无法养活其人民。遍及各大洲七十多个国家正面临着严重的粮食短缺。此外，饥荒不再仅限于第三世界国家。即使像美国这样发达的国家也正面临飞涨的食品价格，那些曾经安逸的中产阶级将会变得穷困。这一次，饥荒可真的是全球性的。

制造危机

专家们已经指出了许多导致这个危机的因素，但明显的事实是——对食品的需求的增长速度远远超过供应量的增加速度。现如今地球上大约有七十亿的人口。这意味着人口跟五十年前比起来已经增加了一倍多。看来，要填满的嘴还真不少啊！

另外，我们的消费模式也在不断地改变着，而美国一直在引领着这种消费模式。美国人不停地在吃、吃、吃！今天，百分之六十四的美国人已经极度肥胖或超重。然而，问题不在于我们吃多少，而是我们吃的是什么。给我们提供汉堡包、牛排及奶制品的那些牛消耗着非常多的谷物。这意味着可供人类消费的谷物更少了，而且能用做生长庄稼的土地被用作牧场来饲养牛。

随着像中国、印度这样的发展中人口大国变得更加富裕，他们也学着采纳了发达国家的那种过度饮食模式，这给粮食供应施加了更大的压力。肥胖在全球范围内正在迅速增长，而且对肉的需求量也在猛增。

最终导致的实际结果就是估计有一亿人的基本生存需要援助。现在，每五秒钟，饥饿就夺去一个孩子的生命。而当父母没有能力喂养自己的孩子时，就会感到十分绝望。从伦敦到也门，从墨西哥到非洲，一波接着一波发生了抗议事件，甚至在几个国家演变为暴力事件。

看起来让人难以置信的是在21世纪的今天，人们还在为食物而争斗，儿童甚至会被饿死。但事实上，你也许会觉得震惊的是，这个地球是有能力喂饱每个人的！今天，全球的农业为每个人生产比30年前多70%的卡路里。根据2008年5月8日CNN的新闻报道，杰出的经济学家Jeffrey D. Sachs估计，发达国家中的每个人只要花10美元就可使非洲的粮食生产加倍。然而，看样子这些富裕的国家正在"让那些最贫穷的人继续停留在他们的苦难当中"。

虽然，原则上看来每一个人都能够幸福地生活，但现实却是，我们大量的资源在被相对少的人消耗着，而很多人却连生活必需都得不到满足。

展望全局

卡巴拉智慧告诉我们，在我们没有认识到问题的根源——也就是我们利己主义的本性之前，我们无法解决任何问题。那些已经上升到利己主义之上并达成了自然的利他的力量的卡巴拉学家们解释说，这个利他主义的力量一直在持续不断地推动着我们与它恢复平衡。然而，也就在同时，我们的利己主义也正在不断地增长着。**我们的利己主义的本性和自然的那个更高的利他力量之间的差距造成了我们所看到的在我们周围发生的所有形式的危机：无论是经济的、生态的还是粮食的危机。**

一些人试图通过外在的行动来解决问题，比如通过捐赠食物或者金钱，但这仅仅能在问题的表面上划个痕迹，抓抓痒而已，并使那个产生问题的真正根源变得愈加模糊起来。**如果我们不改正造成问题的我们自己的自私自利的本性，我们就无法真正解决任何问题**。这种不平衡将不断加剧，问题将更加恶化，而越来越多的人将会遭受越来越大的痛苦的打击，直到世界上没有任何一个人能够逃脱痛苦的打击。最终，苦难的程度将达到其顶峰，而我们最终还是将被迫着不得不意识到我们面对的所有问题的起因都是源于同一个根源——也就是我们自身的利己主义本性。哪么，我们如何才能避免这种状况的出现呢？

创建一个新的解决方案

卡巴拉智慧建议我们可以通过采用一个新的解决方案来扭转目前的这种形势：这样我们就能够在痛苦还没有发展到不给我们选择余地之前，决定改变自己的自私自利的本性。卡巴拉智慧提供的方法就像放大镜那样，可以帮助我们"放大"并找出问题的根源。卡巴拉智慧教会我们怎样依赖与自然和谐来发展——怎样感知到我们自身也是作为一个单一的人类机体的一部分，而不是分离的个体存在着。

粮食危机只是我们增长的利己主义和推动我们以一个统一机体来运作的利他力量之间的不和谐的一种外在反映。这表明问题出在人们之间的相互关系上。目前人们并没有感到他们之间内在的这种相互联系——这就导致有些人在别人挨饿时，却只顾填饱自己。

想象一下这会是什么样子吧，假设那些过度消耗的人突然体会到那些饱受饥饿的人的悲痛。你认为，我们需要多长时间能够处理好这个危机呢？过度消耗将几乎会立即停止，而每个人都会尽力去保证他人有充足的食物。

对于我们而言，承认我们自己才是造成我们自己的所有苦难的原因并不那么简单。在接受这个唯一真正的解决方案之前——也就是意识到改变自己本身的利己主义的本性的必要之前，我们仍将会去尝试其他方法。因此，卡巴拉学家给我们提供了一种能使我们上升到自己的利己主义之上并看清我们面对的真正的现实的方法。那么，我们不仅不会与那个更高的力量相背离，而且将会发现它带给我们的美好，并主动地推动这一进程。

47

饮用水危机——我们都处在水深火热之中

最近的调查研究显示，我们的饮用水，甚至瓶装水中的成份，就像一个多功能的药店一样。无论这是抗抑郁剂还是抗生素，是处方药还是成药，我们都能在饮用水中发现——如果其他人正在吃，那么你也一样。

通过水联系起来

3月10日CNN一篇题为"在遍布美国的饮用水中发现了处方药物"的报道中公布了美联社做的一项调查结果："在至少四千一百万美国人提供的饮用水中发现了大量的药物成分——包括抗生素、抗癫痫药物、情绪稳定剂和性激素等。"

虽然研究集中在美国，但是很明显世界各地的情况都是一样的。近年来，处方药物的用量上升到了前所未有的高度，而且许多非代谢变化或者从未使用过的药物被冲进了我们的各种水源。即使在卖给消费者之前，这些水被处理过，仍然会有少量的药物残留在水中。CNN报道称："就算是瓶装水和家庭过滤器的用户也不一定能够幸免。"

你很可能已经知道药物并不总是有益于健康。"近来实验室研究发现，少量药物已经影响到了人类胚胎、肾细胞、人类血细胞和人类乳腺癌细胞"，这篇CNN的报道这样解释说。而且很明显，污染我们水源的药物也会"伤害国家境内和全球范围内的野生生物……"

试着将这个一饮而尽

我们了解全球化，甚至知道蝴蝶效应，但是随着这一新研究的深入，摆在我们面前的是一个几乎超现实的画面，这一画面无法被轻易纳入到常识的范围之内：它就是另外一个人的药物消耗量等于我的药物消耗量，另外一个人的健康状态直接影响着我的健康状态，而且发生在另外一个人身体上的状况也会直接影响到我的身体状况。

这一次，我们不是在讨论不确定的心理效应或者某种抽象的"互相关联"，人们常常将这种互相关联和全球化进程联系起来。相反，我们有确凿而不可否认的证据证明我们的身体和健康直接和生活在地球上的所有其他人的身体和健康互相关联，互相依赖。

所以下一次你看见某个人在吃药的时候，你可以想象你和他一起在吃药。

穿过水的表面观察

虽然对饮用水的最新研究可能会令人十分震惊，但是这一研究只是让我们看到了整个画面的一部分：这表明了我们彼此是如何在外部互相联系起来的。事实上，我们看到的只是我们的内在联系的一种在物质层面的反映。如果知道我们在内在是如何互相联系，如何互相依赖，我们将会更加惊讶。

卡巴拉学家解释说，我们的现实被分成了两个部分：被揭示的部分和被隐藏的部分。而等待着我们去发掘的最大的秘密是我们之间真实的内在联系，即在我们灵魂层面上的联系。在那个层面上，我们所有人都彼此连接成一个整体——一个精神的躯体，而我们每个人都是这个躯体里的组成细胞。

一旦我们发现了这一联系，我们就会知道并且感觉到世界上的每一个人都是依赖于其他人的美好意愿而存在的。

因此，饮用水危机只是我们朝着意识到，在我们地球文明这个单一的统一的"有机体"内，我们所有人之间的联系是多么紧密迈出的另一步。

48

什么在前方：冲突还是和平？

最近发生的很多事件表明人们的愤怒和不满可能在世界的任何地方、在任何一个时刻都会爆发。很高兴的是，这存在一种替代暴力冲突的方法。

去年12月，200多个愤怒的工人在突然被解雇又没有收到最后的薪酬或福利的情况下"和平接管"了芝加哥共和门窗厂。在这个不寻常的状况发生后，在数百位工会成员、官员甚至是当选总统奥巴马的支持下，这次为期六天的占领行为最终以工人们的胜利而告终。

试想一下仅仅四个月前，美国公民只是为了获得理应得到的报酬需要诉诸武力"占领建筑物"，如果这种事在其他不同情况下发生的话，后果将会是什么？

我们不用去到很远的地方去寻找答案。不论是否巧合，就在芝加哥发生"占领建筑"冲突的同时，一个更剧烈的抗议活动在希腊雅典发生了，起因是在一个警察枪击一名少年的事件发生后大众发动的抗议活动。愤怒的民众估计造成了超过10亿美元的损失。

在雅典发生的事情开始在希腊全国各地迅速蔓延，然后蔓延至其他欧洲国家，包括西班牙、丹麦、法国、意大利和德国。媒体将这次事件描写为人们内心深感不满的发泄，这种不满在金融危机中被加剧了，是金融危机导致的大规模的裁员，以及对对即将到来的其它压力的恐惧的结果。

情况会变得越来越糟吗？

它们肯定会变得越来越糟。就在欧洲暴动之前的11月份出版的，由牛津研究集团在2008年所做的有关国际安全的报告警告说：暴力抗议可能在世界范围内发生。引用畅销著作《引爆点》(The Tipping Point)，它指出，"全球经济不景气是一个最大的横跨世界各地的安全威胁。按照目前的趋势，在全世界最贫穷的社区内生存着的成千上百万的人将是最大的受害者。这可能导致激进和暴力的社会运动，这将受到武力的控制，这又将进一步增加暴力的强度。"（现在在全世界范围内爆发的各种"占领"运动，难道不是一个真实的写照吗？编者）

多么悲观的预测啊！那么我们是否注定要陷入全球性的暴力冲突的泥潭呢？

不一定。卡巴拉智慧向我们保证，存在着另外一条道路。然而，它只会在我们认识到导致这场将整个世界都推向暴力的边缘，并开始不得不关注并解决导致这场金融危机的真正原因的情况下才能变得可用。

这场前所未有的全球金融危机的原因是什么？卡巴拉解释说，它是由于我们不能适应我们的世界正在发生的本质上的变化的一个结果。也就是说：**在过去的一个世纪，我们的世界已经迅速缩小为"一个小小的地球村"，而我们的态度和对待世界的思维方式却没有同步跟上这种发展。**

正如那项最新的研究表明的，我们都正在见证着的，以及许多分析家都为此著有畅销书的这个"世界的收缩"，并不只是与互联网和商业活动有关联。我们已经变得如此地相互联系和相互依存，以至于不只是我们的行动，我们的思想和愿望更将决定世界各地所有人的命运的力量。我们已成为一体、变成一个家庭的成员不能忽略他们之间的密切联系的一个全球大家庭。好像我们是由某种无形的线互相连接在了一起一样，而在这里，我们无法看见它们并不会改变它们就在那里这一事实。

而且，这正是我们人类没能"看"到的东西。我们不是将对待生命的态度相应改变为一种全球化的、对他人采取温暖和关怀的方式，我们却还是试图继续坚持用陈旧的、本地的、狭隘的、以自我为中心的做法。我们唯一没有注意到的事情就是这个世界已经改变，而且不可能再回头。当前的金融危机和各种其他危机一次又一次的证明了我们相互联系性的新水平，也向我们揭示我们能够真正成为一个充满着爱的大家庭，而且它不会允许有一个比这更差的情形出现。

目前的这场危机只不过是我们过时的态度将我们放在一个和这种全球性系统相对立的位置产生的结果。正如牛津研究小组所指出的那样，我们的问题只可以通过扭转当前的这种趋势而得到解决。

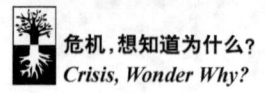
替代的道路

我们如何才能扭转将这个已经将世界引向了全面危机的不平衡？如何才能将这个世界引导到一条通向平衡、安宁、和谐的道路上来呢？为了改善金融危机并将我们引导到一条和平发展的替代道路上，我们必须要做出一种什么样的在"全球性思维"上的转变呢？

所有这一切都可以通过教育和公众舆论来实现。不再以我们正在做的这种"教育人"的方式，——也就是通过使媒体充斥自我导向的信息并鼓励我们比别人强，为了自己成功，可以不惜任何代价并踩在别人的身上去实现自己的梦想的教育方式。取而代之的，我们可以使用大众媒体渠道(包括电视、电台、互联网和广告)提供人们现在最迫切需要的实际可行的解释：告诉人们我们现在正生活在一个什么样的世界，以及能够使我们在这样一个新世界里生存和繁荣下去的道路。这是一个每一个人的思想与行动都与整个世界的福祉有着直接关联的世界。而这就是为什么，现在比以往任何时候，都有着创造一个新的态度，和我们所有的"邻居"——这个星球上生存着的每个人，都建立一种仁慈和关怀的相互关系的需要。

是的，我们能

如果那些用信息灌输着我们的头脑以及塑造了并正在塑造着我们的世界观的媒体渠道，开始传输有关我们是相互依存的以及我们对待身边人的友谊和关怀的新态度对我们的重要性的信息的话，公众观点将会逐渐开始改变。

实际上，因为人类是如此自然地受到社会的影响，将我们这个小小的地球村中的所有人，转变到一个和平共处的替代路径上的转变，真的并不是从表面上那样看起来是不可完成的任务。我们需要做的只是以一种使我们大家都受益的方式，使用我们已具备的工具。一旦我们实施一个不同的、"具有全球意识"的教育系统，作为一个整体的人类社会将会改变其利己主义的价值体系，并将与我们全新的全球一体的新的现实取得统一。而这样的话，和平自然会取代冲突和战争。

VII

改变，真正需要的改变是什么？

　　这个世界唯一不变的是变化。这是每一人都可以观察到的现象。但为什么要变化，变化的原动力是什么？其终点又在哪里？变化会没有终止、没有穷尽吗？到目前为止，人类一直在试图通过改变外在的环境来改善我们自身的处境。文艺复兴，工业革命曾经给人类带来美好生活的曙光，但现在我们面临的危机和绝境似乎在告诉我们在外部寻求改变的道路已经是一条通向毁灭的死胡同。我们终于被迫不得不停下来思考一下，需要改变的到底是什么以及要在在哪里发生！

左边箭头指向： **相互关怀**

右边箭头指向： **自由市场，经济繁荣，消费主义，利润至上⋯⋯⋯**

美国大选：改变世界？

今年，美国大选比以往任何一届总统选举都火热。而一旦大选的喧嚣结束，新的总统就位，世界真的会有所改变吗？也许真的到了去思考改变那些真正主导着一切的东西——也就是我们自己本身的时候了。

正在创造的历史

2008年11月4日，美国人将蜂拥至各地的社区中心、消防站和其它公共场地，去参加一个同美国历史一样悠久的仪式——一次选举下一届美国总统的机会。而今年将要再创造一个新的历史。因为，有史以来第一次，白宫里将要么是非洲裔美国总统当政，要么就会产生第一位女性总统。

这次选举将会异常激烈，但是候选人之间真正的不同在哪里呢？他们所谈论的关键议题完全相同：伊拉克战争、对进口石油的依赖、动荡麻烦的经济，当然，失业、医疗保健和环境问题当然永远存在那里。

尽管他们提出的解决问题的方法不同，每一个候选人都深信，他们就是那位能够带领国家重建繁荣、富强和全球威望的人，他们都认为过去十年的政策已经严重影响了美国在全球的威信。最终，每个人都宣称自己就是那个能够凝聚这个国家和整个世界的"改变的推动者"。

改变的传统

有一句古老的格言：唯一真正不变的是变化，而且不论采用什么样的花言巧语，"改变"在美国政治中并不是一个什么新鲜的字眼。当那些开国先父们在献身于建立一个"生命、自由和追求幸福"的国度、建立一个"人人生来平等"的国度时，他们可能是最激进的改革推动者。然而，纵有自那以后发生的许许多多的变革，我们今天仍然面临着许多那个时候就面临的相同的问题：国际冲突、国内经济问题、种族歧视、对少数民族的压制，等等。

如果两百多年的历史已经告诉我们各种各样的政治变革并没有带来一个真正幸福、团结的国家；而且如果保持现状就意味着人们之间的分化还会加剧和经济将继续急剧下滑的话，那么，难道现在不是一个从根本上做出一种彻底改变的时刻吗？我们必须寻找一种新的、行之有效的方法去治疗这些旧的相同的顽疾。

有史以来，所有的改变都有着一个共同的主线：它们都是在试图去"修补"存在于外部世界的某种东西。如果是种族歧视问题？我们将废除种族分离；贫困问题？我们将会建立社会保障机制并辅以新的税收体系。环境危机？我们将立法确保清新的空气、保护濒危物种和资源的有效利用等等；还可以举出无数个这样的例子来。我们对出现的每一个问题都会有一个对应的"修补"措施，但是，由于某些原因，每一次"修补"似乎只会引发出其他更新更棘手的问题。

到底是什么需要"修补"？

卡巴拉智慧一针见血地指出：**任何世界领导，他们试图通过"修补"存在于外在世界的某些东西来实现一种持久的改善都是不可能实现的。**任何通过知识、道德和物质力量导致的改变，都不可能带来持久的改进。而且，这些领导们本身就是他们所处的社会的产物，所以，期待一个领袖了解如何"修补"这些问题的想法也是不现实的。改变必须从大众开始，而不是开始于那些领袖们。换句话说，是我们自己本身需要"修补"，而不是我们之外的领袖或是世界上的其他任何事物。

卡巴拉智慧解释说，自然本身就是教我们如何互相连接的典范；世界被设计创造成：**在每一个元素都为整体的利益而服务的情况下，无论整体还是个体才能达到平衡、和谐地运转的状态。**宇宙万物都在遵循着这个法则而运转——所有事物，唯独我们人类是例外。人类是宇宙中唯一的有意识地为谋求自己的私利而牺牲所有其他生物或人类的生物，而正是这种对现实的利己主义态度才是引发了如今世界的所有难题的根源。

然而，改变我们利己主义的倾向根本不是一个心理问题。它实际上取决于我们内心中一种新的感官的发展，一种将使我们超越我们目前所处的这种利己主义感知的新的精神感官。然后，我们才能在一个单一的完整的系统(一个生机勃勃的人类有机体)里揭示我们与他人之间的联系。

这种实现内在转变的方法根植于自然本身，并被像我们一样的普通人揭示出来。在这些人看来，毫无疑问地，所有的人类都不得不发现他们都是一个单一系统的不可分割的部分，从而改变他们彼此间利己主义的态度。

改变的执行者

如果整个人类开始像一个机体去运作，并开始与自然的其它要素和谐相处，我们当前所有的危机都将会烟消云散。虽然这听起来似乎是不太现实的乌托邦，但卡巴拉学家告诉我们：这是一个必然的结论，一个必定会发生的结局。如果我们不意识到这一点，那么社会、经济、环境和政治等灾难将会迫使我们"意识"到我们的利己主义具有多大的破坏力。到那时，仅仅为了避免这些让人难以置信的巨大的苦难，我们都会被迫开始团结起来一起工作。

这正是卡巴拉智慧可以给我们提供帮助的地方，它让我们有机会认识到这个世界的真正结构，并界定人类在这个架构中所承担的角色。通过学习这个结构，我们将能够通过从内在改变我们自己来改变我们的社会。这样，我们才能成为真正的"改变的推动和执行者"。

50

改变的关键

世界需要改变，政治家们都对此信誓旦旦。但是，我们真正需要的改变是什么？是一种在整体状态下与自然和谐一致的内心的改变！而卡巴拉智慧则掌握着那把走向真正富足和繁荣的钥匙。

为了博得公众好感，将标语、宣言、箴言、格言等当作一种说服力的宣传方法开始流行起来，并且长久以来它都是任何竞选活动必不可少的一部分。所以当全球危机加剧时，对全球政治家们"改变"宣言的高呼，公众会表现出满腔热情也就不足为奇。人人都赞成：我们需要改变。但问题是到底什么需要被改变，需要改变的到底是什么呢？改变要达成的目标是什么？

我们需要的改变是什么？

乍看之下，似乎只是些有着细微差别的问题。但是，如果我们分析一下在政治中谈论的那种改变，我们就会发现这种改变论调本身就是有缺陷的。亚里士多德说过，如果前提不能为结论提供任何合理的依据，那么这种潜在的具有说服力的论点就是有缺陷的。这种有缺陷的论点叫做谬论，在这种情况下，就是循环论证的谬论，因为改变的前提有太多的假定。而真正要问的问题是：我们需要的改变是什么？

危机：对我们之间的联系的揭示

我们正在采用的应对当前危机的所有方法，都是把改变看作人类自己能够完成的事情。然而，有史以来，我们第一次发现世界的现状已不仅是危机那么简单；它是对人与人之间的真实联系状态的揭示。这种联系已在经济、贸易以及所有的社会和政治关系中彰显出来。而世界银行也向我们展示了这样的残酷事实：**经济刺激并不能拯救我们——即使花光我们所有的积蓄来刺激全球经济**。

改正人与人之间的关系：通往富足和繁荣之道

卡巴拉智慧把这作为人类自我改正和终结所有不幸的起点。当前的危机向我们展示了人们之间真正的密切的联系，而解决危机的方法就是改正人们之间的这种联系，这意味着我们不应该仅仅只去建立适当的经济模型，在全球化趋势下，我们还应该建立一种心与心之间的联系。而在近几年来逐渐广为人知的卡巴拉智慧，则是我们解决这一问题的钥匙。

纵观历史，从亚伯拉罕到耶胡达·阿斯拉格，所有伟大的卡巴拉学家都梦想着，某天人类能够发现他们所拥有的神奇。他们探寻并找到了人类正在寻求的那些基本问题的答案：现实的结构是怎样的？是什么力量在支配着世界？人们怎样才能改变自己和人类的命运？他们把这些发现写进了著作里，在这些著作中，他们向我们描述了一个涉及全人类、并为通向未来的富足和繁荣的道路奠定基础的单一系统。

写于大约两千年前的《光辉之书》曾预言：**到20世纪末，人类与自然的失衡将达到前所未有的程度**。这本书还提到，到那个时候，人类将需要这个关于生存和满足的方法，那时，把卡巴拉智慧作为一种达到与自然统一的方法揭示给全人类的时代就会到来。

我们这代人正处在一个内心彻底改变的时代的最前沿。就像自然其它所有的元素都能够和谐共存一样，人类能够有意识地、自愿地上升到一种和谐联系的新水平。卡巴拉智慧，这种从亚伯拉罕开始世代传承下来的智慧，恰恰就是修正人们之间关系的良方，它阐释了能够使我们在整体上与自然和谐发展的规则体系。卡巴拉学家们给我们提供了一把金钥匙，如果运用得当的话，它将能够帮助我们马上改变我们的内心以及现实。

51

等待着世界去改变

什么阻碍了我们建立一个更美好的世界？是我们自己的自私自利的人类本性。但是不要绝望，还有希望，一种完美的存在状态正等待着我们去达成。

我们中的许多人都力图去创造和谐与平衡；这使得我们在看到世界的不公平时，感到深深的不安。我们看到，一些人拥有比一个人生活一辈子所需多得多的金钱和物质，而其他人却不得不为了生存而苦苦挣扎。当看到还有许多能力有限甚至无法维持生计的人们存在时，我们很难为这些世上存在的所有"过多"找到一个合理的理由。那么，如果一些人拥有过多，而另一些人拥有却太少，为什么这些拥有大于其所需的人们不能和那些一无所有的人们分享其所有呢？难道这样不就可以很逻辑地解决掉这个问题吗？

利己主义状态下的公平尝试

我最近读到了一篇文章，讲的是一个大学经济学教授给学生上的一堂非常有趣的课：学生们坚持认为，由政府控制、分配财富是一个很好的主意，这样就不会再有穷人和富人之分，他们觉得这应该是一种创造平等的完美机制。老师建议在班上做一个试验，所有测验的分数都会被平均计算，这样，每个学生都将会得到相同的分数。同学们同意了。

在第一次考试之后，所有分数被平均计算之后，每个人都得到了"B"的相同成绩。很显然，那些学习刻苦的学生们就会很不高兴，而那些几乎不学习的学生却会很高兴。随着第二次考试的临近，那些几乎不学习的学生决定更加不用功，而那些先前刻苦学习的学生也决定随波逐流，所以，再没有人肯努力学习了。第二次考试的平均分数是"D"，所有人都不高兴。到第三轮考试后，平均分数是"F"。整个实验过程中，除了同学之间的怨言和责备在不断增加之外，所有分数从没有上升。这个试验以一种痛苦的感觉结束，并且它使人们清晰地看到：**没有人会为其他人的利益而去学习。**

这个结果一点都不会让人感到惊讶。**任何一件事情，不论是什么，如果对我们自己没有利益，我们就绝不会愿意去做这个事情，这就是人类的本性，也就是说，我们都是利己主义者。**这个试验对我们的利己主义本性作了完美的诠释：**我们是绝不会做任何有利于他人的事情，除非我们自己能够从中获得某种利益。**就像这个试验一样，政府基于这种同样的平等原则的试验，就像这个课堂实验一样，也同样地会以失败告终。**公正和平等是一个美好的目标，但人类的利己主义本性却绝不会允许它的实现。**那么，这是不是意味着人类实现公正社会的理想根本就不可能实现呢？

自然的利他法则

人类的行为与自然界的其他要素形成了鲜明的对比：在自然界中，生物有机体内的每一个元素都会为了其赖以生存的整体的利益团结起来一起工作，植物和动物都本能地遵循着自然的这种利他法则。在人体里，所有的细胞，都作为一个整体的组成部分，组成人体的每一个细胞和器官都会为了整个身体的福祉而通力合作。任何只为谋求一己之私的细胞被称作"癌细胞"，这些自私自利的癌细胞最终会毁灭整个身体。但利己主义却使癌细胞产生了一个盲点：看不到随着"癌细胞"会导致其赖以生存的身体死亡，更看不到它自己的命运也是死亡。

我们的利己主义的相互联系的目的

因此，意识到我们全人类是一个相互联系的有机体将会对我们很有利。我们现在不仅仅通过网络实现了全球性的连接，就像世界领袖们所宣称的那样，我们在国家之间和所有国家人民之间也是互相联系着的，我们彼此相互依存。这次全球性的经济危机，以及我们的联系受着我们的利己主义的控制并引起全

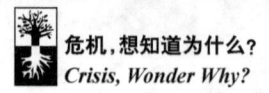

球动荡的事实，已经很好地阐释了这一点。

我们的利己主义的欲望已经空前膨胀到其顶峰，这就如同人类体内的癌细胞正在扩散一样，为了满足我们的一己私利，我们不惜损害其他人的利益。然而，卡巴拉智慧告诉我们：**所有发生的一切都是事先预定好的。我们的利己主义必定会发展到这个阶段，这样我们才能看清它的危害，从而认识到真正存在的问题并进而加以修复。**

修复这种联系

既然我们已经找到了问题的症结，我们就能够找到良方去修复我们之间的这种联系。卡巴拉智慧就是赐予我们去修复人们之间的关系的一门研究自然的法则的科学。我们可以在我们的内心学习和运用自然的法则。当我们个体间的联系能够依据自然的法则而有所改善时，我们就不只是改正了人们之间存在的问题，同时也为世界上存在的所有问题提供了一个真正的、长久的修补良方，因为这些问题的产生正是人类的相互疏离产生的结果。而修复这种被破坏的关系，各种危机状态也会自动解除。

通过学习并与自然的法则相和谐，我们就能够获得一个我们现在还感知不到的完美的世界。卡巴拉学家们已经看到了这个完美的理想世界，而且，当我们改正了与他人之间的关系时，我们也可以看见并存在于那个世界里。

对精神世界的觉醒

每个人在他们的生命中至少会经历一次那个叫做"心里之点"的愿望的觉醒，但是人们通常会认为，空虚和不安是由某些世俗的原因引起的，他们并不明白，这其实是他们灵魂的种子在他内心中正在觉醒并渴求被发展造成的。

大多数人都没有注意到这些在不同生命交替里反复出现的重要时刻，他们不明白这些正是促使他们开始去发现并开发那个灵魂的契机，他们反而认为，这些时刻都是由一些现实中很实际的原因、而不是由那个崇高的精神的目标引起的。

然而，在被像这样唤醒过多次以后，人们才开始明白为什么他们会感觉不好，为什么无论如何努力，如何奋斗，最后就是收获不到真正的幸福。这种领悟叫做对邪恶的认知。人们意识到他们感觉不好并不是因为空虚，而是因为他们的生存是建立在谎言和缺乏真相的基础上的。这种不好的感觉是如此地强烈，以致于无论真相会是多么的苦涩，他们都愿意开始去寻找，去聆听，而不再采取以往哪些逃避的做法。

　　一个人必须明白，当他被绝望的感觉所困扰，当他感到无能为力的时候，正是他的灵魂在开始复苏的时刻。在那时，他别无选择只有去发展它。否则，他将只会增加自己遭受磨难的时间和痛苦的强度。

52

一个"可以正常工作"的本性

正如当我们在电脑上装的某个软件不能正常工作时，我们会转向程序供应商寻求解决方案一样，当人性使我们自己失败时，我们也必须要求这个"本性的创造者"为我们替换一个能正常工作的本性。

根据卡巴拉智慧，创造者是一种爱的力量并且想送出他的爱。因此，他在我们当中创造出了一个想接受这种喜悦和快乐的愿望(也就是我们常说的欲望)。因此，我们所有的选择都是基于要么增加我们的快乐，要么减少我们的痛苦。每一种存在任其为矿物、植物、动物或人想要的都只有一件事：感到快乐或避免痛苦。没有对未来的快乐的某种预期，我们简直就不能生活下去。

这种相信将来我们会幸福的信念就是我们所说的"希望"。当我们说"我充满希望"时，我们真正的意思是指一种我们相信在将来我们可以体验快乐的可能性。否则，我们又能期望什么呢？因此，我们所有的选择都反映了我们对快乐的渴望。

对快乐可望而不可及的追寻

但是，我们是否真的在体验快乐了呢？虽然我们大多数人的生活中都有着很多美好的时刻，总的情况却是非常地不乐观。毒品滥用、极端暴力、抑郁症和我们这个富裕社会中其他的弊病的增加率，都足以证明在我们的生活中还缺失某种最根本的东西。以上所有列举的问题都不是原因；相反，它们只是一个更深层次的问题所表现出的外在症状——这个更深层次的问题就是我们在满足我们的愿望从而感到快乐这件事上的无能为力。

若要了解我们为什么总是感到不满意，我们需要记住的是创造者是一种爱和给予的力量，只希望给予我们快乐。由于那个最大的可能的快乐莫过于变得像他那样无所不知，无所不能——其实这正是他想要给我们的，包括他的力量和他的思想，以及他自己本身。

换句话说，他创造我们的目标是，使我们变得类似于他和他等同。因此，结果将是，我们会感到永远幸福的状态就是当我们都变得像他的时候，也就是当我们具有和他一样的爱与给予的品质的时候。卡巴拉指出当我们获得这些创造者的品质时，我们便会感到无限的、完全的幸福。

创造者的隐藏和启示

上述的一切都很好，但是如果我们环顾四周看一看，并且真诚地问一下自己如果这就是创造者爱他的创造物、想要有利于他们的话，我们现在所处的境地一定会促使我们会想一定是在创造的某个地方出了非常大的纰漏，要么是创造者，要么是我们。

第一个选项，是创造者那出了毛病，这是自从人类有历史以来，我们就坚持的立场。这就是为什么我们一直在继续努力尝试改变他所创造的这个世界并试图"改良"它的原因。我们不断发明新的科学、技术、交通工具，建立新的社会规则等，这个列表可以无止境地列下去。几千年来，我们一直在追求"更好，更强，和更快"；但是这种追求给我们带来幸福了吗，或甚至是简单的安居乐业了吗？可能的回答是没有。否则的话，我们就不会不断更换并改变我们已经拥有的东西，尝试各种发展模式和主义等等。那么，到底为什么我们永远感到不满足呢？

卡巴拉学家们曾经在2000年前就写道，在20世纪结束时，很多人将开始思考。也许，这种认为外部世界出了什么问题的立场可能不是一个正确的答案。他们会开始感觉到问题与这个世界的问题可能和其创造者可能没有关系，问题可能是出在我们自己身上！这一新的观念正在获得越来越多的认同，而且比以往任何时候，越来越多的人开始意识到问题不是出在外部世界，而是出在我们人类本身。

这是一个关键的转变：它意味着我们承认问题是与人的内在本质，而不是与别的其他外部因素相关。因此，正如当我们安装的软件不起作用时，我们转

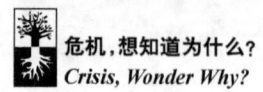
向程序供应商联系解决问题一样；当我们自己的人性使我们自己失败时，我们必须要求"我们的本性的提供者"为我们更换一个不同的本性，一个能够正常工作的本性。

几千年前，一个叫亚伯拉罕的人，后人都尊称他为亚伯拉罕先祖，他搜寻并且找到的就是那个能够与"我们的本性的提供者"，与那个将这个接受的愿望根植在我们之内的创造者进行沟通的方法。亚伯拉罕发展出他的方法，并传授给所有那些愿意听的人。他的学生们在他之后的几千年中还在继续发展着它，这个为今天五千年的伟大智慧，被一个民族携带着，隐藏着，发展着，等待着，只为今天这个危机四起的时刻的出现，当人类真正开始需要她的时候，她才能揭开她神秘的面纱，为人类指点迷津，引向光明！这个民族就是历史上饱经磨难的犹太民族，而今天我们把它称为"卡巴拉智慧"。如果我们使用卡巴拉学家的忠告，我们也将和创造者亲身接触，并从他那儿学习如何变得无限快乐。

53

乌托邦梦想的安魂曲

当我们看着曾经成功的、兴旺发达的自由市场的"美国梦"在我们的眼前消失，我们对变化的信心越来越枯萎就没有什么好奇怪的了。然而，从卡巴拉学家的角度鸟瞰未来的话，未来却是更加光辉灿烂。

从柏拉图到约翰 列侬，很多伟大的心灵都已经预见到了一个完美的社会，在那里没有贫困、战争、仇恨、剥削、犯罪或种族歧视，并且每个人都生活在和平与和谐当中。

然而，今天，一个人要想继续坚持这种梦想的话，却需要更多唐吉诃德式的幼稚。

我们正生活在一个已经不存在乌托邦式梦想的时代了吗？一个没有希望的时代，远处的地平线上已经没有光明在闪烁了吗？不一定。从卡巴拉智慧的角度来看，现在正是发生一种根本转变的完美状态。

对未来的鸟瞰

"我们已经连同全人类将自己丢失在一个可怕的沙漠中，而我们现在已发现一个巨大的、丰富的宝藏……一个可以满足我们饥渴的灵魂并使我们感觉充实和满意的宝藏。然而，对我们那些绝望地还留在那个可怕的沙漠中的朋友的记忆却仍然深深地印记在我们内心的深处……为此缘故，我们制造了这个号角可以大声地吹响它，以便我们的那些苦难兄弟可听到并靠拢过来和我们一起幸福地分享。"

——卡巴拉学家，巴拉苏拉姆Baal HaSulam，《建设未来社会》

在这篇写于60多年前的文章中，卡巴拉学家巴拉苏拉姆讲述了我们这个时代的思想"干旱"。他指出现在是向全人类传播一种建立在精神的原则基础上，可以使一个社会正常运转的那些法则和原则的时候了。这样一来社会将会使其成员保持和谐，并与周围的自然和谐，因为它是建立在相互给予这一自然的首要法则之上的。

他的这些描述并不是一种想象和乌托邦式的憧憬、一个诗意的概念或是一个浪漫的幻想，也不是对某种哲学推理或者某种神秘的历史分析。一个卡巴拉学家是指已经揭示包含现实的整个画面的精神世界的人，因此是一个可以鸟瞰人类发展轨迹和人类未来的人。

正如巴拉苏拉姆准确地预见到了在20世纪40年代发生的那些可怕的事件(包括二战和纳粹政权)以及今天我们世界正面临的动荡的情形那样，他同样看到了我们的世界在其最后一代会是什么样子。而且不论他的话语会让我们产生多么"乌托邦梦想"式的联想，它们实际上都是基于实际的亲身经验和出自一种最理性的方法。

一个通往精神世界的跳板

"如果我们有机会去到世界真正和平的时代——也就是有机会看一看最后一代人的生活状态的话，我们会发现那时人们的品质只有利他主义的品质(给予的形式)而根本不会有任何的利己主义品质(接受的形式)存在。而且，遵守这种给予生命的利他形式是好的，这样它可以作为我们学习的榜样和模型来使我们的头脑指挥我们始终专注于生命的涌流当中。"

——卡巴拉学家，巴拉苏拉姆，《世界和平》

使一个社会建立在精神原则的基础上，它最大的一个价值观就是将驱使我们的那个自私自利的愿望和意图改变为给予我们自己都不知道是谁的其他人。给予我的人类同胞的社会有什么好处和独到的优点呢？这是一种通过所有人都围绕着我们想要为我们提供需求以使我们放弃那个只关心自己的利益的社会吗？

卡巴拉学家们对这种家庭式的、社会成员之间温暖的关系有一个特别的名称："相互关怀"。这是一种神奇的工具，它可以使每个人能够摆脱世俗的存在层面，并到达一个新的精神维度，并在那里发现一个完全不同层面的感知。

那么是什么使得这种社会和那些失败了一次又一次的乌托邦有所不同的

呢？根本的区别就在于巴拉苏拉姆所描述的这个实现这种"最后一代"的未来社会的方法，并不是目标本身，而只是一种达成目标手段，一种达到精神世界的"跳板"。过去人类的所有尝试，都是由于看不到真正的目标而误将手段当成目标导致的"失败"。

替代路线

虽然巴拉苏拉姆所描写的完美社会在我们今天这个时代可能看起来不现实，但我们必须要问：我们真的有任何其它替代路线吗？显然，人类正在迅速走向一个非常不稳固的未来。这次在美国开始并蔓延至整个世界的金融危机，已经不下第一千次地证明蝴蝶效应远远不止是一种老生常谈，也不是只会发生在气候上的效应。随着每一年的过去，我们更深入地感觉到我们之间那种绝对的相互联系。我们逐渐发现我们人类的全体成员之间的关系就类似于一个单一身体上的细胞之间的关系。而对于一个单一的有机身体来讲，除了巴拉苏拉姆在《最后一代》中所描述的那种方式之外，你能提供其他任何一种能使整个机体存活的生存方式吗？

对我们现在所处的境况的唯一的补救措施必须是一种总体式或全球性的，而巴拉苏拉姆在《最后一代》中给出的模型正是为此目的而设计的，它是建立在我们的全球相互依存和相互联系的现实基础上的。它是与我们都知道的一个生命有机体能够成功和繁荣的唯一方法——是通过相互给予这一原则和现实相一致的方法。

最后一代将会像一个家庭，其成员共同分担家庭负担也为整体共同的繁荣做出他们最大的努力。每个家庭成员都担当一个角色，而且一个人也不会花费更多的时间工作从而得到更多的食物和需要。而是，这种精神原则保证所有人权利平等的是：**每个人都渴望付出最大的努力以造福整个社会，并且相应地，每个人的潜在需求又都得到满足。**

这种为家庭成员——以及最后一代的社会建立的基本原则是给予他人的利他理念，而这个给予的机会本身就附带着一个最高的奖赏。为什么会这样呢？因为给予其他人，可以使一个人在最高的水平上变得与自然本身等同，也就是与创造者等同，而这会使我们达到最高的存在状态。

旗帜上写着 "**相互关怀**"

VIII

我们与危机
——创造的目的与危机的联系

对宇宙创造的目的和生命意义这个终极或根源问题的探索一直是驱动人类文明向前发展的发动机。宗教，哲学、科学以及文化艺术实际上都是在对这个根源问题的探索过程中衍生出来的各种分枝。但是，到目前为止，人类所有的探索却始终是在结果层面观察现象，而没有触及产生这些现象的根源。目前的危机已经表明在我们过去的认知模式下，我们没能也没有办法破解这个难题。那么，我们如何才能破解这个秘密呢？实际上，我们必须通过这些探索告诉我们在外面哪里都找不到答案时，真正的答案才能开始浮现。危机就是在告诉我们以前走的所有道路都是错的，而且奇妙的是也只有在我们绝望的时候，一条真正的道路才会浮现！而现在就是那个时刻！

54

创造、进化以及超越

人类已经经历了太多太多的战争、痛苦、灾难与求索，如今我们想要知道这一切是如何开始的，我们正朝着什么地方前进。

当今我们这个时代在人类历史上非常特殊，正如在其呈现多年之后我们从历史书中了解到的一样，每一天，在每一个领域中，都可能发生着许许多多的事件，变化正变得空前频繁并且以越来越快的步伐进行着。

人类已经经历了翻天覆地的变化，但是今天这个时代，我们似乎正站在一个决定未来命运的十字路口，数千年的进化都正指向一个特殊的时间点：我们的这个时代。

开端

起初，人类一直认为地球是平的，并且认为一个人只要走得足够远，他或她便能够到达世界的尽头。那个时候，人们相信世界上发生的每一种现象都有一个特定的神来支配。随着科学的进步，人们对我们所生活的世界有了更好的了解。但是，有一个问题仍然没能得到解决："这一切是如何开始的呢？"

早在五千年前，第一批卡巴拉学家们便一直在思考世界是如何开始的，并在古代卡巴拉著作中揭示了许多与之相关的问题。他们发现我们降临之前的现实起源于精神能量的一点微小火花。大约一百五十亿年前，这点火花突然爆发形成了一个物质的空间，创造出了我们所在的这个宇宙。科学称之为"大爆炸"。

大爆炸为地球上生命的存在创造了相应的条件。巴拉苏拉姆(Baal HaSulam)被普遍认为是20世纪最伟大的卡巴拉学家，他在1940年以《民族》(The Nation)

为题的一篇论文中提到了大爆炸：

"然而，到那时为止，这一星球仍然没有从这些力量的相互的争战状态中演变发展到一个静止的状态，而且在经过一段时间之后，炙热的液态力量占据了上风，在巨大的声响中，岩浆会从地球的内部喷涌而出，将冰冷而坚硬的地壳击碎，再一次这一星球又变成由熔浆构成的液态球体。由于火焰的力量再一次压倒了冷却的力量，新的对抗时代又开始了，直到冷却的力量再度占据上风，这样环绕着球体的岩浆开始冷却，形成了又一层更加坚硬、厚实的地壳，而且这一层地壳更能抵抗住地球体内流动的岩浆的爆发。

"……如此，历经无数个岁月的相互交替，每一次冷却的力量占据上风，就使得岩浆冷却后形成的地壳变得越来越厚。最后，正面的力量终于克制住了负面的力量，它们达到了全面的平衡：岩浆在地球的内部流动，而包裹着岩浆的冰冷的地壳变得越来越厚，厚到足以使有机生物演变发展成如今的样子。"

自然的静止的(无生命的)层面首先进化；接下来出现的生命形态是植物层面；当植物层面完成进化后，动物层面出现了。几百万年之后，当动物的物种进化完成后，人类便出现了。

无论在它之前出现的生命形态是什么，每一种生命形态都是独立进化的。**非常重要的是要了解植物形态并不是从静止无生命形态中产生出来的，动物层面也不是从植物层面产生出来，人类也不是从动物层面中产生出来的。它们之间存在着层级与层级之间因果的关系。换句话说，当一种生命形态完成了其进化时，就好像有一只无形的手按下了能够启动下一个形态出现的按钮一样。**

历史上第一个卡巴拉学家

因此，5771(对应于2010年)年前，当自然进化到了一个特定水平的时候，一种新的感知在一个人中产生了：一种探索存在于这个世界之外的事物的愿望。这个人已不能只满足于在他头上的屋顶有瓦，有一个家庭，或有美味的晚餐。为了获得幸福，他必须知道自己为什么存在，也就是他人生的意义是什么？

尽管在他之前地球上已经存在过许多代人，但是这个人是体验对精神世界的渴望被唤醒的第一人。巴拉苏拉姆写道"亚当第一人(Adam ha Rishon，)是第一个获得智慧之躯，了解他所看到的一切的人"(《卡巴拉智慧及其本质》"The

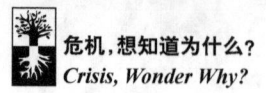
Wisdom of Kabbalah and Its Essence"）

那个人的名字叫亚当(也就是《圣经》里描述的亚当)，来自希伯来语"Adameh LaElyon("我将变得同至高者一样")(以赛亚书14：14《圣经·旧约》)，他渴望和那个更高力量一样。亚当体验的精神的觉醒正是人类精神进化的开端。因此，这一天也是希伯来历法开始的日子。所以，《圣经》描写的是人类精神生命(灵魂)的开始和他的发展过程，而不是目前人们错误解读为的神话故事或历史事件。

想了解生命的秘密的欲望

如今，在5771年前亚当心中苏醒的那个感觉也在我们越来越多人的心中开始苏醒。空虚以及从现实生活中得不到满足是如今抑郁症盛行的主要原因。现在人类正在发现，无论如何，我们都无法满足我们日益增长的欲望。正如亚当一样，我们开始需要知道我们之所以存在的根本原因，也就是只有了解生命的意义，才能满足我们自己最深层次的渴望。

正是由于这种需要，巴拉苏拉姆不断地发展着卡巴拉智慧，以便为那个如今已在千百万人心中苏醒的问题提供答案，那个问题就是："我生命的意义是什么？"

55

我是谁？

我是谁？我存在的目的是什么？我们是如何来到这个世界，又将会走向哪里？我们是否以前就曾经来过这个世界？我们是否能够了解我们自己和这个宇宙？人为什么要受苦，我们能否避免痛苦？人怎样才能找到平和、满足及幸福？我们怎样才能获得安宁、满足和快乐？

每一代人中都有很多人试图找到这些悬而未决的问题的答案，而一代又一代过去了，基本的事实表明我们仍没有找到满意的答案。通过研究自然和宇宙，我们发现我们周围的所有一切都依照一种严格的，有目的的规律运转并存在着。作为自然万物之灵，我们发现人类似乎并不属于自然这个系统。例如，当观察自然创造人体每一部分的智慧而又有逻辑的方式，及身体每一个细胞的运行都有着一个精确目的的时候，我们却无法回答这样一个问题：人的身体这整个有机体存在的目的又是什么？

我们周围的所有一切都充满了因果关系，也就是说，没有任何东西是无缘无故地被创造出来的。在物质世界中，存在着明确的运动，动力学及旋转定律，类似的逻辑也存在于动物和植物王国。但最基本的问题，也就是所有这一切，不仅是我们人类自己，也包括我们周围的整个世界存在的原因是什么，却依然没有答案。

世界上有哪一个人一生中从未，哪怕至少一次，问过这些问题呢？现有的科学理论坚持认为这个世界是由一些我们无法影响的永恒不变的物理定律支配着的。我们唯一的目的仅仅在于聪明地利用好这些定律以度过我们大约70～120年的人生，并且既现实地也象征性地为我们的后代打下基础。但这又是为了什么呢？"人类是否由最简单的形式进化而来"，或者"生命来自其他星球吗"？

总有两个日子任何人都无法回避——一个是出生，另一个是死亡，在这两者期间发生的一切是独特的，因此也应该是宝贵的。或者恰恰相反：生命是毫无意义的，如果死亡就是终结、黑暗和深渊，那么，那个无所不知的，合乎逻辑的，好像什么都能创造的自然又到哪里去了呢？或许还有什么仍然没有被发现的法则和目吗？

我们对这个世界的研究实质上仅限于我们的五官和自然的反应的研究，我们只是通过我们的五种感官：触觉、嗅觉、视觉、听觉和味觉，或依靠特定仪器扩大其范围，来感觉这些反应。

所有超出我们五官感知范围之外的一切都无法被我们感知到，对我们来说，那也就相当于不存在。而且我们无法感知那些我们天生缺失的感觉，就像我们无法知道我们如果有第六根手指会是怎么样，或无法向一个天生失明的人解释什么是视觉一样。正是由于这一点，人类永远无法用他掌握的方法发现那个向他隐藏着的自然形态。

根据卡巴拉，精神世界是存在着的，但却无法被我们现在的感官所感知；我们的宇宙只是位于这个精神世界中心的很小的一部分，而地球是这个宇宙的中心。这个信息的、思想的和感情的领域通过(可感觉得到的)自然物质定律和可能性影响着我们，并将我们置于决定着我们的行为方式的特定的环境中。我们对很多事情无能为力，例如我们出生的时间和地点，或我们将成为什么样的人，在我们的生活中将与谁相遇，以及我们的行为将产生的结果。

根据卡巴拉，有四类知识人类能够且必须掌握：

1．创造的过程：对创造的过程的研究及各个世界的发展——创造者是如何创造它们的，精神世界与物质世界是如何相互影响的，创造人类的目的何在。

2．原理：研究人类的本性及与精神世界的联系，被称为实用的卡巴拉科学。

3．关于灵魂及其发展的过程：研究每个灵魂的本性及其过程。人在这一世和来世应如何行动。灵魂下降于肉身的目的何在？为什么某一特定肉体获得某一特定的灵魂？作为某种特定因果秩序产生的结果的人类历史及灵魂的转世也将被讨论。

4．支配的规则：研究我们所处的这个物质世界。非生命、植物、动物，它们的本性及角色；它们是如何受那个精神世界支配的。最高的规则及我们对自然、时间、空间的理解。研究将物质世界向特定目标驱动的至高的力量。是否不必追问其根源就能揭开人类生命的奥秘？这是每个人都在尝试思考的问题。

对个人乃至整个人类生命意义和目的的探求一直是人类精神生活的核心。20世纪中叶以来，我们正目睹着人类精神的一次重生。由技术进步和世界性的大灾难所带来的各种新兴的哲学理论并没有给人们带来精神上的满足。正如卡巴拉解释的那样，从所有存在的快乐当中我们这个世界所接受到的仅仅是一个微弱的小火花。它在物质对象中的出现带给了我们"快乐"。

换言之，人们所体验到的所有愉快的感觉都仅仅是这一火花的特定外在显现，无论这些感觉是在何种状态由何引起的。此外，随着时间的流逝，人们必须不断地找出快乐的新对象，并希望借此体验到越来越大的快乐，但我们却没有意识到所有这些带来快乐的对象仅仅是各种外在结果而已，快乐的本质却依然对我们是个迷。

存在着两条可以使人们意识到将自己提升到超越这个物质世界的存在的精神世界的需要，并在那里获得永恒的终极的满足：

1．卡巴拉之路

2．痛苦之路

第一条道路是让人们通过学习卡巴拉智慧了解宇宙创造的奥秘和生命的意义，从而有意识地、快乐地根据创造的思想为我们设定的道路去实现生命的意义。而第二条痛苦之路指的就是我们全人类正在无意识地走着的这条道路，人类历史已经证明了这条道路是多么地痛苦。这条道路将是人类痛苦到绝望的时候，才会去寻找的道路。如果寻不到，将会走向抑郁，毒品等道路，因为，自然已为我们设定好不以我们的意志为转移的目标。我们所能建议的唯一选择就是第一条道路而非第二条道路，而这实际上才是我们人类真正的自由意志之所在。

56

希望之墙

卡巴拉智慧和平克弗洛伊德乐队有着一些共同点：他们都喜欢将"墙"打破。但与那些来自伦敦的男孩们不同，卡巴拉智慧告诉我们如何突破内在于我们内心的那堵墙，并告诉我们为什么这个突破现在比以往任何时候都有可能和有必要发生。

"如果你想要在现实世界的薄冰上滑行的话，那么就不要对一道裂缝在你的脚下出现时感到惊讶"，传奇的平克弗洛伊德乐队的领头人罗杰 沃特斯在其1979年的杰作，《墙》(The Wall)的开始时这样警告说。

罗杰 沃特斯前卫的声音所代表的是当年整整一代人的声音，他们感到了一道裂痕就在他们下方开始裂开，他们也是不想接受教育的第一代人。它用大卫吉尔摩的电吉他的声音表达着、反抗着、呐喊着、踢打着，并且拒绝按老的游戏规则行为。

但是除了控诉英国僵化的教育制度之外，《墙》这首歌也是对人类总体生存状态的一个讽喻。它反映了人们面对新的冲突和挑战时，内心深处的混乱、恐惧和焦虑情感。伴随着一次又一次地重复合唱着"击破那堵墙！"兴奋的观众们以欢乐的喧嚣回应着这一发自内心深处的呐喊。

但30年后的今天，让我们清醒地问一下这个问题：那堵墙真的被击破了吗？

另一块在墙上的砖

在外面看来，某些组成弗洛伊德式的墙的砖似乎的确已经被击破了。那道将东方和西方分隔的铁幕已经消失了，而且残余下来的柏林墙现在也只不过变成了一个旅游景点。

世界正在迅速缩小成了一个密集的、严密交织在一起的网络。利用现代的科学技术，我们可以超越那些曾经将国家和人民分隔开来的空间和时间。在鼠标上的一次轻轻点击就可以将地球上的任何两个点连接在一起。

然而，尽管科技进步以及我们的蜂窝移动电话和卫星通信将我们大家都连接在了一起，但是我们还是感觉缺失某些东西。现在人们越来越感觉到，方向在迷失，道德在沦丧，分离、暴力和恐怖行为在持续增长，罗杰·沃特斯在大约30年前描写的那种疾病正在蔓延。这些年来这种感觉不但没有减弱，反而在持续增强。不知何故，我们认为我们在移除旧墙，实际上我们又在堆砌更多更厚的新墙。

舒适地麻木着

然而，这一切都只不过是这个传奇的乐队在歌中描绘的那堵墙的外在表层而已。罗杰·沃特斯知道在我们之间横亘的那堵墙不是外在的。他超越了他的时间和同辈，指出它是一堵内在于我们心中的墙，而这正是我们所有的痛苦和混乱的根源，那么这堵墙是如何被创造出来的，又如何才能被击破呢？这是弗洛伊德乐队不知道也没有尝试解释的。他们的音乐在孤寂的现代黑暗中发出一种苦涩的呐喊，但它却找不到能够打破这堵将光明挡在外面的墙的魔法锤。

平克弗洛伊德乐队的30周年庆，很快就要来临。现在，那些伴随着"墙"的歌声长大的孩子们已经变成新的一代的父母，比他们的父母更明智也更进化。他们一方面没有一个明确的目标，另一方面他们也不愿继续走那条父辈走过的相同的破旧道路。

当代年轻人的反叛不再局限于针对某个特定的制度或机构。这新一代中普遍存在的兴趣缺乏、异化、冷漠、躁动、价值观的丧失、暴力以及最重要的——不知道造成他们沮丧的原因是什么——将他们摆在了那堵真正的墙的面前：那堵内在的让人混淆又坚不可摧，不可逾越的墙。

那么这和我们又有什么关系呢？我们要如何应对这个问题呢？难道我们只能机械地死记硬背着过时的知识，希望我们的尝试能够改变这个或那个条条框框，或将我们的孩子们用"毒品"镇静下来、以为这样就能抑制住这个问题。

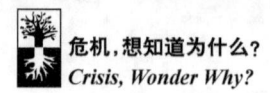
很难理解正是我们的孩子们在问的这些新的问题，使我们有机会能够找到一种真正解决问题的办法。这些问题诸如："我们为什么需要这一切呢？""我生命的意义是什么？"等等。

演出必须继续

卡巴拉智慧解释了平克弗洛伊德没有办法解释的：它向我们表明我们如何可以突破那堵内在于我们的墙，以及为什么这一突破在现在就可能实现。

"在开始我们这段话时，我发现有着一个非常大的必要来打破那堵将我们与卡巴拉智慧分离至今的那道铁墙。"这是20世纪最伟大的卡巴拉学家，巴拉苏拉姆，在他最重要的著作之一，《十个Sefirot的研究》的前言。他所说的那堵铁墙，就是环绕着我们的内心，将我们与周围世界分开的那堵墙。

新的一代看到前面的几代人都未能成功地取得突破。由于受到了旧的方法和理解的迷惑，尽管可能是无意识地，以至于到目前为止，我们一直在尝试着用建造了它的那个同样的手段——利己主义的自我的思维——来打破这堵墙。这就是为什么我们的所有企图都是注定要失败的。

为了打破这堵墙，我们需要另一种方法，采纳那些像巴拉苏拉姆这样的，已经成功地打破了那堵内在的墙的人写就的著作中提供的方法，他们从自己的亲身经验告诉我们这种方法。那些已经打破了自我这道墙的卡巴拉学家，写下了他们作为结果发现的现实，告诉我们在那个现实中我们都是被爱结合在一起的。在那里没有围墙或铁幕，也没有个人的利益，而只有安全的感觉、和平和爱充满着所有的人。而且这一现实可以被我们所有人揭示，并且就在此时此地。

平克弗洛伊德用《墙》这首歌在现代生活中划下了一道终极的声轨。现在是时候改变这个声轨的时候了。新的一代期待着一个充满希望的新的旋律，一种更美好生活的承诺。现在我们需要的是一首在我们的内心中播放的旋律，一首使我们能够打破那些仇恨和分隔的墙的旋律，正是那些墙导致了我们在这个世界上的所有的痛苦。我们要做的就是希望揭示存在于我们之间的这道墙。今天，和以往任何时候相比，打破这道将我们人与人之间分离，引发仇恨的墙的时机和条件都更合适。

57

我们是否自由?

一听到这个属于哲学方面的问题，大家就会觉得太枯燥乏味，但是，如果我们仔细地研究一下这个问题，就会很容易发现，自由并不能算是无关紧要的琐事。恰恰相反，在生活中我们都向往自由。但是我们是否都理解自由这个词所代表的真正含义呢？自由对每一个人来说究竟意味着什么？自由来源于哪里？如果世界上有自由，那么究竟什么才是真正的自由呢？

第一层次：对自由的理解

自由的名目真是数不胜数，什么金钱自由、人身自由、言论自由、行动自由、思想自由等。但是对每一个人来说自由是什么？是想做什么就做什么吗？可能我们每个人想的都不一样吧？

有人追求财富，认为金钱会带给他们所想要的任何自由。有人把自由看成权力，他们最渴望的就是能够自由地做出决定，以此影响并控制其他人的生活。还有人更加重视名誉，追求艺术上的自我表现、自由创造等等。但是也有一种人，在他们看来，跷着二郎腿看电视看电影，大吃大喝就是一种最自由的状态。换句话说，自由意味着有机会去实现自己的一切愿望(欲望)。但从另一方面来看，这样的人又是自己愿望(欲望)的囚徒，这哪里是自由呢？再说，盲目地追求梦想的实现，难道不是一种包袱吗？

很显然，我们的自由并不是没有约束的。前面描述的对自由的理解大部分都与人们在现实社会中的那些欲望有关，假如，一个人住在荒岛上，他百分之百不会去想怎样才能发财，因为没有这个必要。

这样一来，我们就能看到，社会既能保证个人自由，又会限制个人自由。

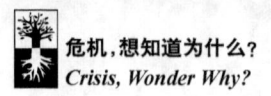
但是无论如何，自由对人们来说还是十分重要。

第二层次：自由的来源

我们已经描述了人们对自由的不同理解，现在让我们分析一下自由选择是由什么外在的和内在的因素所决定的。这些因素也被称作"自然因素"和"社会因素"。首先，我们来看一下内在的自然因素。

众所周知，人不能选择父母、出生日期、教育方式，甚至他的外貌、才能、性格、寿命等，这些都是由基因决定的(当然，如今改变相貌的办法很多很多)。那么我们能否自由地选择专业、对象呢？似乎也不能……我们的价值观、道德、素质和信仰等，都是由社会环境决定的。也就是说，在这个世界上我们想要的每一个事物，都是外在的影响力作用于我们身上的结果。如果我想要一个比萨饼，那是因为我的朋友、父母、电视，或其他的某件事或某个人告诉了我它有多么好吃。或者如果我想成为一名律师，那是因为社会给了我这种印象，即作为一名律师报酬丰厚，生活美好。说起未来的配偶，也没有什么奇怪的，那是因为基因与激素的影响，我们才对某个人产生热情或爱情。千万不要忘记，在古代，婚姻是由父母包办的。换句话说，婚姻都可能是月老的安排。从另一方面来看，社会对人有这么大的影响也就不难理解，人只不过是社会这部大"机器"上的一颗"螺丝钉"，虽然很小，但是却与整个社会密不可分。

总之，我们不能自由自在地选择自己的行动以及生活的方向。似乎我们被锁定在一种恶性竞争的游戏当中，而无法脱身。这样一来，难道我们对我们所做、所思、所想都没有真正的自由吗？难道我们只是欺骗自己拥有自由不成？难道自由只不过是一个时尚的词语而已吗？

第三层次：真正的自由究竟在何处？

具有丰富生活经验的人都会承认，环境因素对我们有着相当大的影响。比方说，父母特别注意孩子的朋友圈，他们惧怕子女因为遭受其他负面的影响而走上歪路。

正如一则西方谚语所言："告诉我你的朋友是谁，我就会知道你是怎样的人。"中国人则说:"近朱者赤,近墨者黑。"

那么,如果环境的影响真的这么大,甚至连我们的愿望(欲望)都是由社会来决定的,那么,为了更快地实现我们的目标和梦想,我们是否能够选择环境呢?假设,我想要金钱,我就可以让有同样想法的人将我包围,并整天谈论金钱。这能够激励我为金钱而努力工作,并将我的头脑变成一个制造赚钱方案的工厂。也就是说,人们能够按照自己的愿望去选择想要的环境。而且,自由自在地选择环境是人类的特权,例如,动物不但不能选择环境,甚至没有必要选择,它们以满足天生的基本的欲望为存在目标,自生自灭。

总而言之,虽然许多社会的和自然的现象仍然神秘莫测,但是现代科学已经能够解释的也不少。我们已经一清二楚地知道很多现象发生的原因、过程和结果,但却仍无法解释的千古难题是:这个宇宙是为了什么而存在的,这个世界为什么如此而发展,人生的目的是什么?也许有一天人类将获得自然的秘密,只要想得广泛一些,长远一些,世界就会显得更加灿烂!

实际上,这一切谜底早已揭开,或正在等待着你来揭开,卡巴拉智慧就是帮助你来揭开这些谜底,找到那个真正的自由的。而我们自由选择之点只存在于对环境的选择上!

58

自由畅想曲

你是否曾经想过为什么你喜欢去度假？在另外一个地方你在寻找着什么你在家里找不到的东西吗？卡巴拉解释说，我们所要找的东西实际上就在我们面前，或者确切地说，就在我们的内心中。

寻找逃避

言论自由、新闻自由、宗教自由、表达自由、创作自由、信息自由、学术自由、经济自由、自由时间……在21世纪，几乎每个人都可以创造属于自己的自由的品种。

但是有没有一种绝对的、无条件的自由呢？一种不是关于某种东西的自由，而是某种甚至连想象都难以企及的无限的、没有边际的自由呢？到底有没有这种纯粹的自由呢？

卡巴拉智慧解释说，有，但它与我们平常所想象的完全地不同。对于我们大多数人来说，自由意味着摆脱每日的劳作和日常生活带来的烦恼。我们想要从忧虑、压力、公司老板以及透支的银行账户中解放出来。简单地说，我们想要暂时逃避一下现实生活，使我们能够喘口气呼吸一下。

所以我们终年努力工作并且积攒所有能省下的金钱，以便最后可以在某个沙滩上或阳光下获得片刻的怜悯。

但是在你与我之间，某些不该发生的事情却总是在我们不希望发生的时候发生。要么是在酒店，要么是在飞行中，而如果不是任何别的事情的时候，就是孩子们却在最不该生病的时候生病……总之，或这或那，大多数休假总是不会按照我们事先的梦想计划进行。

即使我们够幸运，享受了一个完美的假期，但飞逝的时间还是在提醒我们所有这一切都将很快结束，甚至就在我们意识到它之前，我们又不得不再次跌落到"现实生活"的囚笼之中。

如果您停下来，并且思考片刻，某些有趣的问题将会弹出：从我们的日常生活中逃离出来是否真的会使我们更自由呢？如果存在一种不同的生活方式，我们可以不用从日常的生活中逃离就能寻找到自由该有多好啊？而且是否有一种永远不会结束的、完美的梦想的假期这种事呢？

自由存在于超越这个世界的"地方"

其实是有的。但是，为了找到到达那里的道路，我们应该停止在这个物质世界的框架内寻找它。而应该换一个地方去寻找！

卡巴拉智慧解释说，在我们的这个世界里，除了自由，一个人可以拥有任何东西。就是说，**在这个世界上，人类没有任何真正意义上的自由**。试想一想：你无法选择你出身的家庭或你的天赋和素质。作为一个孩子，你不断受到你的父母、老师和其他教育者的影响。

而当你长大了一点点，社会和媒体实际上几乎在控制着你生活中的一切：包括穿什么、做什么样的人、追求什么、如何思考、吃什么和爱什么人等等。即使是有关美与丑的概念，对与错的观念，态度、言论或行为正确与否等等——都是由社会灌输并强加给我们的。

当然，接受在我们的这个世界里没有自由这个概念并不容易。但奇妙的事情是——当你一旦开始意识到在这个世界上你没有自由时，你就会开始寻问所有这一切的意义是什么，而卡巴拉解释说，这正是你踏上通往真正自由的大道的开始。

"……如果我们将我们的心收回来只回答一下那个非常著名的问题……它就是被整个世界曾经问及或正在询问的那个苦涩的问题：我们生命的意义是什么？"

——卡巴拉学家 耶胡达·阿斯拉格(巴拉苏拉姆)，

《十个Sefirot的研究的简介》

卡巴拉学家们告诉我们，在"什么是生命的意义？"这个问题的答案中，包含着通向我们真正的自由的大门的钥匙。而且地球人没有一个人不是至少问过这个问题一次。在内心深处的某一个地方，有意识或无意识的我们都在问："我为什么会在这里？""我从哪里来？""人和宇宙存在的目的是什么？""我会到哪里去？""所有这一切的意义是什么呢？"

卡巴拉学家们解释说，我们只是自然地问这样的问题。但问题是我们所受的教育以及环境的影响使我们认为它们无法被回答，或者甚至认为它们就是不能被回答的。因此，当这些苦涩的问题在我们脑海中浮现时，我们都潜意识地回避去尝试给它一个真正的答案。

况且，我们还创造了一个方便我们忽略这类问题的社会。毕竟，跟着社会发展的洪流随波逐流比起询问它的意义更容易为社会所接受。

"……在我们这一代，更甚的是连愿意思考这个问题的人都没有了。然而，不管怎样，这个问题本身仍然苦涩地并且会更加强烈地矗立在那里，而且还时不时地不请自来在我们的脑海中闪现，就在我们准备重施那个熟悉的伎俩，也就是，还试图像昨天一样，继续毫无目的地将自己掩埋在社会生活的洪流当中随波逐流之前，它却将我们重重地拽回到地面上来。"

——卡巴拉学家 耶胡达·阿斯拉格(巴拉苏拉姆)

《十个Sefirot的研究的简介》

仔细想一想，我们人类发展出的各种迷人的娱乐产业也是源自于我们企图逃避我们对生命的意义这个苦涩问题答案的寻找。我们努力使我们自己拼命忙碌于无数的活动当上——淹没在大量不必要的信息当中，每天盯着电视几个小时，在网上冲浪、看电影，NBA，世界杯，去迪斯尼乐园，以及诸如此类的事情，总之，做着所有能使自己打发时间的事情。那些会使我们闲下来，没有其它任何事情可以让我们回避回答那个生命意义的问题的主意似乎非常地可怕，因为那样的话，我们将不得不孤独地面对那个有关生命意义的苦涩的问题。

但最讽刺的是，卡巴拉解释说，实际上我们正在压制着那个可将我们带到我们渴望的真正的自由的问题。那么，我们可以不用试图逃避我们的现实生活去度假，而是可以将生命本身，转变为一次完全不同的体验之旅——就像一次无止境的、完美的度假，而且在那里我们感受到的快乐只会从一个时刻到另一个时刻不断增加……

这是不是听起来好像来自不存在于这个世界的某种东西呢？好吧，你说得对，是的，它不是来自这个世界。但它却确实存在于某一个"地方"，而卡巴拉就是用来为我们解释它在哪里和怎样去到那里的智慧。

我们怎样去到那里？

"一个人应该认真感悟并研究他的本质和他来到这个世界的目的。"

——卡巴拉学家巴鲁克·阿斯拉格(拉巴什)《我听说的Shamati》

这一切都始于我们要做出一个简单的决定——停止逃避。让这个有关生命的意义的问题从其藏身之处解放出来。

然后，你将会看到这一问题与改善在这个世界中的生活或逃避它无关——它只是在探寻我们生命的真正根源。事实上，质疑生命的意义是与它的根源相连接、也就是和创造者连接的开始。换句话说，对这个问题的回答和与和创造者的连接是同一回事。

卡巴拉学家们解释说，和创造者的连接是一个逐渐发生在我们的内心中的过程。而且你与你的生命的源头连接得越多，你就变得越自由，因为这个根源是绝对的无条件的自由——它不依赖于任何东西来维系它。

所以，为了达到真正的自由，我们不需要去爬山，旅行到世界的另一端，或试图从我们的日常生活中逃离。我们要做的一切就是让这个简单的、内在的问题被唤醒并且指引我们。然后，那条通向完美的道路将会展现在我们面前，我们将会走在通向真正的、永恒的自由的道路上。

59

一切为了生存

在"幸存者"游戏，这个在美国曾经热播的电视节目，淋漓尽致地展现了在我们的这个世界中人们为了生存是如何行为的。但我们这些被囚禁在这个地球上的人，我们为了生存和获得成功所表现出的行为真的和那些在"幸存者"游戏里的选手表现出来的有什么不同吗？

"一切都是算计，除了算计，还是算计。如果有人来找你就像：'嘿，你最喜欢的音乐是什么？'——实际上他们并不在乎答案是什么。接下来的问题会是：'我们结盟怎么样？谁是下一个我们要干掉的目标？'……对我来说，'幸存者'游戏是有史以来最伟大的游戏：在那里'我体会到了那个真正的邪恶。'对我来说只是好玩"。

——"幸存者"游戏选手，约翰尼·费郢普勒Johnny Fairplay，
《幸存者游戏》、Micronesia、CBS广播有限公司

"简单地说，每一个人和所有人的本质就是为了一个人自己的利益剥削这个世界上所有的其他创造物。即使一个人看起来在给予另一个人一切——也都只是出于某种必要……而这之间存在的所有差别只在于人们的选择：某些人选择利用他人满足自己的低级趣味，另一些人选择控制别人，还有第三种人选择获取荣誉来满足自己。"

——卡巴拉学家，耶胡达·阿斯拉格(巴拉苏拉姆)《世界和平》

"生存"这个词语曾经激发了无数人为了生存下去从逆境中崛起的英勇气慨。在这里，我们谈论的可以是从二战对犹太人的大屠杀中或从前苏联的古拉格(前苏联劳改营)中幸存下来的人们；也可以是那些战胜癌症的幸存者，或那些自然或人为灾难的幸存者。然而，今天，我们说的这个词表达的却是：在一个有着异国情调的海滩上，一群男女穿着仅仅足以覆盖身体的性感衣服为了赢得

100万美元大奖而厮杀战斗的场景。2002年，"幸存者"游戏是全美国收视率最高最流行的电视真人秀节目。

在这个表演游戏中，16至20人被分成几个战斗部落小组，并被放到一个遥远的小岛上。在那里，他们为了"生存"，互相竞争，"挑战"对方，并且每一天晚上都会有一个战败部落中的一个人被投票出局。直到这个数字缩小到只有一个部落幸存下来，然后，这个幸存下来的部落的成员们将会发生内部战斗，直到最后一个人幸存下来——这个最后的幸存者就是"幸存者"游戏设立的大奖——100万美金的得主。

为了能够坚持到那个令人垂涎的有机会赢得那100万美金的决赛，各种联盟在选手间不断地被组成和破裂着。正如一名玩家说的，"这是一个忠诚和欺诈的游戏"。竞争对手们相互欺骗，互相耍着阴谋诡计，甚至偷窃以巩固他们自己在部落中的位置。为了赢得那令人晕眩的100万美元奖金，他们几乎会对他们的"朋友"做出任何需要做的事情。

虚构还是现实？

所以，除了那些丰满的美女和美丽的海滩之外，这个节目的吸引力是什么？观众们似乎喜欢看到参赛者为了赢得奖金在道德上到底可以堕落到多低。同时，亦对那个最有能力利用他人的优势操纵一切的胜利者有着某种感觉起来很怪的钦佩。这是不是可能我们正在对某种深藏在我们自己的内在本性里的某种东西正在发生共鸣呢？而这种东西只不过现在只是部分地被一层薄薄的"文明"面纱遮盖着呢？

这听起来可能令人感到不舒服，"幸存者"游戏放大了我们自己的内在本性倾向并且将它们以"娱乐"的方式暴露在阳光之下。但这绝不令人惊讶，正如我们的文化和教育全部都是关于成功和竞争的——为了实现目的可以不择手段，可以突破任何底线。看看我们在各个领域人们获取成功的方式吧，从体育、到商业、再到政治，与那些在"幸存者"游戏里的竞争对手们，为了追逐那巨额奖金的手段相比，我们在追求金钱、权力或名誉上的做法真的有什么差别吗？

现在，"建立伙伴关系"已成为商业世界一个共同的时髦术语。航空公司与酒店结盟，以提供最佳的里程共享计划，从而确保客户对伙伴关系中的双方的忠诚度。现在问一下你自己这个问题：如果航空公司没有从这种伙伴关系中看到收益的话，这种伙伴关系能持续多长时间呢？

公司鼓励员工发挥团队精神并支持公司。然而，在经济低迷时，这些公司将毫不犹豫地炒掉那些曾为他们的成功做出重大贡献的雇员。无论你将它称作什么，这里没有任何伙伴关系——有的只是为了获得各自利益而互相利用，就像在"幸存者"游戏里形成的那些"结盟"一样。

一场美国总统选举即将举行——这将是一个观察目前政治谋略和伎俩的绝佳机会。民主党人和共和党人通常都会与本党成员团结一致投票击败对方。但是，在选举时期，政党的凝聚力却解体了。为了成为民主党内的总统提名人，希拉里·克林顿和奥巴马会不惜以任何手段来攻击对方。一旦提名被决定下来，该党将再次团结在获胜者周围，一起努力以击败其对手——共和党参选人。

这整个系统的运作都是建立在"这对我来说有什么利益？"的利己主义算计程序的基础上。只要我能受益，我会与任何人结盟。而一旦利益消失了，那就请当心了！

这看起来可能难以让人接受，听起来也确实让人感觉不舒服，但这个算计程序却贯穿在我们人类社会所有的关系中，包括个人的，商业的和国家利益上。那么如何识别某个人是否够朋友呢？好吧，一个朋友是我喜欢和他在一起的某个人，某个让我感觉良好的人。换句话说，朋友关系只不过是一种让我在和其他人在一起时我自己可以受益的关系。只要这种关系不再让我感觉良好或受益，它就结束了。

然而，我们不是在谴责谁——这只不过是对我们自己作为人类，我们真正的本性的一种真实的观察。虽然丑陋，但却是人性的真相。不幸的是，这种自私自利的本性还引发仇恨、竞争和我们今天在这个世界上发生的所有丑陋和暴行。

恶魔的影响

"要是能够知道某邪恶的人正在暗中在某个地方犯着罪行，而且能够将他们与其余

的我们分开、这样就能将他们消灭的话就好了。但不幸的是，将善与恶分开来的那道善恶分界线却穿过每一个人的心。那么，有谁会愿意消灭自己的心的一部分呢？"

——亚历山大·索尔仁尼琴，《古拉格群岛》

1971年，社会心理学家菲利普·真巴多在斯坦福大学进行了一项实验，为的是研究将人囚禁起来可能引起的心理和生理反应。他和他的工作人员挑选了24位正常的没有任何犯罪背景的男学生。然后，这些学生被随机地分为两组：其中一组将扮演"看守"的角色，而另一组人则扮演"囚犯"。

这两个小组都被放入到一个模拟的监狱环境中。实验本来计划持续两个星期，但它仅仅在开始六天后就被迫停止，因为在短短六天里，那些"看守们"已经变成了残忍的虐待狂，而那些"囚犯"则已经开始经历心理和精神的崩溃。

30年后，真巴多根据自己的这次实验经历，谴责了导致美国士兵虐待伊拉克战俘的监狱环境。但美国政客们试图给虐囚事件寻找借口，声称在军中的虐囚行为只是某些"害群之马"的个人行为。

作为尖锐的回应，真巴多出版了一本书名为《恶魔效应》的著作，提出了相反的观点，指出在一种适合的环境条件下，这种事情会发生在我们任何人身上。事实上，**真正会令人惊讶的倒是，能否找出几个可以抵制人类这种固有的邪恶倾向的"好人"来**。

洁净人类的环境

如果这种令人沮丧的结论为真的话，作为人类，我们的未来会是怎样的呢？看来我们的动物兽性的本性正在与日俱增，而与此同时，那些诸如同情和爱等价值观却正在失去领地。难道我们注定要互相利用，直到最后只有一个人剩下来，就像"幸存者"游戏中表现的那样吗？

早在20世纪初，对《光辉之书》的(阶梯)评注的作者，伟大的卡巴拉学家耶胡达·阿斯拉格，就预见到了真巴多（Zimbardo）的实验结果以及许多在这个世界上发生的其他暴行。他认识到人的本性是自私自利的，并且受着追求快乐的愿望（欲望）所驱动，即使为了获得快乐可能危及他人也在所不惜。

然而，阿斯拉格却向我们保证，对这个"恶魔"，有一种解决方案存在着。这个解决方案就是卡巴拉智慧；已经存在了五千多年的卡巴拉智慧，向我们表明我们如何才能真正改变我们目前的本性——也就是从利己主义转变为利他主义。阿斯拉格将这种古老的智慧划分成三个主要的阶段：

在第一阶段(也是我们现在恰好刚刚迈入的阶段)，我们必须发现那个以自我为中心的利己主义存在于我们每一个以及所有人身上，正是这个利己主义使我们彼此分离，并且阻止我们体验真爱。此外，我们必须认识到，我们的利己主义的本性会驱使我们为了得到我们想要的，我们会采取任何可能的卑劣行为。一旦我们清楚地看到我们的利己主义和世界上所有的邪恶之间的这种联系；一旦我们不再能够否认它的时候，我们就拥有了开始创造出真正的改变的力量。

在第二个阶段，我们必须改变社会价值观体系。我们必须将我们自己从一个崇拜自我的社会转变为一个崇尚给予和爱的社会。

事实上，我们都在尝试教育我们的孩子和别人分享并关怀他人。然而，一旦我们的孩子们与现实中的价值观想接触，我们的所有努力就都白费了。我们必须开始按照我们教导孩子的方式行为。而这只有在与我们利己主义的满足感相比，为社会做贡献变得更为重要的情况下，才可以实现。

一旦我们达成了前两个阶段，我们将开始认识到我们都不过是一个单一的集成系统的组成部分。我们将认识到我们是如何紧密地相互关联和相互依存的。我们的这种新观念将赋予我们能够实现卡巴拉的核心原则之一——Arvut(互相担保)。这意味着，一个人对别人的幸福和他人的福祉的关注将超过一个人对自己的关注。相应地，我们会体验从所有其他人那里返回到我们自己的同样的爱和关怀。然后，我们将会互相使对方提升，而不是踩着别人去获取"成功"。

要实现这一目标似乎是不可能的，好像离我们太遥远，这是因为我们还只是处在我们的旅程的开始阶段。我们目前还看不到的是，这个动力根植于自然本身。然而，随着我们不断学习卡巴拉并在智慧上获得成长，我们将会发现，在这个世界上，没有什么比爱更自然的东西了。在这种情况下，我们将不会让未来只打造出一个靠贪婪驱使的"幸存者"，取而代之的是，我们将有整个世界的幸存者，全人类都将被爱驱使。

60

人类本性的变化

我们中的大多数人已经开始注意到周围的这个世界有些东西不一样了：就在我们眼皮底下，世界迅速地"缩成了一个小小的地球村"。但是我们中的大多数人无法轻易看到的是，人们之间关系的互动规则也发生了改变。

没有人知道从现在起的后一秒钟里，世界经济会发生什么变化。各类专家们建立了各种极其复杂的模型，试图依据过去的经验预测未来，但是就算是最精准的计算也只会像是"蛋糕上的糖衣"，只能将我们的注意力从重重压在我们身上的不确定性上转移开来。越来越多的顶尖的经济分析师们在他们的文章中都暗示性地总结道：只要全球市场是不确定的，就不要对未来下赌注。

真正的问题是什么？难道我们不能预知我们创造的系统将会发生什么吗？专家们说："这个问题是由太多的因素构成的。"然而，有一种更为清晰的解释：这一系统再也无法像一个循环的救火队一样按照过去那种方式继续运转下去了。在今天这个快速全球化的时代，你不可能自己打喷嚏，而不引起整个系统在你背后咳嗽。

当《财富》杂志访问担任美联储主席近二十年之久的阿兰·格林斯潘(Alan Greenspan)时问道："资本市场会发生怎样的变化？"他的回答是："这与人类天性中最基本的部分有关。"他进而解释道，"我们一次又一次地遭遇了这样的事情……人性却依然如故……这种市场危机状况是在我们自己的眼皮底下看着它达到的……"（顺便提一下，他是早在2007年9月时说的这番话。）

然而，如今问题变得更严重了，因为我们身处的环境发生了巨大的质的变化：有史以来，我们第一次变成了一个完整统一的系统。这就是为什么没有任何一个老方法——例如市场调控——能够帮助我们的原因。除了将我们的世界引导到和这种新的全球化的现实相适应，我们别无选择。我们应该利用成功的、已经经过时间考验的模式，而不是一再重复以前犯过的错误。如果我们仔细观察，我们会在自然中找到许多有关在一体化系统有效运作的完美的真正互惠互利的实例。

大自然的智慧

以人的身体为例，其生存完全取决于组成它的所有细胞和器官的利他行为。每个细胞都以对整个有机体有利为目标而运作，每个细胞只摄取能维持其功能的必需的能量。事实上，我们谈论的是自然的法则，因为每一个自然体系都依赖于其各部分之间正确的关系。一旦一个细胞开始危害整个有机体不是使整个机体获益，其他的细胞就会团结起来帮助有机体，使整个系统重新恢复平衡。

我们在社会和商业领域中的人际关系也必须按照这种同样的自然法则来运转。问题是事实上，我们非但如此，而且正好相反，我们全部都是在追求利己主义式的成功。因此我们目前陷入了危机。从这里我们可以看到危机的出现是一个必然的结果。正如上个世纪最伟大的卡巴拉学家巴拉苏拉姆写道：**"每一个违背自然法则的人都会偏离自然为其设定的目标，因此自然会无情地惩罚他。"**

一旦人类不再以分离的个体的形式存在，而是以一个单一的统一整体的形式存在，那个有关单一整体系统的法则便会立刻起动并开始支配这个统一而完整的体系。这时，我们再也不会在重复我们过去侥幸做成的事时"被原谅"。继续以过去的方式运转就像从一栋高楼大厦的顶部跳下来，却期望不会摔死一样。系统不一样了，老的游戏规则已经不使用了，现在，我们必须把每一个人都当作是一个相互关联的体系里的要素来看待，而不是当成一个个分离的独立个体。而在我们做到这一点之前，危机还会持续下去。

有一种能够帮助我们使这个转变变得容易的有效方式：借助公众意见。当大众传媒，还有互联网开始向人们解释我们都是一个单一体系里的一分子时，一切将会变得简单得多。这样，一个个体的损失就是所有人的损失，而一个个体的收益就是所有人的收益。

当今这种将成千上万亿美元投入到市场试图拯救危机的方式，就像是用止痛药救治一个已经病入膏肓的病人一样。因此，我们必须从根本上改变我们的运作模式，用"我们"来取代"我"这个占据我们世界观的中心舞台的词。然而，社会将不再是一大群单个分离元素的集合体，而已变成一个相互依存的大家庭。

一个完美的世界

仅仅只是想象一下：你周围的每一个人都是你最亲近的人，而你也衷心地希望他们每个人都能幸福。你帮助他们所有人，他们感觉到了，并以同样的方式来对待你。这是获得和自然和谐共处的一种方式，这是在一个统一、完整而又完美的体系里应该运行的法则，在一个充满爱的家庭里运行的这种法则正是我们在古巴比伦时期所背弃的。一旦我们能理解这些法则并开始遵循这些法则，那么我们将会结束和自然的这种不和谐关系，危机将会自动解除，反过来，一个繁荣的社会和经济体系也会作为回报回馈给我们。

61

上帝的"阴谋"

如果大自然和我们人类一样也是以自私自利为导向，那么自然的机体便会立刻分崩离析。相反，大自然本身就是利他的，而这使得生命得以产生、存在和延续。但是，如果大自然是为了自身的利益而利他，那么我们为什么不呢？

金融系统的崩溃是必然的。在一个以自我利益为导向的社会里，有人总会得益，有人总会失利。而由于那些得益的人变得越来越为强大，他们就变得更容易以牺牲他人为代价得到更多：更多的金钱，还有更多的权力。这一趋势存在于地球上的所有形态的社会团体中，因此，也就是不难解释为什么绝大多数的财富和权力总是集中在少数人的手中。

虽然说，腐败的人、腐败的政体或者社会结构导致了社会的扭曲变形，但是不容忽视的事实仍然是，虽然有些政体在权力制衡、监督机制上更具优越性，从而使权力滥用和腐败得到一定程度的有效控制。但无论是什么样的政体，无论其社会结构怎样，无论是谁掌权，社会还是在遵循着同一个基本模式，那便是少数富有且有权力的人掌控着大多数人的命运。

挑战一个非营利的社会

这就引出了一个问题："我们能建立一个不以追逐利益为目的、公正而又持久的社会吗？"答案是："不能"。因为，追逐利益是人类与生俱来的天性，这是我们人类小到个人，大到国家做一切事情的根本动力。

事实上，对利益的渴望还有另外一种问法，"这能为我带来什么利益？"要是我们自己不能获得利益，我们可能连动一根手指头都不愿意，更不用说是建立一个可持续发展的社会结构了。实际上，渴望得到利益，尤其是对优越性的渴望是我们与生俱来的天性，仿佛这儿存在着某种上帝的阴谋，一种建立在我们内部的构造——这一构造以一种我们无法战胜的方式被设计出来，而这正是我们的天性。

如果你仔细查看当代的卡巴拉学家如巴拉苏拉姆等的著作，你会发现他们全都认识到了这一构造，而且几千年以来卡巴拉学家一直指明这正是人类本性中固有的缺陷。此外，巴拉苏拉姆还声明，如果我们不能找到一个取而代之的驱动这种利己主义本性去运转的动机的话，那么我们人类连同整个地球将会在彻底的混乱中毁灭。随之而来的政治动乱将会再次导致法西斯政权的产生，而且国家之间由于利益而产生的冲突将会在第三次甚至第四次世界大战中达到顶点。

大约七十年前，当这些预言被第一次写出来时，似乎不可理解，但如今对我们来说对这些预言置之不理却变得似乎是不可能的了。

共享财富

根据卡巴拉智慧，危机并不存在于金融体系的瓦解之中。我们看到的危机和灾难只不过是我们内在的那个以自我为中心的天性在其运转过程中导致的某种在某一人类活动领域中的外在显现出来症状，这在金融领域就表现为金融危机，在生态领域就表现为自然灾害。因此，所有危机的唯一解决方法，包括当前的这一个，就是将导致这些危机和灾难的根源，也就是我们的天性由以个体利益为导向转变为以整体共享为导向。

如果我们能将我们的定位由个体的自私自利转变为集体的共同受益，那么我们不仅能创造一个自然和谐的社会，而且集体本身将会保证集体内的每一个个体的福祉。换句话说，我们不必自谋生计，整个社会会为我们谋福利，而我们反过来也会为整个社会做出贡献。

在这样一种社会里，所有的调节机制，军事力量，法律的实施以及征收税款都是多余的。犯罪将不复存在，因为没有人会想到要去伤害另外一个人。反之，人们只会希望分享与给予。自然而然，大量的人力和资源将会获得解放以从事社会公益事业。不需要很多年，我们会发现这个残缺的世界将会变得完全

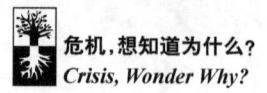
不同，以至于当我们回首我们曾经有过那段剥削他人的日子的时候我们自己都不会相信，并且会对我们曾经是那么地盲目和邪恶而感到惊讶！

人类：宇宙中独一无二的存在

为了将人类的本性由天生的利己主义转变成利他主义，我们需要一种转变方法，这种方法与我们自身毫无关联，而且它也不是我们目前这种自私自利的运作模式所产生的衍生物。这正是卡巴拉智慧可以给我们提供帮助的地方。卡巴拉智慧是一种科学，它向我们表明自然中一直存在的那个适合统一机体生存的法则是如何应用于个体以及人类社会这一整体的。

在整个大自然中，人类是唯一以自我为中心的存在。原子、分子、细胞以及器官都在比它们自己更大的一个系统中通力合作。植物和动物也是如此。大自然中的一切都完美地扮演着它们在其赖以生存的系统中应该扮演的角色，为整个机体的存在服务，只有人类除外。

你可能会问，"那么为什么我们生来就和这个体系对立呢？"答案是："当我们自身就处在这一个体系里的时候，我们没有办法了解清楚这个体系．这就是为什么至今我们还没有搞清楚我们人类自己是谁以及宇宙创造的奥秘和我们生命的意义是什么的原因。"

我们生存的目的不是支配他人，而是通过像关心自己一样去关心他人并且有意识地自觉融入到那个无所不包的自然中去。卡巴拉智慧是有关如何去实现这种真正的团结的智慧。其方法让我们逐渐了解我们在宇宙中所处的位置和进化链条上的角色。一步一步地这一智慧将引领着我们与自然融合在一起。通过这种团结，我们将获得比在过去那种利己主义运转模式下获得的利益大得多的利益：永恒，完美，全知和全觉！在这个过程中，团结不是目的，团结只是达成我们被创造注定要到达的更高的生存层面的必要手段和途径。

IX

对现实的感知
——我们都被我们
自己欺骗了

　　如果有人对你说，你看见的这个世界不是一种真实的存在，只不过是一种你自己的感官产生的某种幻觉，是你自己创造了你看到的现实，你一定认为这个人疯了！但实际上是，不是他疯了，而是我们人类一直被我们自己创造的这种幻觉"欺骗"着，而所有危机和灾难发生的原因也在于我们的这种错觉！那么，为什么我们会被创造成这样？对这个问题的答案包含着对整个宇宙创造秘密和生命意义的揭示。而只有纠正这种错觉，才能使我们真正看见未来，才能指引我们走出危机！

"让我们坐下来商讨一下如何来拯救欧元和欧洲共同体吧！？"

62

颠倒的世界

什么是现实？我们如何感知它呢？现实是否在我们之外存在着，抑或现实只不过是依赖于我们内在的品质在内心里建立起来的虚拟画面？

对我们来讲，现实似乎就是我们周围所看到的一切：建筑、人、整个宇宙……现实是我们能够所见，所触，所听，所尝，所闻的一切。这就是现实。真的是这样吗？

早晨，你睁开眼睛伸伸懒腰。新的一天到来了，外面阳光明媚，小鸟在歌唱。但你心里最深之处却觉得好像什么地方有点不对劲。下床时你用错了一条腿，而且最不想做的事情是起床。但你还记得昨天是完美的一天；起床的那一刻你就知道将会是美丽的一天，而且你愉快地过了一整天。可今天，你就是不想起床。

那么究竟是什么改变了呢？是世界？还是你呢？

根据卡巴拉智慧，我们所知晓的这个世界其实并不存在。"这个世界"只不过是被人类所感觉到的一种现象。世界反映了人与其外在的抽象力量——自然——的品质相吻合的程度。

那么，在我们周围存在着什么自然力量？卡巴拉学家将之描述为绝对的爱和给予的品质。此外，他们解释说，人类的品质和自然的品质之间相等同的程度就是人所感知到的"世界"。

这意味着什么呢？让我们用收音机原理为例来说明。电台一直在广播，但是，只有当我们将收音机调整到一定的无线电频率时才能听到其同频率广播的声音。收音机是如何"捕获"广播声音的呢？当它所产生的内部频率和其周围空气中的声波相同的时候。因此，收音机只有在改变它内部的频率后，才能"捕获"到你要收听得广播频道的声音，虽然即使你不听，声波也一直在那里。

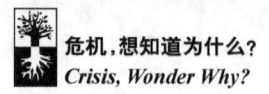

卡巴拉智慧解释说, 人们在使用完全同样的一种方式——也就是利用在我们自身内所产生的"频率"来感知外部的现实。换言之, **我们感知到的现实完全取决于我们本身的内在品质。因此, 只有我们自己才能改变现实。**

现实在自己的内心

为了理解我们感知世界的方法, 让我们把人比作开有五个"孔"(眼睛、耳朵、鼻子、嘴和手)的封闭的盒子。这些器官代表五个感官: 视觉、听觉、嗅觉、味觉和触觉。我们正是通过它们才能感知现实。我们所听到的声音范围, 所看到的视野等, 完全取决于我们相应的感官的感知能力。

让我们看一下, 听觉机理是怎样运作的。首先, 收集的声波到达耳膜并使其振动。耳鼓膜的振动在中耳引起三块小骨震动, 后者将声波输送到内耳, 在那里信号转为神经脉冲并接着传输到大脑。然后大脑把声音信息"翻译"成声音。就这样产生"听见"这一过程。换言之, 该过程是在我们内部发生的。人类的所有的感官都是以这种相同的方式运作的。

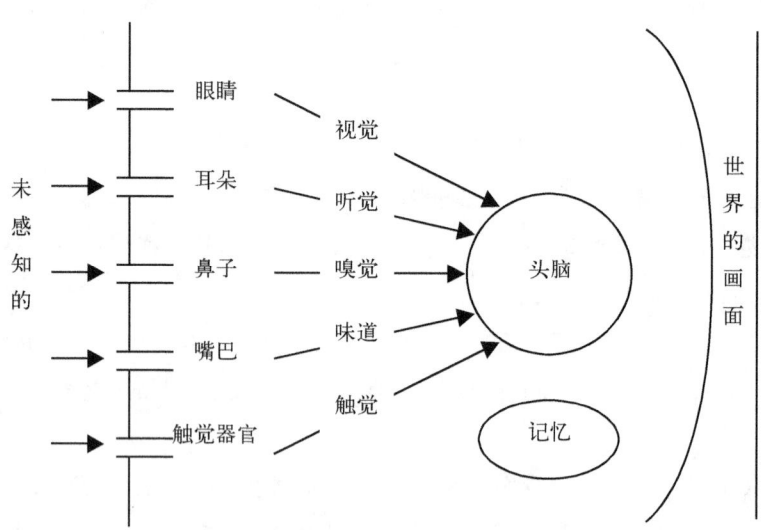

任何来自感官的信号进入大脑的控制中心。在那里, 刚接收到的最新的信息和我们记忆中已有的信息相比对。基于这个比对, 大脑描绘出一幅好像在我们"面前"所存在的这个世界的画面。这个过程产生一种我们生活在一个特定的"空间"的感觉，即便那空间其实是在我们内部。

那么，我们真正感知到的究竟是什么呢？其实，只不过是那些我们自己对外界刺激的内在反应而已——他绝对不是在我们外部实际发生的东西。实际上，我们就是这样"被封闭囚禁于我们自己建造的一个黑盒子里"，因此，无法知道外面所存在的到底是什么。

所以说，我们所感知的现实的画面取决于我们的五官结构和大脑中所储存的信息，更取决于我们的大脑(中央处理程序)如何解读那些接收到的信息。几年前，科学发现用电刺激人脑能使人体验到似乎处在某一个特定的空间和状态时的感觉。

事实上，自然科学家已经知道不同的生物所感知的世界是不同的。例如，猫在黑暗中的视力是我们的六倍。狗的听力远比我们锐利和敏感得多——狗比人能够更早听到声音。人类的眼睛只能看到在紫色和红色波长之间的光。因此，我们不能看见比紫色更短的波长，比如紫外线，也看不到红外线。然而，蜜蜂却能感知紫外线并利用其找出各种各样的花。

这种例子很容易证明，如果人类有其他的感官的话，人类所感知到的现实的画面将会完全与我们现在感知到的"不同"。

这都是一场梦

卡巴拉学家解释道，人可以通过两个阶段来感知现实，而且两个阶段都完全是由人内在的品质所决定的。

在第一个阶段，人的内在的品质是和自然的品质相反的"利己主义"。这就是我们现在拥有的控制着人类的行为的利己主义的品质，它使得我们感到与自然和其他人是分离的，甚至鼓励我们利用别人为自己谋取利益。由于这种利己主义的品质，在这个阶段上，我们所目睹的世界充满着战争、挣扎、贫困和贪污腐化。

然而，逐渐地，生活的经验使我们意识到这种利己主义状态下的感知不能给予我们真正的幸福，因为在利己主义状态下，利己主义的接受快乐的方式使得人类无法体验到持久的满足。

在第二个更高的阶段中，我们内在的品质变成是绝对的爱和给予——正像

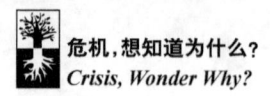

自然力量的品质一样。那些能通过这种利他主义的方式感知世界的人感知到所有人是怎样作为一个单一系统中的组成部分起运作的，他们全部都致力于互相给予从而建立起了一个无止境的快乐的系统。

根据卡巴拉智慧，在第一阶段的存在仅仅是我们经历的一个过程，第一个阶段的存在是为了达到第二个阶段的一个必然要经历的过程，而它全部的目的就是让我们能够独立自主地去改变自己对现实的感知。卡巴拉学家，即那些懂得如何改变感知方式的人，他们定义我们目前的存在状态是一种"幻觉的人生"或一种"想象的现实"。

相反，卡巴拉学家把这种改正后的、完整和完美的存在称为"真正的人生"或"真正的现实"。当我们回头看着自己过去所处的自私自利的感知状态时，他们将之形象地描述为好像那是一场梦一样，而且是一场"噩梦"。

这意味着在目前这种状态下，那个真正的现实是向我们隐藏着的。我们感知不到它，因为现在我们是依靠控制着我们的利己主义的内在品质来感知我们本身和世界的。这时候，我们感觉不到全人类是作为一个统一整体互相连接在一起的状态，因为我们的本性(内在品质)排斥这种关系。铭刻在我们内部的自私自利的愿望对这样的连接并不感兴趣，而这就是为什么它不让我们看到真正的现实的原因。

如果我们将自己的利己主义转变成和自然的利他主义品质——爱和给予一样，我们就将感觉并领会到一种我们以前从未注意到的、完全不同的周围的世界。此外，我们曾经感知到的那些也会显得完全不一样——即从分离、短暂和没有意义的状态变成统一、永恒和有目的的状态。这就是卡巴拉学家在诗篇中所表达的意思，"我们看到的是一个颠倒的世界"（《巴比伦塔木德》）。

品尝和发现

卡巴拉智慧教导我们，生命的意义就在于我们独立自主地选择从我们目前这个有限的存在状态提升到那个真正的永恒的存在状态。这种选择就是人类的自由意志最终要做出的真正的选择。

这该怎么实现呢？唯一从自私的感知中破茧而出的方法是与存在于其外部的现实联系上。要这样做，我们需要真正的卡巴拉著作，因为这些著作是由那些已经揭示了真正的现实画面的卡巴拉学家所撰写的。在那些著作中，卡巴拉学家告诉我们关于那个完美的、其实就在我们身边的现实。我们仅仅需要改变的是我们内在的"频率"以便"收听到那个广播"。

当人们读到有关真正的现实的著作时，笼罩在他面前的迷雾就会逐渐消失，真实的现实会逐渐变得清晰起来，而人们将慢慢地开始感受到那个真实的现实。事实上，卡巴拉学家解释说，我们并不是通过理解著作本身改变自己的品质。即使一个人不懂得他所读到的，人们去理解它的那个渴望，会自动调整其感知能力。

"即使他们不理解他们所学习的，这个通过想要理解所研读的一切的向往和强烈的渴望，就唤醒了围绕着他们的灵魂的环绕之光……因此，即使人们还不具备那个精神容器，当他学习这个智慧并提及和他的灵魂有关的那个更高之光以及精神容器的名称时，它们立即以一定的程度"照耀"到他。"

——*卡巴拉学家，耶胡达·阿斯拉格（巴拉苏拉姆）*
《对〈十个Sefirot的研究〉的导读》

我们目前对现实的利己主义感知和我们最终将要达到的利他主义感知之间有着天壤之别。为了以某种方式描述这种差别，《光辉之书》将之比作一根小蜡烛发出的光亮和一个无限的太阳光之间的差别，或是一粒沙子和整个世界之间的区别。然而，如果你真的想要知道这到底意味着什么，卡巴拉学家建议你自己去发现。

"品尝，你会发现上帝是多么的美好！"（诗篇34：8 《圣经》）

63

卡巴拉与现实的感知

在卡巴拉智慧这门科学里，我们学习的目的是为了要进入一个向我们隐藏着的结构：精神世界。我们学习如何能超越这个物质世界，进入到管理和控制这个世界的领域中。

我们对这个世界感知到的图像实际上是在我们内部形成的。我们的五官接收到一些外在的刺激并把它传送到大脑中，经由这里进而构成我们对这个世界的图像，而在这画面之外我们无法察觉到其他任何东西。

我们"所知的"世界是我们对外在刺激的反应，而对我们来说，世界的本质却依然是一无所知的。比如，假如我的耳膜受伤了，我什么都听不到，声音对我而言就是不存在的。我感知到的仅仅局限在我所能感知的范围之内。

我们对世界的观察完全是主观的；发生在我们感知之外的任何东西，我们无论如何都没办法说。我们紧抓着对某些事情的反应而推测发生在我们外在的世界的事情，但在那外部真有任何事发生吗？

有许多学说在论述这一问题。牛顿的学说指出有一种客观的现实存在着：不管我们自己是否存在，我们能看到的世界都是客观存在着的。爱因斯坦则推论出真实的观察是依观察者的速度及被观察者之间的关联而定。换言之，藉由改变我们的速度来观察物体，我们会注意到它是完全不同的：空间变得反常，挤压或展开，时间改变了。

其它的理论，像是海森堡(Heisenberg)的不确定性原理，陈说了在个体和世界之间的相互性。换言之，感觉是我对这个世界上的影响，事实上也是这个世界对我的影响。

卡巴拉智慧解释说，在我们之外根本不存在着任何可感知的现实。在我们之外，我们未曾影响过任何事情，因为我们感知不到任何感知之外的东西。在我们之外，仅有那个不变的更高之光。这整个世界存在于我们内部，我们之所以感到被外在所影响是因为我们是被这种力量所创造的。

我们假如能走出我们的这个世界，并开始去了解那个更高之光是如何以一个新的图像诞生于我们的内在世界的话，这整个世界就会变得又小又有限。我们一旦明白那个更高之光是如何决定我们所意识到的自己和四周的环境的，我们就可以最终控制这整个过程。

卡巴拉智慧赋予我们这个能力。我们将开始了解我们内在的能力之所以受限的原因。假如我们的品质与那个更高之光的品质相等同，我们将达到一个完美的永恒的阶段，被称为"无限的世界"——永恒的生命和完美的满足感。

所有这一切都只依靠改变我们的本性。因而卡巴拉智慧的目的是令我们知道，藉由(很快地，在此生中)改变我们自己的本性，我们就可以超越这个物质世界。虽然我们的身体还是属于这里，我们照常拥有家人和孩子，并继续在这个世界、社会上过着平凡的生活，但是除了这一切，我们还能感知那个更高的现实：同时生活在超自然的感知之中。

64

通过卡巴拉感知超越我们认知之外的世界

众所周知，我们用我们的五官来感知这个世界。这样，我们就像一个黑盒子一样，只能感知到从外部进入到这个黑盒子里和我们五官的反应。它受到外部力量的影响或压迫，然后对这些影响做出相应反应。

通过五官进入这个封闭的系统(我们)的所有事物都会被一个我们称作"大脑"的复杂系统进行记录、加工、分析，其生成的思维形象构成了我们对整个现实的感知。

世界的内部图像

所以，我们所感知到的只不过是我们对外界影响的反应。这是我们在处理所有接收到的外界信息的过程中感知达到的最高点。我们的这些感知的总和给我们提供了一个叫做"我们的世界"的内部图像。因此，尽管这个世界看起来像在我们之外，它实际上是一幅完全主观的、内在的图像。仅仅用我们的五官，我们是不可能将位于我们外部的客观现实同存在于我们之内的这个主观现实做出对比的。

那么，我们有可能突破我们的感知的这些局限吗？科学家们发明了各式各样的仪器去扩大我们的感知范围，包括显微镜和望远镜等。然而，没有哪一件仪器能够给我们提供一种真正的新的感知。无论怎样去扩大或延展我们的五官的感知范围和精度，我们仍然不能突破我们常规的五官设定的界限。

我们都拥有着同样的感官，得到同样的感觉，产生同样的感知图像，这使我们能够彼此交谈、传递信息和印象等，并最终明白彼此的意图。我们所有的感官(也就是那些接收信息的器官)被创造成在这样一个机制(程序)下工作：仅仅只根据是否有益于自己，来接收、记录、加工并评估进入的信息。

扩大我们的感知

那么，在我们的感知之外，是否会存在一些并不为我们所感知到的其他事物呢？卡巴拉智慧——一种扩大人类感知范围的智慧，揭示了在我们的感知之外，实际上存在着另一个完整的世界，一个我们甚至无法想象的世界。我们现在的五官全然不能"挑选"和发现它，因此我们也感知不到它。

"卡巴拉智慧"这个词的意思就是"接受"。它是一种使我们能够开发出一种额外的感知能力、去"接受"那些存在于宇宙之外的事物的信息的方法。通过掌握这种方法，人们才开始用一种完全不同的方式来感知周围的世界。

感知精神世界

卡巴拉学家们都是像你我一样的普通人，他们与我们唯一的不同就在于，他们已经开发出了一种新的感知能力，这使他们能够感知到现实的一个额外的领域——即那个精神世界。他们做到这一点的方法，是一个有着其自己的数学体系、方法论和心理学体系的古老而科学的方法。它研究人类内在世界的运作机理，并演示人们能够超越他们的内在感知来获得外在的感知，甚至在它们开始影响其五官之前获得这种感知。

达成精神世界——绝对的完美和永恒

如果运用卡巴拉智慧武装我们自己的话，那么一个生活在我们这个世界中的人就能够感知超越身体的限制之外的事物，这样他就能感知到位于他之外的世界，并向我们揭示出那些宇宙的自然法则。通过第六个额外感官到达精神世界，一个人能够看到我们这个世界中的所有科学的起源和结果。一个人变成了一个能够在那些已经被揭示的和那些科学研究现在还难以企及的事物之间建立起联系的研究人员。他能够看到感知是在人的五官的哪一部分产生出来的，其逻辑关系以及外部世界自何处开始。所有这一切都是通过发展出一种新的感官，来突破我们的这个现实世界的局限而得以实现的。

但是，这个新的感知能力的目的并不是纯粹属于科学层面上的，而是属于非常个人的。我们通过发展这个新的感知能力去揭示那个精神的能量系统的终极目标，就是为了使人类能够获得终极的快乐、达到绝对的完美和永恒的存在。

65

活在精神之梦的世界中

"他感到他整个人生就像一场梦似的，他有时也怀疑这梦到底属于谁，而他是否正在享受它呢。"英国作家道格拉斯·亚当斯(Douglas Adams)在《西区科克银河系漫游指南》(The Hitchhiker's Guide to the Galaxy)中说。

我们的生命是伴随着对这个物质世界的感知和存在开始的，直到某一天我们发现一个独特的、对某些崭新和不同事物的渴望，通常被称为"精神世界"。我们试图想象，在那个精神世界正在发生着什么呢？并试图描绘假如那个精神现实没有对我们隐藏，而且我们可以感知那个精神世界的话，我们的生命会有哪些不同。"那个世界会是什么样子？在那里究竟在发生什么呢？"对此我们感到疑惑不解。

卡巴拉学家告诉我们，在这个物质世界，有着各种线索能够帮助我们更好地理解那个精神世界。其中一个就是我们的梦——它们能帮助回答我们的问题。

"我们就像都是梦中人"——诗篇 126，《圣经》

卡巴拉学家，也就是那些已感知到精神世界的人，告诉我们，在到达那个精神世界之前，我们似乎是"梦中人"。但这一点能教给我们关于那个精神世界的什么事情呢？

我们都做过梦，所以知道，梦可以是快乐的、悲伤的、兴奋的、暗淡的、充满愉悦的、可怕的等等。梦包括情感的一切可能的状态，有时，一些梦感觉起来是如此真实以至于我们可以断言，那场梦确实是在现实生活中发生过的。

它只不过是所有梦中的一场梦而已……

但梦究竟有多么真实呢？假设某个晚上我们错过了正餐而饥肠辘辘地就去睡觉了，那你可能会梦到在享用一桌盛大的宴席。我们会狼吞虎咽直到丧失了知觉甚至不想再吃另一口为止。然而，到了早晨，当闹钟响起，我们从这美妙的经历中惊醒，并发现自己的胃正在发出饥饿的声音。看样子，那桌盛宴只不过是一场梦，而在现实中我们的胃仍然是空空如也。

现在想象一个过着非常简朴生活的人，靠精打细算才能勉强维持生计。一天夜晚这个人梦到中了几百万的头彩，一贫如洗的生活已成了遥远的记忆。一整天，他都沉浸于闲逸和狂喜之中……直到突然醒过来。

假设你现在的生活也不过是这类梦中的一场，那么会怎么样呢？卡巴拉学家告诉我们，真正的你是那个灵魂，而真正的世界是精神世界，但你现在正在沉浸的梦对你来讲显得是绝对真实的——你相信，你自己就是这个物质的有血有肉的你，而你所居住的世界就是你自己感知所形成的这个物质世界。

当他们将在到达那个精神世界之前的感觉与梦境来做比较时，这就是卡巴拉学家所提到的"线索"的意思。这个比喻表明我们的物质生活仿佛就像一场梦似的，而且在我们身上所发生的事情、我们整个的物质存在并不是我们真正的生命——这一切都只不过是我们的灵魂经历的一场短暂的梦而已。

这个灵魂有很多种梦，而且每一场我们都感觉为在这个物质世界过的一生（由生到死的过程）。但当那个灵魂最终苏醒过来，我们发现根本就没有人生，也没有空间和时间——只有永恒的精神世界。

别再打瞌睡

怎样才能从我们已习惯的梦中被唤醒呢？我们大多是被闹钟闹醒的、被足够尖锐的可以使任何梦被惊醒的声音吵醒的。在那个精神世界里，取代这个闹钟的是愿望。

就像闹钟的铃声来自超越我们梦乡的范围，我们对于那个精神世界的愿望也不属于这个称为"物质生活"的梦的世界。终究有一天，那个愿望会从我们

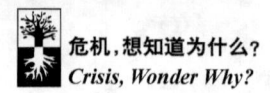

真正的精神的存在召唤我们，将我们唤醒过来。

正如一些人有着在最后一刻还在"打盹"的习惯，我们很多人也将那个精神愿望看成是某种烦人的，感觉我们很难甩脱的精神之眠。然而，那个精神愿望越强烈，就越需要我们的关注。

但就在这里，这个物质世界的梦(称为"物质生命")和那个精神世界的梦开始偏离：在这个物质世界的梦中，只需要一个瞬间的震撼就可以将我们唤回到现实中来，而为了从那个精神的睡梦中觉醒过来，我们则必须帮助那个愿望进化发展。

怎么才能做到这样呢？我们通过研读由那些已经在精神世界里清醒过来的人所撰写的著作，在真正的精神老师的帮助下，以及通过与在同样的路径上一起探索的朋友们在一起共同学习，来实现这一愿望。换言之，我们加速那个将我们自己唤醒的过程，而不是等待着那个愿望自然地进化发展，以至于最后变得十分难以忍受时，才去那么做。

那么，那个特殊的愿望、在精神世界里召唤我们的那个"闹钟"到底是什么呢？那是一种唤醒和感知我们真正的精神存在的愿望。那是一种将我们从精神睡眠状态中唤醒过来，并召唤我们回到那种清醒状态，以及生命的真正状态的嘹亮的号角。

66

用灵魂"看见"

"眼见为实"，啊！是吗？科学现在告诉我们卡巴拉智慧几千年前就已提到的东西：有比我们的眼睛"看到"的多得多的现实。

> 我看见了绿色的树、
> 也看见了红色的玫瑰。
> 我看见它们为你和我绽放。
> 我自己想"多么美妙的世界啊！"
> 我看见蓝色的天空和白色的云彩；
> 明亮、幸福的白天、
> 黑暗、神圣的夜晚，
> 我自己想"多么美妙的世界啊！"
>
> ？—《多么美妙的世界啊！》，乔治·大卫·韦斯和鲍勃·蒂勒

在60年代，保罗　巴赫　丽塔教授通过引入感官替代的概念，在神经生物学和生理康复领域引发了一场革命。通过探索大脑的可塑性和适应能力，他使得盲人患者使用触觉感觉获取到通常只有通过视觉才能感知到的环境信息。一根电极被连接到盲人患者的舌头上用于中继外部环境对大脑的刺激，然后这个触觉刺激被"翻译"成视觉信号，使盲人能够"看见"。

在这似乎是奇妙的操作的背后的秘密可以用巴赫　丽塔的那句名言概括，"我们是在用我们的大脑看，而不是用眼睛"。带着这一信念，他开创了利用剩余的功能感官，能够弥补残障人士受损的感官的研究领域。简单地说，他提出了我们的感官是可以互换的这一先进理念。

这种推论被诸如麦古克效应(McGurk effect)等其它数据所支持，表明我们的言语理解是听觉和视觉信息的组合。换句话说，我们的视觉感知也负责我们所听到的东西一部分，这表明我们的大脑有时将视觉信息转化为听觉信息。进一步的试验正在进行中，以检验视觉在感知气味方面扮演的角色(想一想当你得了流感，不能闻到什么时，看到美味的牛排时的感觉：当你看到"牛排的美味"，口水也会从你的嘴里流出)。

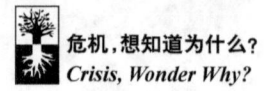

此外，有很多具有"特异功能"的人也支持我们的观念，就是说我们的感官认知可能不是像我们想象的那样，完全依赖于我们的感官。一个著名的例子是罗莎库沙洛娃，即使她的眼睛是被蒙着的，她仍然能够阅读常规的印刷文字，并且用她的指尖辨别颜色。

认识感知的一种新方式

卡巴拉，一种从事对现实——也就是总体的自然力量——的认知研究的智慧告诉我们上述的示例并不是那么令人惊讶。事实上，20世纪最伟大的卡巴拉学家巴拉苏拉姆解释说，我们的五种感官的任何一个都和所有其他的感官合作着，意味着每个感官都部分地感知到别的感官感知到的东西。因此，如果一个人失去了五种感官之一，它可由剩余的那些感官部分地补偿。当然，这并不是说失明的人将简单地就可以看到，而是说其他的感官会通过提供那些曾经依赖视觉才能传递的信息片段来弥补视觉丧失造成的损失。

这说明我们利用我们的任何一个感官都可以部分地"看到、听到、嗅到、尝到，并触摸到"。而且，正如罗莎库沙洛娃的例子所表明的那样，这种能力在一些人身上较发达(虽然在过去，在我们的感官被现在这些人造的喧嚣、人类发明的世界弄得麻木之前，我们都具有这些能力)。

那么保罗　巴赫-丽塔是不是对的呢？我们实际上"是在用我们的大脑在看，而不是用眼睛在看呢？"并不完全是这样，因为事实上，对我们的感知来讲，还有太多的东西没有被认识到。根据卡巴拉智慧，如果科学对感知的领域不断探索下去的话，会发现**我们的大脑不过是一个探测器，而感知根本不是发生在大脑中，而是在它之外，在某一个被称作"愿望"或"意愿"的"地方"**。

那么愿望是什么？它是我们的精神本质，它与我们的物质身体毫无关系，而且完全超越我们有形的物质而存在。这才是所有我们感知真正发生的地方——在我们的愿望里，也被称作我们的"灵魂"。

无限的感知

但还有更多。这表明我们用"我们的五官"感知到的一切——我们看到(和听到、触摸到、闻到、品尝到)的身边的伟大的世界——不过是我们能够感知到的很小的一部分而已。虽然我们在用我们非物质的本质、即那个灵魂在感知所有这些事物，目前我们只能利用它的那些最低的、最外在的一部分。它就好像是一个"基础层面"，只能够使我们感知这个物质世界，并从而维持我们身体的物质存在。

然而，这一感知有着一个更伟大的无限的潜力：因为它超越有形的物质现实而存在，它可以感知精神世界的无限丰富、非物质的"颜色、气味、声音、味道和感觉。"但是，要这样做，我们必须开发这个已经内在于我们的潜在的精神感官。然后，除了在我们当前的现实的"基本水平"之上感知之外，我们还会继续揭示那个更"外在"的精神的更伟大的现实层面，进而将我们真正的感觉器官的较高的部分——也就是灵魂包含进来。

那么，我们如何才可以做到这样呢？我们如何才能感知这种"更高的"现实呢？我们可以通过改变我们对待生活的方式或态度实现它。卡巴拉解释说，在现实中，没有任何事物在我们的外面发生着变化。**唯一变化的事物是我们自己**。我们感知到那个永恒的、不变的自然的总体力量的影响，一种想要给我们带来快乐的力量；但**我们是在我们不断变化的愿望里感知到它的**。

我们的愿望和这种自然的力量在品质上的相似性的程度——在我们内部描绘了一个感觉上是"外部"世界在变化的图像。换句话说，我们越多地通过爱和给予他人并与那个自然的力量取得相似的程度越高，我们就越能开始更多地感觉到这种力量并体验到一个更广泛、更丰富的现实。但是，只要我们的愿望和态度仍然和这个力量对立(利己主义的关系)，我们唯一体验到的现实就是一个同目前被这个世界上的绝大多数人所感知到的那样。

因此，**感知并不是真的通过我们的身体感官和大脑而发生**。而这就是为什么有的人可能没有眼睛，但仍然能够看到的原因，就像那些最新的科学实验表明的那样，那么，**我们为什么需要眼睛呢？它是为了产生一种认为有某种东西在我们面前存在的错觉！这有助于我们将我们的现实构建为"我"和"我以外的世界"**，因为这样的话，我们就能够与我们的环境进行交互作用，并研究那个"外部"的现实。

而至于那个最后、最有趣的问题：感知到自然的真实力量的感觉是什么样的？卡巴拉学家们——也就是那些进入并已经感知到完整的精神世界的人——认为这几乎不可能用那些用于描述在我们周围感觉到的物理对象的常规语言来加以表达。不过，作为一个大致的描述，他们指出，通过我们灵魂的较高部分感知到的东西也许可以通过"永恒、无限和完美"等词语给出一种最广泛的想象式的解释。

银行：不许动，把钱交出来！

X

知道在哪里我们错了，我们才能找到救赎

今天我们感知到的危机是过去错误的行为导致的结果。人类是宇宙中唯一能够感知过去、现在和规划未来的生命形式。回顾历史是让我们在现在思考和规划未来。没有过去经历的痛苦，人类就找不到真正救赎的道路！但是到现在为止人类还没有找到那条道路。虽然那条道路早已被准备好，但是目前控制着人类的利己主义就是拒绝让我们看到！

67

回顾过去，即可了解未来

从两个20世纪的伟大思想家，约翰·梅纳德·凯恩斯和耶胡达·阿斯拉格(巴拉苏拉姆)的视角做出的经济展望。

当前的全球经济危机已经影响到了所有国家，世界上没有哪个国家能够避免这场八十年来最严重的经济衰退的影响。大多数国家都通过严格按照约翰　梅纳德　凯恩斯(被誉为二十世纪最著名的经济学家)的经济理论来应对危机。凯恩斯坚信，政府干预和投资消费是走出经济危机最好的办法，他的理论曾经是美国和英国应对经济大萧条时所采取的策略依据的基本原理。当讨论到各种应对全球危机的经济刺激计划时，很多经济学家、中央银行和学者们都会引证凯恩斯经济学理论作为其决策的理论基础。

全球经济健康的愿景

如果凯恩斯还活着，他会相信我们又再一次陷入了与1930年代那次经济大萧条一样的困境么？估计不会！凯恩斯当时为我们这个时代描绘了一个截然不同的全球经济景象。在1930年，在他的一篇很少被人谈论到的，名为《我们孙辈时代的经济可能性》的文章里，凯恩斯预言了资本主义的结束或演化，事实上，他将世界预见为一种极其理想的画面。

按照凯恩斯的预测，到今天，全球所有的经济问题都应该被解决了。商品和服务应该已经可以满足并维持全人类的生存之所需，并且，分配商品和服务的方式应该已经使人类为了生存而发动的战争结束。他预言，由于科技发展所带来的生产率的提高，伴随着资本的积累，应该可以解决世界的经济问题。凯恩斯评论道，"我们应该可以甩掉那些二百年来一直折磨着我们的伪道义，通过这个，我们已将人性中的一些最令人不快的东西提升至最高尚的美德……因此，为了恢复一些最可信和最确定的宗教信念和传统美德，比如，贪婪是一种恶习、榨取不正当利益是一种不端行为、贪恋钱财是可憎的，只有那些考虑明天的人，才是真正走在美德和明智的智慧道路上的人等等。我们应该再次重视目的而非手段，选择美德而不是利益。"

就在20世纪最著名的经济学家宣扬他对经济和其后代社会前景的展望的同时，20世纪最著名的卡巴拉学家耶胡达？阿斯拉格(就是广为人知的Baal HaSulam巴拉苏拉姆)，也在分享着他对世界前景的前瞻性的看法。尽管是同时代的人，凯恩斯(1883～1946年)和阿斯拉格(1884～1954年)可能从来没有见过面。阿斯拉格的理论深深根植并源于卡巴拉智慧，如果阿斯拉格今天还活着的话，他可能会告诉我们，当代危机产生的原因是人类不愿意去承认我们生活在一个相互依存的全球性系统造成的，可惜的是，人类只有在这个系统带给社会更多的苦难而非快乐时，才可能愿意去放弃它现在的经济系统。他的观点基于卡巴拉智慧的精髓之一：如果人类没有团结起来，一起去改正其利己主义的本性，没有去与自然协调发展的话，人类将遭受到和圣经中所描述的状况相吻合的越来越多的打击。根据他的观点，我们可以通过教育，让人们认清我们人类固有的本性是什么，并提供给社会另一种可行的发展之路，只有那时，人类才有可能避免那些即将发生的危机以及它们带给人类的苦难。

一个演变了的经济现实

当今的经济危机正在向我们传递一个信息：当今人类的各种利己主义发展模式必须改进，否则就会面临整体毁灭的命运。凯恩斯和阿斯拉格在八十年前就预见到了这种可能性。他们预言，我们这一代人的傲慢与自恋将会衍生出一种新的经济现实，在这种现实下，资本主义将会逐步演变发展成一个新的系统。引用凯恩斯的话说，"当这种状态(不再担心基本的生活所需)变得如此普遍，以至于人们对其邻里的责任的性质发生改变的时候，这种关键的区别就体现出来了。因为当人们不再担忧自己的未来时，他们在经济上为其他人服务就变得合情合理。"凯恩斯相信人类内在的慷慨和美德。不幸的是，人类辜负了他的期望。

能够看到他们对远景的描述的精确，或许该是我们去聆听他们对社会经济发展的下一个阶段的看法的时候了。在这一点上他们的观点极其相似，他们都同意：人雷应该达到一种新的状态，在这种状态下，对社会其他成员的关注应该胜过对自我利益的关注；他们也都认为，这种过渡并非易事。事实上，凯恩斯把这些看作"全人类作为一个单一整体在物质生活环境中曾经发生的最大的改变"。对于阿斯拉格来说，它阐述的正是将人类利己主义的本性转变为利他主义。在其《最后一代》(The Last Generation)一文中，阿斯拉格这样评论道：

"我们的地球极其丰饶，足以维持我们所有人的生存，那么为什么会发生那些可悲的战争呢？而且战争和苦难几个世纪以来一直笼罩着人们的生活呢？为什么不能让我们平均分配工作，平均分配劳动成果，解决所有这些问题呢？"

这是因为人类目前所具有的利己主义天性拒绝这种利他主义的思想和行为，但利己主义这种认为人类是与自然和其他存在是完全分离的观点造成的，而且我们人类认为为了一己私利和谋取自己所谓的成功，可以肆无忌惮地剥夺自然并以牺牲自然和他人的利益的做法是天经地义的观念，是彻底错误的。现在人类面临的全面危机正在给我们人类敲响任何一条利己主义发展道路都是行不通的警钟，如果我们现在还不停下来思考我们在哪里做错了，还不从现在的危机状态中吸取教训，还不领会危机的出现是想将我们人类引领到一种更高的存在状态，进而尽快开始改正那个造成和引发了所有危机和灾难的根源——我们的利己主义的本性的话，只怕这个警钟最终将会变成人类的丧钟。

68

守门人

谁是站在那个精神世界的门口，决定谁能进入谁不能进入的守门人？让我们跟随着卡夫卡(Kafka)和巴拉苏拉姆(Baal HaSulam)来一次旅行，看一下两位大师的两则寓言和一扇大门的故事为我们展现的是什么。

弗兰茨 卡夫卡(Franz Kafka，1883～1924年)，可能是将我们目前面临的这种不断加剧的无助和无解状态表达得最淋漓尽致的伟大作家。"卡夫卡的世界"是一个阴暗、忧郁、危险的世界，他描写的世界的主人公们在试图(通常是以失败告终)战胜他们的不幸的过程中，被无助、绝望、脆弱和彷徨的感觉充斥着。

卡夫卡最著名的故事之一《在法律的门前》，讲述了一个坐在"法律之门"前面的村民，询问自己是否可以进入那扇门的故事。具有讽刺意味的是，这扇大门是完全敞开的，但是，不得到守门人的准许，那个村民却害怕进入其中。而且这个守门人已经警告过他：越往里面走，守卫就越多，而且一个比一个更加难以对付。

在被这些无法跨越的障碍击垮后，这个村民做出了一个典型的卡夫卡式的决定——坐在门边等待并希望那扇门最终会自己打开的奇迹发生。他也会时不时地试着去说服守门人让他进去，并希望用机智战胜他，或用恳求来打动他，然而这一切都只是徒劳。许多年过去了，那个村民已变得年岁已老，而那扇门仍然一如既往地没有向他敞开。

在他垂暮之年，这个村民终于找到一个机会问那个守门人："为什么每个人都想进入这个法律之门，而我却是那个唯一要求获得准许才能进入的人呢？"

"因为这个入口是专门为你而设的，而现在我正准备关闭它。"那个守门人回答说。

那扇藏匿着答案的大门

这种渴求穿越"那扇规律之门"并揭示支配着我们的生命的力量体系的欲望并不是最新才出现的，它久已有之。人类总是试图去揭开那些隐密的自然法则，然后控制它们，并利用它们来为自己谋求私利。

到了21世纪，这种欲望空前地膨胀到了一个新的高度。我们已经把火箭送入太空，实现了登月行走，建立了世界性通讯网络，研发出了无数的机器和仪器。然而，我们对于我们自己的精神本质、我们的本性以及我们人生的目的，等等，却仍然一无所知。

我们仍然没有找到这些根本问题的答案：例如，谁在支配着我们的生命？现实世界的根源是什么？生命的意义到底是什么？就像在卡夫卡故事里描写的那个村民一样，我们时常会觉得我们被一套隐藏的法则支配着，但又从来没有人能够真正揭开过这些法则的神秘面纱。

那么，那个守门人是谁？为什么他不让我们进去呢？

在巴拉苏拉姆(Baal HaSulam)的著作《Talmud Eser Sefirot》(《对十个Sefirot的研究》)的引言中，他用了一个使人很容易联想到卡夫卡的寓言的故事对这个问题的答案作了一个比喻。

"这就像一个国王，他希望挑选出所有他所挚爱的忠诚的臣民，并将他们带入他的宫殿……。但是，他安排了许多奴仆守卫着这个宫殿的大门和所有那些通向这座宫殿的必经之路。他命令他们巧妙地误导这些试图接近这个宫殿的人，故意把他们从正确的道路上引开……"

显然，所有奔向国王宫殿的人们都被那些勤勉的守门人狡猾地回绝了。尽管有很多人战胜了一些守门人，并成功靠近了那个宫殿的大门，但是守在宫殿门口的守门人也是最难对付的，他们竭尽所能转移那些到达宫殿门口的人的视线，拒绝每一个企图接近宫殿的人，直到他们心生绝望并原路返回。就这样，这些人来了又回去了，积蓄够力量之后又重新再来，就这样日复一日、年复一年地重复着，直到他们筋疲力尽、不想再继续尝试为止。

在开始，我们很难理解这个国王到底在做什么。他是真的想把这些爱他的臣民引入他的宫殿吗？但他的行为却给出了一个完全相反的答案：因为，如果他真的想让他们进入他的宫殿的话，为何不直接敞开大门让他们进去，这样不是来得更简单和更直接吗？

当我们在后来明白所有这一切不过是国王想要找出那些真正想进入他的宫殿的人的唯一的一种方法时，寓言中表达的这种进退两难的困境才能够得以理解。

"而且，只有那些始终坚忍不拔、战胜那些守门人并最终打开那扇大门的勇士，才会立刻受到国王欢迎的荣耀……当然，从那一刻起，他们也不用再面对那些守门人，因为，他们将会得到他们应得的恩典——在那个宫殿里沐浴在国王的无上荣光里，服侍并陪伴在国王左右。"

钥匙

"这座国王的宫殿"并不是一个堆满着珍贵的金银珠宝的秘密宝藏。根据卡巴拉智慧，它是当一个人的所有的愿望都被那个涵盖着一切的精神法则——就是完全的给予，也就是创造者的本质——所支配的时候，人们生成的对现实的一种新的感知。当我们发现了我们内在的这种给予的品质，并将其置于我们的利己主义的欲望之上时，我们就能够揭示巴拉苏拉姆（Baal HaSulam）所比喻的那个"伴随国王出现的无上荣光"——也就是我们的愿望将会得到无限的满足。

当然，还远远不止这些，我们还将会意识到：即使我们对它毫无知觉，这个隐藏的法则也一直在影响着我们，而那时也是那个精神法则的大门向我们大大敞开的时候。

那么在我们通往国王的宫殿——也就是接近创造者的给予的品质的旅程中，我们必须战胜的那些守门人又是谁呢？他们是我们自己的利己主义的愿望！与我们所想象的不同，我们并不是要根除我们的欲望。而是，我们要学会如何去出自一种给予的意图，去利用那个与生俱来的基本的利己主义愿望。我们必须在接受在接受的愿望之上，获得一种爱和给予的新的意图，这将会改变我们利用我们的愿望的方式。

途径

就像卡夫卡故事里的那个村民一样，有时我们会认为，如果我们等待得足够地久、祈祷得足够诚恳的话，那扇大门终将会自动向我们敞开。但是卡巴拉学家们却明确地告诉我们，一切都掌握在我们自己手中！为了帮助我们战胜我们内心中的那些守卫，卡巴拉学家们给我们提供了一种内在改变和发展的方法。

与卡夫卡故事所表现出的那种悲观的精神不同的是，巴拉苏拉姆（Baal HaSulam）的故事对"改变"则抱着很高的期待。那些成功地穿越了那扇大门的卡巴拉学家们告诉我们，在那扇门的另一边，现实变得与卡夫卡描写的现实、与我们现在对现实的这种感知截然不同，完全相反。在那里，人们会发现一个仅由一种单一的法则——也就是爱的法则支配着的完美的、永恒的现实。

69

寻找新的领域

人类探索的脚步已经踏上了各个新大陆并且已触及遥远的星球，现在，一个巨型地下粒子对撞机将会试图去探索这个宇宙最深层的奥秘。但是对这个耗资数十亿美元的项目的疑问是：它会成功呢，还是会像我们所知道它的那样，标志着科学的结束呢？

从时间开始之初，宇宙诞生之日开始，人类就被驱使着去探索他们所在的世界。不论是15世纪对新大陆的探索，还是21世纪在火星上寻找生命，未知事物的无限可能性深深地吸引着我们。我们的探索不仅仅通过使我们忙于去思考可能是什么的想象，以便让我们远离对世俗事务的担忧，同时许诺我们一个更光明的未来以及对那些最深层问题的答案。

自那时以来，我们已成功地揭示了那些可以接近的世界的秘密，探索已经成为了科学家们窥探宏观和微观世界的手段。在我们的世界剩下的唯一能够让我们"勇敢地走前人还没有走过的路"的领域，就是对遥远的外太空或者最深层次的最微小粒子的探索，就像电影《星际迷航》里反复声明的那样。

亚原子粒子加速器——一种新的科学工具

与往常的探索不同的是，这一次，人类不只是力图去探索新的领域，科学家们还将试图揭示宇宙和我们存在的奥秘：宇宙从哪里来？物质的构成单元是什么？是否还存在着超越我们感知到的生命之外的事物？是否存在一些我们还没有发现的自然法则？

位于瑞士日内瓦附近的大型强子对撞机(LHC)，正是为了找到这些问题和找出这些问题的答案而设计的。这架庞大的27千米(16.75英里)长的仪器能够将亚原子粒子的速度加速至光速的99.999999%。这个价值八十亿美元的工程是由来自一百多个国家的一万多名科学家和工程师们通力合作的结果。它同时也把世界各地数以百计的大学和实验室结合起来，期待能够产生出到目前为止它们仅仅还只是处于理论阶段的亚原子粒子并能对它们开展研究。

一个名为ALICE的实验(一个大型离子碰撞机实验)就是通过在一种微缩的水平下重新模拟创造出大爆炸(The Big Bang)后瞬间(小于百万分之一秒)的状态，以便回答宇宙的起源这一类问题的。ATLAS(一个回形大型强子对撞机实验装置)和CMS(紧凑渺子线圈)将探索我们所感知到的空间、时间和运动之外的其它维度存在的可能性。

事实上，卡巴拉科学就是探索这些问题的科学，但是它的科学方法可以追溯至几千年以前，它用的却是一种截然不同的实验方法。

同样的问题，不同的研究方法

几个世纪以来，传统的科学研究给我们留下了大量的研究数据，但是，每一次的探索发现都衍生出新的问题，这些都表明我们在完全地真正理解各种现象之前需要掌握更高层次的知识。科学家们现在意识到，他们的研究正把他们引向一个存在于我们这个世界之外的起支配影响作用的源头，为此他们需要一种截然不同的研究方法。

几千年以来，卡巴拉学家们一直提到，现实的更大部分、以及那些生命中重要问题的答案都存在于超越这个物质世界的另一个维度，叫做"更高的世界"。这个维度包括了存在于这个世界的万物的起源：包括每个原子、细胞和微生物，它包括了导致我们世界的每一种现象产生的原因，也包括了我们在这个物质世界感知不到的自然法则(就像在过去我们不能感知到电磁的机理一样)。更高的世界里没有任何物质实体，只有那些影响人类和这个世界的力量和法则。

而且，在更高的世界的每一种力量(根源)和其在我们这个世界的影响(结果)之间，存在着精确的、确切的联系。因此，为了学习和彻底理解我们这个世界中的每一件事物和现象，我们必须开始去了解在更高的世界运作的法则和根源，只有这样，我们才能由上而下追寻它们的影响，弄清楚它们在这个世界如

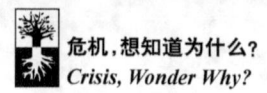

何影响着我们，这样也使我们能够明白在今天困惑着我们的那些所有的复杂行为和现象的原因及本质。

世界之间的边界

虽然，当我们的视线从更高的世界"俯看"我们的这个现实世界时，我们有可能感知到这两个世界之间的联系，但是，反向认知这些联系却是不可能的。然而，现实世界的科学家们正在试图只从我们的物理世界去探究那些非物理的原因和影响。随着长期以来物理学和其它自然科学的停滞不前，科学家们开始逐渐认识到研究非物质领域对他们来讲简直就是遥不可及。

这就如同一个试图从迷宫中找到出路的人，对这个迷宫里的不同路径毫无头绪。然而，对于那些能俯看这个迷宫的人而言，这个画面却是十分地清晰：哪里是死胡同，障碍和危险在哪里，出路在哪里等都一目了然。卡巴拉学家们已经找到了上升至高于这个迷宫存在的纬度的世界的方法，从而可从更高的视角去"俯看"我们这个世界的迷宫，而科学家们却仍试图在迷宫的同一纬度里面寻找出路。

因此，现实世界的科学家们将不可能通过现实的方法找到通往更高的世界的道路，因为在我们的现实世界和更高的世界之间存在着一条无法跨跃的边界。当研究者们接近这个边界的时候，他们发现这些"未知"超越了他们的那些"已知"。

科学的下一个阶段：通过第六感来研究万物

但是，人们可能会问，那么卡巴拉学家是如何发现那个更高的世界的呢？答案就是：他们能做到这一点，是因为他们通过开发一种独特的方法，这种方法使人类的感知能力超越我们普通的感知能力，也就是他们与生俱来的五种感官能力。这种方法使人类能够通过一个额外的第六感来逐步地感知事物，帮助人们感知到非物质世界和现实的主要部分——也就是那个更高的世界。

但是，这种感知是不可能通过人类天生的五官获得的。即使科学家们用大型强子对撞机这样的高科技仪器来将人类的五官增强至超级的水平，通过仪器所揭示的数据和我们的自然五官感知能力所感知到的数据的差异只会是量的差异而不会是质的差异。这些仪器仅仅只是把宏观和微观的度量和各种物质的频率转换成一种用我们正常的五官和我们的世俗的头脑能够理解和解释的范围。因此，这些仪器将永远不可能接触到那个更高世界，也无法告诉我们任何有关超越这个现实世界领域的那个更高世界的事情。

另一方面，像大型强子对撞机这样的项目表明科学家们正在提出正确的问题：我们从何而来？我们因何而存在？为什么我们在这里？控制我们世界的力量是什么？

问题是：他们正站在错误的地方找寻着答案。一旦科学家穷尽了在这个物质世界能想到的所有道路并尝试了各种研究方法，也就是人类准备好开始试验卡巴拉科学方法并尝试一种宽广的研究现实世界的崭新方法的时候了。到那时，科学家们将会真正地发现各种新的疆界，并找到这个动荡不安的世界迫切需要解决世界危机的方法。

70

汤姆少校，你能听到我吗？

卡巴拉智慧对银河系的奥秘的太空旅行."人类探索的最终的疆界并不是在外太空的某个地方，而是深深隐藏于我们每个人的心中。"

"太空，人类探索的最后的疆界……"当数以百万计的观众听到电视连续剧《星际旅行》(Star Trek)中的开场白的时候，他们总是会屏住其呼吸。在背景里，宇宙飞船开始了它的曲折的旅程——探索未知的新世界。

直到最近几年为止，太空探索一直是人类渴求有所发现的最大的希望；是一个吸引着我们所有人的惊险的冒险。在我们已经征服了地球上所有的事物、已没有什么可以继续让我们探索发现以后，当太空时代在20世纪的下半叶拉开帷幕时，仿佛一个新的视野突然为我们打开。与最初的几次外太空探索相比，那些伟大的探索者(马可 波罗、克里斯多夫 哥伦比亚、斐迪南 麦哲伦等等)的传奇旅行变得黯然失色。而以前一直都被认为遥不可及的神圣的月球，忽然间变成了一个可触摸的、可企及的地方，一个人们可以行走，甚至可以插上国旗的地方。接下来的太空探索宇航员、太空飞船和人造卫星的风潮激发了那个时代最伟大的艺术家们(阿西莫夫、库布里克、大卫 鲍伊等等)创作令人刺激的科幻小说的灵感。

虽然太空探索在今天仍然炙手可热，但我们很难去忽略这一点：太空工业离实现我们的梦想仍然还很远。最近在月球上发现的水塘无庸置疑是一项很重大的发现。那么我们那些"伟大"的梦想将会怎样呢？追随着我们梦想的步伐，最近一期《国家地理》杂志的封面表明，我们仍然在宇宙中寻找着另一个"地球"。那么我们渴望找到的世界和生物又会是怎样的呢？为什么我们至今在我们的地球之外还找不到任何生命的形式呢？会不会所有的探索可能都已经是徒劳呢？在"外面"可能什么也没有呢？或许我们简直就是找错了地方？

时间历史的缩影

数千年来，卡巴拉智慧就一直在告诉我们，除了人类之外，这个宇宙不包含任何其他有智慧的生物。在将要到来的任何时刻我们都不可能在火星上找到生命，这听起来可能会让人沮丧。但是对于我们这些渴望冒险的探索者来说，似乎有一个更好的消息：有一种环绕和充满着宇宙的巨大的、无形的力量，却是我们可以企及的。那么，那种力量是什么？

在16世纪中叶，随着艾萨克 鲁利亚(被称为Ari)在以色列的Tsfat镇的出现，一扇领悟这种力量的窗户被随之打开。在天文学家伽俐略用他在外太空的惊人发现使世界感到震惊和困惑的那一刻之前，Ari发展出了一种不同的望远镜，一种用于探测人类内在，揭示人的内心世界的望远镜。通过那个望远镜，Ari揭开了精神世界的神秘面纱。在他那个时代的诗体语言中，他以这种方式开始了他的启示："看那：在发射物被发射出来，创造物被创造出来之前，那个简单的更高之光已经充满着整个存在。而且，在其中没有任何空隙存在，诸如空的空间、孔洞，或凹陷存在，而是全部都只充满着简单、无限的光。"

这段话就是他的著作《生命之树》的开篇，Ari向我们描绘了创造的初始之点，在那个点上，一种叫做"创造者"的力量引发了一种叫做"创造物"的力量，形成了一个用于接受无止境的快乐的容器。这个容器与创造者处于一种没有空间、间隙和界线的奇妙、神秘的合一状态。

然而，为了使创造物能够发展成为一个独立的存在，创造者采取了一种叫作"限制"的行动。这种目的性的行为将创造物和那个无限的快乐分离开来。通过这种限制，创造物与创造者分离开来，直到它们之间彻底地分离，彼此之间彻底地隐藏起来。这种限制决定了从那时开始，创造物只有通过获得创造者的给予的品质，创造物才能够和创造者重新建立起联系。而这正是创造者向创造物揭示其神秘面纱的途径。

按照Ari的方法，这整个过程通过一个十个同心球结构的层面向我们展示出来，这些同心球的中心点代表着创造物，围绕着中心点的各个层面则代表着创造物和创造者之间的空间。穿越所有这些同心球面的就是从最初被创造时的状态，无限的状态发射出来、并一直穿透到这个中心点的一条光的"细线"，就是这种光的火花点燃了我们所知的这个物质世界的创造。然而，这个世界只是完整的现实的一小部分，而我们还处在这个探索过程的初始阶段。

精神太空的冒险旅行

为了让创造物重新获得那个"限制"之后丧失的对创造者的感知，创造物必须踏上一段漫长而艰险的旅程，而这条旅程就是为了把那个小中心点扩大、直至变回它原始的、完整的、无限的状态而设计的。为我们的时代阐释了《生命之树》的卡巴拉学家巴拉苏拉姆说道：首先而且最重要的是我们必须明白，我们不是在探索物质的空间。我们所揭示的精神太空是一个深藏于我们内心、使我们同创造者分离的"太空"。

精神的运动就是一种在质量和品质上的变化。因此，我们改变运用我们的本性(即接受的愿望)使其与创造者保持同一(给予的愿望)的方式越多，我们和创造者之间的空虚空间就减小得越多。就像一个从地球发射的航天火箭能够穿过厚厚的大气层一样，我们也能够穿过将我们和创造者分开的那些隐藏的层面。

在最后一个被称之为"改正的结束"的阶段，我们回归到了那个在限制之前我们所处的同样的永恒的团结状态，并与光保持着和谐，但不同的是这一次我们是完全清醒、完全自愿的。恰恰就是我们所感受到的那个脱离和空虚状态使得我们能够与整个世界的创造的力量建立一种崭新的、成熟的关系。这样，我们就变成了一个容器，在这个容器里，那个原始的快乐会成千万倍地增加。

那么，所有的这一切是怎样同这个时代的太空探索联系在一起的呢？火箭、航天飞机、人造卫星、外太空生命和改正的结束之间的联系又是什么呢？

太空漫游指南

人类探索太空和寻找新世界的强烈愿望产生于一种内在的、深层的、合乎常理的感觉——我们并不是孤立存在着的。然而，我们不需要去到太空去寻找伙伴(外星人)，我们需要的是真正的探索：寻找创造者。卡巴拉学家们就是这些已经经历了这个完整的旅程并最终到达了那个终点的人。基于他们的研究，他们绘制了一张地图以便能让我们循着他们的脚步前行。他们著书的目的，就是为了给那些想要突破进入更高维度的存在状态的人们提供一种特别的指南。

这并不是科幻小说。卡巴拉学家们用一种特殊的语言，向我们描绘了一种我们每一个人都将真实而清晰地感受到的未来状态。通过带着一种强烈的愿望去阅读卡巴拉著作并感受在他们的著作中所描述的是什么，我们就能从我们未来的、更高的状态中吸引来一种力量，这种力量会将我们拉向那个更高的状态。这种力量作用于我们被创造的天性——即接受的愿望之上，然后从一个微小的空虚之点逐渐扩大，最终成为一个完整的接收无限的更高之光的容器。

XI

教育的危机

　　实际上，人类所有遭遇的危机归根结底都是教育的危机。试想一下，如果我们的教育都是在教育人们取得成功、成功、成功！为了成功，可以不择手段，可以突破法律和道德底线，可以将成功建立在毁灭别人，毁灭自然资源的基础上，危机怎么会不出现，没有危机反而不正常，不是吗？但真正的问题出在对成功的定义上！而这又必须通过了解创造的奥秘和生命的意义是什么才能实现。成功及善恶的定义都应该以是否有助于实现生命意义为衡量标准！而这应该是教育的目的。只有找到真正的目的，围绕正确目标展开的教育体系，才能拯救人类。

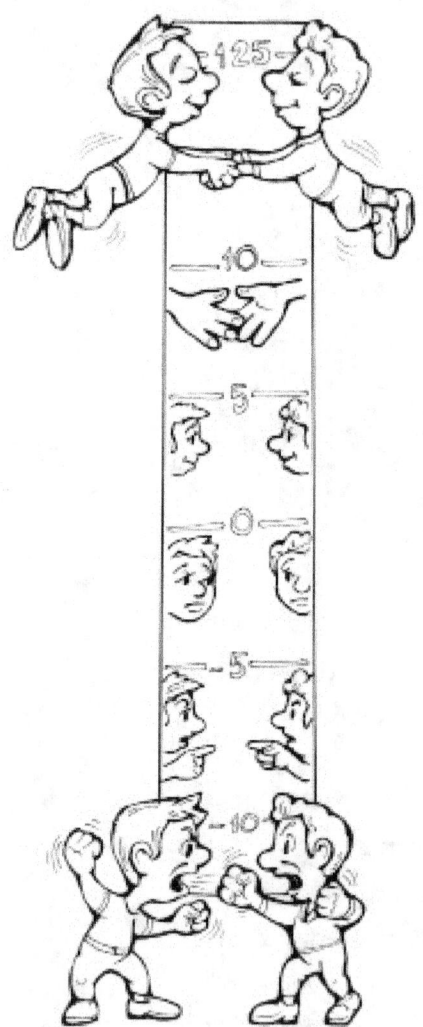

71

人之初，性本善还是性本恶？

早在20世纪30年代，伟大的卡巴拉学家耶胡达·阿斯拉格(巴拉苏拉姆)发表了一系列有关以色列人民的状态和整个世界的局势的文章。在这些文章中，他概括列举了一个社会可能获得成功的一些原则。

人的本性的基础是利己主义，这已经很难说是一个什么秘密。事实上，《圣经》几乎在它的最开始就认识到了这种状况：

"……人心从他小的时候就是邪恶的"

——《圣经》创世纪 8：21

而且卡巴拉学家指出，这个邪恶倾向就是现在控制着我们人类的思想和行为的利己主义本性。这个问题在我们的头脑中引发的思考是，"如果利己主义是如此地糟糕，为什么创造者会将它放在我们当中而且是从小就开始？"

实际上，每一种宗教和教义都是为了应对利己主义本性给人生带来的痛苦的挑战这一难题而自然诞生的。但是，宗教在总体上告诉我们要抑制它，而且东方的先哲们更是告诉我们需要"消灭"它。

伟大的中国哲学家、思想家老子曾提倡：

"朴素 ；简单 ；清心 ；寡欲"

——老子之道

这些应对人类的利己主义的邪恶倾向的模式成功地运作了几千年。但是今天，我们的利己主义正在达到一个前所未有的高度。对绝大多数人来讲，这些以前曾经有效的应对方法看起来已经不再有效。这就好比地壳不再能承受地下岩浆积聚的压力造成火山喷发一样。

如果只有极少数的人受到这种利己主义的快速增长的影响的话，还不会有太大的问题。但是当这种情况大规模地发生在很多人身上，又同时在很多国家同时发生时，人类就会面临一种全球性的挑战。在这样一种状态下，我们需要另一种应对利己主义挑战的思考和行为模式，一种承认我们无法战胜我们的利己主义，因为它正是我们人类的本性的新的模式。所以，我们需要寻找一种不是要消灭它，而是为了我们的利益去正确地利用它的新模式。

巴拉苏拉姆在其《世界的和平》一文中阐明道：**"利用这种奇异性的本性作为一种总体和个体进化的主体。"**介绍了一种他相信将会有效的解决方案。他的方法实际上相当简单，并且非常实用——他指出由于我们已经天生是利己主义者，我们就不应该试图改变这个。而是要为了共同美好而利用我们各自天生的独特技巧和能力。

换句话讲，他说**我们不能也不应该改变或试图消灭我们利己主义的本性。相反，我们应该利用我们个人的技巧，将它发展到极限，并用一种方法利用它们为整个社会的利益服务。**如果我们利用我们的欲望来为社会做贡献，而且每一个人都利用他们的技巧为他人做贡献的话，整个地球就会很快变成天堂。

在现在这个阶段，巴拉苏拉姆解释说，**我们正在为了两个目的使用着我们的能力：发展我们自己或者阻碍别人的发展。**这可能会很难在一个个人的层面上被感知到，因为我们天性上就不愿意客观地检验我们自己，但是我们可以看到它发生在国家之间，也可以看到它发生在一个国家的种族和团体之间，在商业行为上。结果就是，**我们都不得不花费着大量的时间、精力和金钱，只是为了抵消其他人正在对我们所做的一切。实际上，这是整个世界单一的最大的成本。也许我们将之称为信任缺失成本，人际关系成本。**

先请想象一下，**如果我们使用我们自己的所有资源只是为了提升我们自己、获取我们自己的利益，我们可以达到的成就是什么样的；现在，请想象一下，如果现在每一个人都利用那些曾经用来阻碍他人取得进展的资源，来帮助他人以及千方百计地促进其他人的发展的话，这一切又将会怎样。**

那些在今天的国际、金融、以及个人关系中如此普遍存在的消极现象，将简单地不复存在，它们会变得多余。怀疑、隐瞒信息和不信任等都会消失，我们将把我们的精力全部转化为全社会的建设性的产出。我们会觉得我们都想要为每一个人做贡献，而每一个人也都会觉得他们想为对方做贡献。在这种状态下，全人类将会统一为一，不是吗？危机又会在哪里出现呢？！所以，解决危机之道，在于正确认识我们的本性并正确利用它为我们自己的利益服务。

72

应对危机的未来教育

我们教育孩子的方法存在着一个根本的问题——它与真正的现实相脱离。他们真正需要的东西是一所"有关实现生命目的的学校"，提供为真正的生活服务的实际工具。

全世界的公共教育系统对我们最宝贵的90%的资源负着责任：我们的孩子们。他们是我们未来的希望，而我们必须让他们准备好应对一个日益变得复杂的世界的挑战。到目前为止，我们已在这项挑战上惨败下来。

虽然我们教育的重点在于开发像数学和阅读这样的技巧，以使我们的孩子准备好在竞争越来越激烈的就业市场上拼杀，但我们却忘记了教会他们关于生命的基本技巧。因此，青少年自杀率呈现上升的趋势、抑郁症流行，并有太多的青少年转向酒精或毒品麻醉自己以逃离他们日常生活的痛苦。

一项由不列颠王子信托基金进行的针对16～25岁的青少年的调查发现，十个年轻人中就有一个年轻人认为生命不值得存在或者生命是毫无意义的。这项超过两千人的民意调查显示超过四分之一以上的人们感到沮丧。几乎有一半的人说他们面临着经常性压力，而且很多人对前途没有任何期待。这个旨在帮助弱势年轻人的信托基金说，它的研究发现揭示出一个越来越脆弱的年轻一代。

所以，也许是重新考虑教育我们的孩子要学习什么的时候了？

一所生命的学校

在英国政府最近的一份报告中，吉姆？罗斯爵士建议，为了解决这些问题，英国的小学应该为孩子们开始提供更多关于基本生活技能的教育。他提议建立一种课程，向他们提供作为一个负责任的公民，生活在21世纪对其健康、

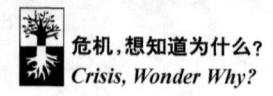

福祉来讲所必备的"个人、社会和情感素质"教育。这样的一类课程将包括关于情感幸福和社会技能的课程。

罗斯爵士的报告对我们目前的教育制度缺乏的问题进行了很好的综述，也是一个表明我们开始了解我们的孩子缺乏什么的好的迹象。也许其他国家也应考虑采用类似的方法，开始教孩子们一些当他们离开学校、步入社会时，他们可以实践其应用的内容。

不应该每天将数小时的时间花在灌输那些从他们离开教室的那一刻起，就会忘到九霄云外的知识，学校应该向他们解释我们生活的这个世界的本质是什么。最小年龄段的孩子们就应该了解今天的人们之间存在着的那种紧密连接以及人与人之间的相互依赖性，并要了解到为了满足自己的欲望，以牺牲他人的利益为代价的做法是造成我们所有的痛苦的主要原因。这将使年轻人看到那种以牺牲别人为代价而获得的短暂享受对他们来讲是有害无益的，因为他们给别人造成的危害会像回飞镖一样返回并危害到他们自己身上。同时，我们应该向他们展示使自然平衡的互助友爱和相互尊重的关系是如何引领我们走向和谐，从而使生命得以存在延续的知识。

不只是要好的成绩

如果我们给予我们的孩子这样的知识——一种真正应对现实生活的工具，那么，孩子们就会带着远比好的成绩和成功的考试好得多的东西离开学校。他们将会明白生命和围绕着他们的世界，并将明白没有任何变得暴力、陷入萧条或转向酒精或毒品的理由。此外，他们对毫无意义和跟他们没有关系的教育制度的不满，将被他们真正受益于所学的东西的感觉所替代。

一个了解自己和身边的这个世界的孩子会以不同的方式看待现实。他变成了真正"准备好了在21世纪生活"的人。他明白他正生活在一个相互关联的全球化的世界中，知道在他周围看到的所有邪恶的东西产生的原因是人类的自我，并且认识到这就是我们必须加以改正从而获得幸福的东西。

一种新方法

为了向我们的孩子们提供这把生活的钥匙，我们并不需要做出任何革命性的改革，我们需要做的一切只不过是在我们已有的课程上做一些具体明确的改变即可。下面是几个具体的例子：

自然科学(生物学、化学、物理和其他)

这些课程解释了围绕着我们的自然系统，提供了一个相互关联的系统是如何维持正常运作的丰富的实例。但不必为了应付考试而盲目记忆细胞的工作方式，然后在考试一周后就忘记它们，应该向学生们演示这些自然系统是如何与他们的生活相关联的：为了确保繁荣和成功，人类社会应该就像同在一个生命机体中的细胞（或自然中的任何其它系统)那样行为。细胞们是相互依存和相互关联的，它们互惠互利在一起工作。社会中的成员十分类似于那些细胞，那些只在乎自己的利益，而置整个人类这个"人类有机体"于不顾的人将变成人类机体上的"癌"细胞并最终毁灭所有人，包括他本人。

历史与社会课程

历史和社会课程为检验人类发展的进程，了解人类曾经是如何受到利己主义的影响提供了极好的机会。从家庭单元、宗族、到城镇和城市、再到国家，最后到今天的"小小的地球村"的社会演变，都是受人们日益增长的获取和发展的欲望所驱使的。然而，这些欲望已经同时引发了所有战争和历史上的暴政。这样的课程可以成为一个优秀的平台，用于显示一个人的自私自利的本性可以怎样被建设性地用于为整个社会的利益服务，或者被破坏性地用于为了满足狭隘的自我的利益，从而对社会造成危害。

体育

集体游戏可以让孩子们更深入了解合作和互惠互利所带来的种种好处。

超越传统的学科

为了给我们的孩子们应对现代世界的复杂性奠定一个坚实的基础，有一个新的课程需要引入到课程中来："如何成为人类（Being Human）"。这个课程，当然会成为孩子们的最爱，将从事对那些真正使我们的孩子们感到困惑的那些问题的研究和学习，诸如"为什么我们要去上学？我们为什么要学习？为什么我们应该结婚以及随后我们要和自己的孩子生活在一起呢？"等问题，或更普遍地讲，"我们需要这一切到底是为了什么？"的问题。

而对于那些喜欢刨根问底的学生，教师们可以提供那些让大多数家长都感到挠头的，像"我是谁？""我生命的目的是什么？"等问题的答案。

这一课程的主题将基于古老的卡巴拉智慧，通过简单地阐明和解释人类的欲望和思想的来源来回答这些困难的问题。这一课程将帮助孩子们了解和揭示更多关于他自己和他作为一个人的目的，并补充他在其他类别课程中获得的知识。

73

给您的小宝宝的最好的礼物

给予我们可爱的宝宝们"最好的东西"的最好的方式，难道不是使他们真正能够准备好应对这个正在迅速变化、相互关联的世界的挑战吗？这个急速变化的世界需要一种对待人与人之间的在态度上的根本转变。而这是我们在任何财政预算上都可以给予我们的孩子们的最珍贵的东西。

我们爱我们的孩子们的激情是无与伦比的。没有什么比抚摸着胖胖的可爱小手、亲吻他们蓬松、红润的可爱脸颊，以及让我们的手指轻轻地穿过天使宝贝们的毛发时的感觉更能让人感到幸福满意的事情了，虽然小宝宝们可能还在自得其乐打着小鼾。我们珍惜每一次短暂的柯达时刻，就像宝宝们，在他们的第一个生日庆祝时，他们用被蛋糕弄得脏兮兮的小手，将蛋糕涂鸦般地涂满整个脸蛋的时候，他们第一次笨拙地与奶奶的小狗——山姆接触时的样子，当然，还有它们迈出的那英雄般的、摇摇晃晃的第一步。

我们是多么地爱他们，我们希望他们能拥有世上最好的一切，为了他们，我们愿意以任何代价实现它。我们希望他们能有最轻柔、最温暖的袜子，最健康、最好吃的食物和最好的能给他们无限欢乐的玩具，并且想要将他们培养成小天才。我们甚至愿意百万次地放弃我们所有的一切，只是为了可以确保他们能够安全、快乐和很好地被照顾。

为未来培育我们的孩子

但是，超越那些身体的基本需要，我们知道这些天真可爱的小宝宝们在今天这个错综复杂的世界里真正需要的东西，以保证他们的快乐和成功吗？我们知道要给他们好的衣服、食品、游戏和娱乐，除此之外还有别的什么吗？今天的世界显然已不再是过去的世界，安全、幸福和成功的条件和我们还是孩子的时候已经大大不同。打开任何一张报纸的头版，很容易看到我们这些大人并没有很好地管理我们的世界。我们已经让事情发展到我们无法控制我们自己的行为产生的后果的境地。更糟的是，我们已为自己最坏的利己主义倾向创造了一个让其野蛮生长，并剥削利用周围的一切人和物的避难所。

然而，尽管我们陷入了这种不稳定的境地，我们仍然能够为我们亲爱的心肝宝贝，创造一个温暖、安全、充满爱心的环境直到他们走出爱巢的时候。但此后，我们唯一的选择就只剩下"该怎么样就怎么样吧"，这一无奈的选项，就像我们自己曾经在自己的生活中经历过的那样。难道没有什么我们能提供给我们的孩子，比如某种知识、态度或意识能够使他们塑造一个有着完全不同于报纸标题新闻所描写的那种冷漠和未来不可预见的世界吗？

因为我们的爱和对他们的热情是那么地绝对，这里只有一个答案：必然存在某种我们可以给予他们更美好的生活的某种东西，而我们必须找到它是什么，并把它交给他们。现在，让我们这些大人们清醒地思考一会儿：通过将他们和整个世界隔离，绝对不再是"解决"问题的方法，比如将他们尽可能地关在家里，禁止与外界的事物接触。此外，让他们长大后"像野草"一样没有规矩或毫无限制，或让他们觉得他们在看电影、广告和在互联网上看到的一切都是真实的，并且是可以仿效的标准显然也不是一个选项。当然，我们也无法控制巨大的、失控的广告行业或大众媒体，但是我们却可以向我们的孩子潜意识地灌输那些被如此宣扬的自私自利的、利己主义的目标和价值观是破坏性和不受欢迎的观念。

一种应对未来世界的新的方式

在我们这个前所未有的、全新的、全球化的世界里，所有人都开始发现自己已经变成一个涵盖世界每个角落、紧密结合、互相连接在一起的大家庭的成员，这已不再是一个"谁有最多的玩具谁赢"的时代，而变成了一个"谁能够分享他的玩具并喜欢看别人和他们一起玩的人会赢"的时代。

这就是那种，我们，作为家长，可以给我们的孩子们的最为迫切的新态度、知识和意识。这将是一个比任何最健康的婴儿配方或最昂贵的、由电池驱动的玩具卡车更有价值的礼物。而且这种宝贵的教育可以在任何年龄，甚至在孩子出生时就开始进行，因为就像所有的母亲都知道的那样，我们的孩子从他们出生的那一刻起，就是从我们这里开始吸收一切。他们从最初的那一刻起就完全浸泡在能量、思想和他们周围的态度之中，因为"灵魂没有年龄"。

因此，让我们从孩子们出生在这个世界上的那一刻起，就传递这些给予和分享的价值观给我们的宝宝们，并且让我们对他们的无限的爱变成一个永远不会停止的提醒。如果我们作为父母只坚持这一极其重要的任务，我们将很快看到我们心爱的宝贝们将会生活在一个真正的安全和幸福的世界中。

74

精神教育

大家都知道，世界的局势正变得越来越具有挑战性。但不要失去希望——在卡巴拉智慧提供的方法中，父母教会他们的孩子们付出爱，而在这个过程中，开始逐渐记起他们很久以来已经忘记的事情。

从其最开始，(卡巴拉式的)精神教育就一直是犹太民族的核心。这就是为什么犹太人又被称为一个"书的民族(Am HaSefer)"的缘故。精神教育一直是犹太社会存在的不可或缺的手段，它构建了社会并且成为其内在的一个重要元素。

事实上，从《托拉》Torah(圣经前五章)的接受到第二圣殿的毁灭，在这期间以色列不论老少，大家都生活在团结统一中，并且清楚地感知到那个更高的力量的存在。摩西在这个民族中建立了精神教育系统，而且儿童从很小的时候，就基于其与更高世界的根源的关系了解现实是什么。据说从北方的Dan到南方的Beer Sheba，没有一个孩子不对人性的纯洁和瑕疵有所了解的。

在这里纯洁和瑕疵并不涉及物质层面的概念，而是与内在于我们的这种不纯净的利己主义的力量，以及与那个纯洁的给予的力量有关。换句话说，甚至连这个民族中最年轻的人都经历着那种崇高的精神状态。

正在不断升级的危机

然而，第二圣殿被毁坏之后，这个民族也失去了与精神世界的那种有形的感知，但是精神的重要性仍然深深根植于这个民族的人民内心中。即使在精神流亡期间，每一个犹太孩子都知道如何读、写和计算，并被教授如何写作。卡巴拉学家们创立的这种团结的教育，使处于分散状态的犹太人即使是在流放期间也都团结在一起。

尽管教育曾经产生了伟大的繁荣，但是，在今天，教育的重要性却正在迅速下降。报纸上到处充斥着校园暴力、滥用药物、抑郁以及青少年迷失方向的新闻和描述。年轻人对价值观越来越不在乎，似乎想要某种比这个世界可以提供的更多的东西。

此外，教育的危机是一个更大的、全球性的危机的一部分。卡巴拉学家们解释说，**危机是一个人类利己主义增长到了不再能够在这个世界的物质追求的框架下满足它的一个外在表现。**

另一个有关这个自我膨胀的例子，表现在日益扩大的代沟，这在过去的一个世纪中开始加速。今天的年轻人已不能和他们的父辈相处并且认为大人们已经过时。因此，一方面，我们不明白如何抚养我们的孩子，并满足他们不断在变化和增长着的需求。另一方面，年轻人又缺乏和上一代沟通的方法。现在，比以往任何时候我们都迫切需要一种方法，一种能够作为一个统一的、快乐的社会的基础的方法，在其中所有相关各方都能找到自己的位置并一起为了一个共同的目标而努力。

给予和爱的法则

卡巴拉智慧正是有关作为达成那个更高力量的手段的教育以及社会建设的智慧。卡巴拉学家们在他们的著作当中揭示出每一个人都应该经历一种以精神为基础的社会的演变。正如每个灵魂都从其精神世界的环境中接收到它的需要一样，一个人在他或她的生命中的每个阶段中都要接受适当的教育。

在一个基于卡巴拉智慧的原则建立的社会当中，我们可以从小学习在一个更深的层面上了解并珍惜生命。我们将会明白这个世界比我们的五官可以感知到的要丰富得多得多。从很小的年龄开始，我们将通过游戏和示例学习去找出控制现实的原因和那些潜在的力量。因此，我们将会知道爱和给予的精神法则，学习如何正确地使用它们，并能够与自然在和谐与平衡中共存。

最美好的未来

儿童只能模仿他们从大人的行为中观察获得的东西。适当的教育仅来自于个人的模范示例。在当今世界中，存在的问题之一，就是我们的实际行为和我们所教育的行为法则相对立。例如，虽然我们都教授给予和分享的利他主义价值观，但实际上我们自己在社会上的行为却与之恰恰相反。

这种矛盾在孩子们心中会引发混乱，导致孩子对他们父母的不尊重。然而，在一种基于卡巴拉智慧提供的原则的教育系统中，父母个人的利他主义的价值观的示范将与他们的教育原则和谐一致。真正的教育将会源自于一种共同的责任；而这反过来，将使各代人通过共同目标团结在一起。

父母们将会明白这种言行一致性会为他们的孩子创造一个最美好的未来。因为他们对后代的爱，他们将致力于适当的行为表现。同样地，儿童们将浸泡在爱和给予的价值观中，并从他们父母的给予行为中获得个人学习的榜样，这样他们就会渴望作为社会的积极成员并融入到社会中来。他们将和成年人一起承担他们的责任并一起为一个蓬勃发展的社会而共同奋斗。

最后，这种精神的教育将促进社会变成一个完整的有机整体。此外，精神教育将大大地改变生活质量。年轻一代将会利用从成人那里获取的经验，并在其自我爆发时期，能够使用他们学到的例子，知道如何去克服他们自己的自我。通过这样做，年轻人将会赞赏上一代并用爱和尊重在他们之间创造出一种更强大的结合力。

卡巴拉学家们总是渴望着未来社会可以建立在精神教育的基础上，在今天，这种未来社会可以被建成的时机已经成熟。这只需要培养一代人来"启动"这个过程即可实现。

而这，反过来，将创造一个统一的社会，一个不会存在代沟的社会。过去和现在的几代人都会互相支持，每一个人都将是对方成功的保证者。老一代人将为新一代人做出典范，而这种教育年轻一代精神价值的需要将迫使老一代表现出正确的行为。因此，这样他们将在共同目标的指引下，相互配合，共同走向一个更高的现实。

XII

以色列人，你到底是谁？

据统计，1901至2001年的100年间，共有680位诺贝尔奖获得者，其中有一个民族的获奖者为152人，比例高达22%。这还不包括那些原子弹和氢弹之父们，也不包括像马克思、弗洛伊德、毕加索、卓别林等这些影响了世界的巨人们。而这个民族的人口却不足世界总人口的0.3%。如果推举一个影响世界最深刻的单一民族的话，那么，非这个民族不可，这个民族是谁呢？这个民族就是神秘的犹太民族。世界上几乎所有的宗教、哲学、政治、经济、科学技术，甚至战争和苦难都与这个神秘的民族息息相关，为什么？实际上，这个民族承载着一个还一直向人类隐藏着的秘密，一个有关宇宙创造和每一个人的终极命运的秘密，而这个秘密揭开的时刻今天已经到来！

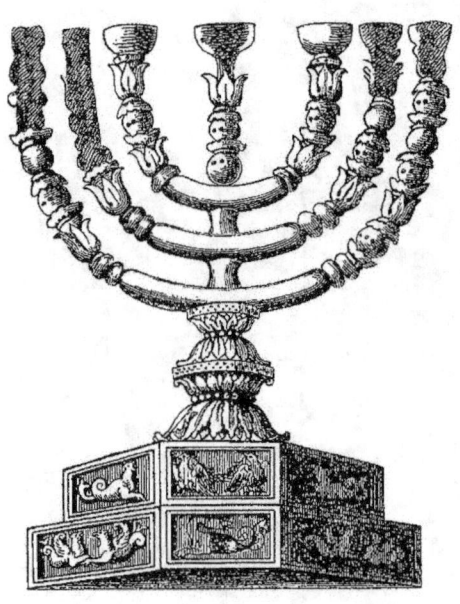

75

你到底是谁，以色列人？

据统计，1901至2001的100年间，共有680位诺贝尔奖获得者，其中有一个民族的获奖者为152人，比例高达22%。这还不包括那些原子弹和氢弹之父们，也不包括像马克思、弗洛伊德、毕加索、卓别林等这些影响了世界的巨人们。而这个民族的人口却不足世界总人口的0.3%。如果推举一个影响世界最深刻的单一民族的话，那么，非这个民族不可，这个民族是谁呢？这个民族就是神秘的犹太民族。世界上几乎所有的宗教、哲学、政治、经济、科学技术，甚至战争和苦难都与这个神秘的民族息息相关，为什么？实际上，这个民族承载着一个还一直向人类隐藏着的秘密，一个有关宇宙创造和每一个人的终极命运的秘密，而这个秘密揭开的时刻今天已经到来！

开始

在五千多年前的巴比伦，一种微妙而深远的变化正在发生。在那个时候，两河流域的美索不达米亚是一个孕育现代文明的熔炉和摇篮。

在这个阶段之前的时间里，人们只是满足于他们的基本需要，他们过着简单的生活，并满足于在他们的头顶有瓦，以及有必要的营养物品即可。他们并不渴望诸如职业生涯或较高的社会地位，等等。

但是5000年前，人类逐渐开始感觉到生活不再令人满意。这种意识标志着人类在全球的进化过程中的一个根本性变革的开始。

当这种改变开始时，美索不达米亚在几个方向上开始迅速发展。货币交易、贸易、税收的发展，为现代农业奠定了基础。随之阶级出现了，阶级之间的差距逐渐拉大，人们被分成哪些是拥有更多的人，哪些是拥有较少的人。

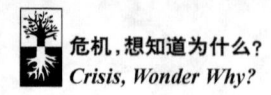

根据卡巴拉智慧，人性的本质是利己主义，也就是自我对快乐的渴望。这解释了人类在当时经历的那个巨大的变化以及快速的文化和技术进步产生的动力。

巴别塔

利己主义的自我的爆发产生了一系列关键的变化。看起来，好像巴比伦人已经被注入了一剂"利己主义兴奋剂"，促使它们表现出无法控制的行为。

直到那一刻之前，巴比伦人与人之间都一直习惯于简单的人际关系，并和平而平静地生活在一起。他们作为一个单一的民族，说着同一种语言。事实上，他们就几乎像亲戚一样，就像在(创世纪11:1)描写的那样，"而且整个地球只有一种语言并说着同一种声音"。

因此，当这个没有预先警告的利己主义爆发过程突然开始影响他们，巴比伦人并没有做好准备，并且他们也不能了解为什么它会发生。这看起来就好像有一只看不见的手，正在将他们像傀儡一样操纵着，而他们却不能控制它。

在这个变化之前，巴比伦人就已经向偶像和大自然的力量祈祷。在某种程度上，他们都被对他们开发出的那些偶像的恐惧和敬畏控制着。但现在，他们决定改变这个游戏的规则。这非常像一个反抗其父母的孩子，这些巴比伦人受到自我的驱使，开始反抗来自上面的更高的力量。他们试图给自我一个比创造者更高的位置。这种对抗在(创世纪11:4)中被表达为建造一座通向天空、甚至超越天空的通天塔："他们说：来，让我们为自己建造一座城，和一个塔，其顶部直达天堂，并且让我们为我们自己赢得一个名字。"

这个通天塔，是一座规模巨大的建筑，象征着他们的自我想要主宰自然的冲动。巴比伦人试图征服的天空象征着那个更高的力量。

这次自我的爆发引发了几种其他的现象，创造出了一系列没有人能够控制的连锁反应。就在这次爆发后不久，那些巴比伦人相互之间变得不再能够互相了解。从拥有一种共同的语言，开始发展出了多种语言，并且人们变得越来越相互疏远，被迫分散到世界各地。这个不断增长的利己主义就像一把刀一样将人类分开，而且每一个人都变得越来越以自我为中心，不顾别人的需要。随着时间的推移，实际的剥削开始出现。

顺带提一下，"巴别塔"名称的起源是Balal一词(希伯来语：混淆、混合的意思)，以语言的混乱命名(创世纪11：9)："所以，它被称为巴别塔，因为耶和华在那里混淆了整个地上的语言；并且耶和华将他们分散在全地上。"

亚伯拉罕的道路

亚伯兰(Avram)，特兰的儿子，在当时和任何其他巴比伦人并没有什么不同。他也是一个偶像崇拜者。此外，亚伯兰的家庭以制造偶像而闻名并受到尊敬，并通过售卖偶像过着很好的生活。

亚伯兰的自我，也同样开始增长。然而，亚伯兰不同地应付了这个新出现的情况。那种对偶像的力量的普遍信念并不能使他满意；相反，他想要得到更多。

因此，亚伯兰发现了先前没有人发现的东西：他了解到人们在自然地屈服于利己主义的自我，而自我现在正在操纵着他们的生活。此外，他发现人们可以使用这一相同的自我创造出一种积极的变化。他观察到那些巴比伦人，直到最近之前都像亲人一样生活着、现在却变得越来越疏远，并且试图教导他们如何彼此实现团结，尽管利己主义已经爆发。

亚伯兰(Abram)试图向那些巴比伦人解释，如果他们把兄弟友爱置于他们正在爆发的自我之上的话，他们就能获得和那个更高力量在更深层次的结合。亚伯兰的教义的本质是，自我的作用不是要将他们驱使得越来越相互疏远，而是要加强他们彼此的爱和团结。亚伯兰教导他们，正是通过维持那种团结的努力，那个更高的力量将在他们当中被揭示出来。

作为他已经达成创造者的崇高的标志，亚伯兰在他的名字当中，添加了一个希伯来字母Hey(Hey是一个象征着上帝的字母)，并被称为"亚伯拉罕"(Abraham)。他开始将他的方法传播给任何对它感兴趣的人。唉，可惜的是，只有极少数巴比伦人选择了听从历史上第一个卡巴拉学家的教诲。

那些跟从这次精神变革的人就是最早将他们自己组成一个团队并在最后一起成为以色列民族的卡巴拉学家们。它的成员们学习亚伯拉罕发现的教义，在一个著名的帐篷里，他与他的妻子撒拉一起教授亚伯拉罕的发现。

在Bereshit Raba，Va Yeshev里是这样描写他们的："先祖亚伯拉罕将他们引

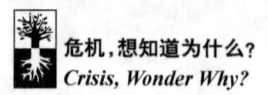

到他家里去；他会给他们提供食物和饮料，然后他会将他们带得越来越接近，并且最终他将他们引领到神的翅膀下。"

对于那些还不具备接受他的方法的条件的人们，亚伯拉罕开发了与他们的灵魂的根源相适应的替代方法。以下的经文描述了亚伯拉罕是如何向东，也就是今天的远东地区，打发他的信使们的，今天的东方教义就是从那里衍生而来的："亚伯拉罕将一切所有的都给了以撒．但他也给了他庶出的众子们各种礼物，并且就在他还活着的时候，打发他们离开他的儿子以撒，往东方去。"（创世纪25：6）。今天的所有宗教都是亚伯拉罕教义向外衍生的产物。

亚伯拉罕，以色列民族之父

亚伯拉罕被视为"以色列民族之父"，因为他在传播卡巴拉智慧的过程中创立了以色列民族。那些跟随亚伯拉罕的道路的巴比伦人成为了一群卡巴拉学家。这个团队不断增长，直到最后变成为"以色列民族"。所以，以色列人不是常规意义上的一个民族，不是在遗传基因或种族或地域文化基础上组成的民族，而是指任何具有想和创造者直接连接的愿望的人，这是不分种族，宗教和文化背景的，因为那时的巴比伦实际上就是全人类的缩影。

将他们这些人结合在一起的就是历史赋予他们的使命和目标——作为上帝的选民，施行亚伯拉罕的精神方法，做全世界的"光"。而且这个团队因其精神成长的方向而获得"以色列"这一名称：Yashar(straight直接)El(God上帝)，意思是"直接与上帝连接，连接更高力量"。

巴别塔——利己主义最后的(也是最高的)发展阶段

过去150年以来，我们的生活状态已经开始变得和古巴比伦颇为相似。第一波工业革命结束以来，演变中的世界开始在每一个可以想象得到的领域中加速发展：电子、通讯和媒体、经济、美食、奢侈品、计算机和高科技，也包括民主。

第一次在古代巴比伦爆发的那个自我，在20世纪初，达到了其演化的最后阶段。今天，自我的演变比以往任何时期，都增长得更快，而且它仍在更加快速地增长当中。

就像在巴比伦的情况一样，今天越来越多的人，正在寻求超越我们的这个世界可以提供的最强烈的快乐以外的某种东西，虽然他们不知道这某种东西到底是什么。就像亚伯拉罕一样，很多人开始了解到向自我的盲从注定要失败。在这方面的进步尝试使得很多人觉得必定有另一种更好的存在方式，生命不应该毫无意义。这种不满足正是目前在全球范围内快速蔓延的抑郁症发生的主要原因。

而且，与现代人在过去的一百年左右时间内经历的内在危机同步，外部的现实也已变得越来越不受欢迎。在过去的一个世纪，我们目睹了两次世界大战以及随后数十年的冷战、恐怖主义、核灾难、贫困的蔓延、生态灾害以及几乎在所有的人生领域中都在发生的全面危机。所有这一切都越来越支持应该在一个更深入、更具包容性的层面发现对这种情况的解决方案的必要。今天，人类不得不开始承认其面临的这种消极状态，就像亚伯拉罕在他的时代经历过的那样。

现在全球危机已经将这个世界放在了和古巴比伦在5000年前的同一个位置。在他们的那个时代和我们现在的这个时代之间存在的本质区别，在于其规模，从地域上讲，已从巴比伦扩展到全球，从人口数量上已扩展到全球范围的数十亿人，并且准备好理解并实施亚伯拉罕开发出的方法。

为现代准备的古老方法

在古代美索不达米亚，很少有人采用这种亚伯拉罕在当时发展出来的在利己主义的自我之上实现团结的方法，这个方法在现在被称为"卡巴拉智慧"。因此，自那时以来，人类的进化被划分为两个关键的路径：以色列和人类的其他民族。

亚伯拉罕创立的由卡巴拉学家们组成的团队的目标是发展卡巴拉的方法，培育它并等待人类开始认可它并需要它，正是人类自己不断增长的自我造成了所有"错误"事情的发生并使人类发展到了准备好接纳它的时间的出现的今天。

亚伯拉罕知道在我们的利己主义演化的最后阶段，人类会陷入一种绝望和

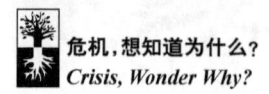

无助的境地。他明白只有到那时，人类才愿意倾听并采用他发展出来的这种方法。

亚伯拉罕的团队的职责是将他的方法应用于以色列民族身上，并由此为全人类树立一个榜样，在世界各地传播他的方法。这就是这个团队，也就是以色列人的唯一使命和存在的目的。这也是以色列为什么被称为"各民族的光""一个被拣选的民族"等称谓的缘故。

在上一个世纪的两个最伟大的卡巴拉学家——亚伯拉罕？库克和耶胡达？阿斯拉格——都宣称在20世纪结束时，实现这一使命的时间将开始。

巴拉苏拉姆在他的著作《最后一代人》中说：**"犹太人应该为其他民族呈现某种新的东西，而且这也是他们期待从以色列人返回其土地后得到的东西。它不是有关任何其他智慧的东西。"**

Kook导师在*Letters of the Raaiah*中补充说道：**"以色列的灵魂只有在其发挥其神圣的精神力量时才能绽放其最大的光辉，这种力量正是它的内在的精神力量。而这正是以色列民族被创造者赋予的角色，而且为了全世界的救赎和拯救，还将扮演其他民族的光的角色。"**

只有通过将今天的以色列人之间的相互关系从毫无根据的仇恨改正为一种爱邻如己的兄弟友爱，我们人类才可以被提升到人性的顶点，并为人类经历的所有苦难提供答案。

就像当时的巴比伦人中跟随亚伯拉罕的人们一样，今天的以色列人必须超越其自我并且团结在兄弟般的友爱当中。通过这样做，以色列人将为全人类树立一个榜样，而且将证明只有这一改正才能结束战争帮助全人类实现人类几千年来追求的真正和平，获得完美永恒的生命。

值得指出的是，精神意义上的以色列并不是指遗传意义上的以色列人或现在的犹太人，任何一个人不论其文化、宗教、国家、民族、肤色、信仰、背景如何，只要他/她心中追寻生命意义的愿望开始在心中浮现，他/她就被称为"以色列人"，毕竟"以色列"指的是一种想与创造者，也就是自然或更高的力量直接连接的一种愿望。

76

现代巴比伦的喧嚣

全人类团结如一人的想法已不再只是儿童故事中的想象。早在巴比伦时期，就有人为人类的团结准备了一种方法。今天，我们的这个危机四伏的世界比以往任何时候都更需要这样一种方法。

我们就像一堆核桃，被装在一个捆扎在一起的麻袋里。这种级别的团结没有办法将我们变成一个有机整体。麻袋的每一次轻微移动就会使他们在袋中移动并互相分离。因此，他们一直以来都只是部分地连接和聚集着。而他们所缺乏的就是来自内在的自然的团结。而现在任何造成他们团结的所有力量，都只不过是来自于外部的压力。这是非常让人难过的。

——耶胡达·阿斯拉格（巴拉苏拉姆）HaUma（民族）

团结——就是某种我们不时体验到的，将我们带到一起就像一个人时感知到的东西。我们每年都以自己的方式，庆祝犹太节日，我们也分享很多植根于我们的文化的集体经验。

但是这种体验还不足以使我们变成一种真正意义上团结统一的人。正如巴拉苏拉姆(Baal HaSulam)的上述比喻所表达的，从旁观者看来，我们就像麻袋中的核桃一样，只是靠麻袋布将我们机械式地捆绑在一起。任何从外面来的敲击都会使我们在袋内动来动去，并且只有靠着外在包裹的压力，我们才暂时被迫"团结"起来。当外面没有任何压力时，我们就开始分崩离析。

很明显，这样的团结并不能真的使我们有一个整体的感觉。

什么能使全人类变成像一个人一样团结在一起呢？

231年前，一个国家宣布了它的独立。其居民来自欧洲、非洲和亚洲及世界各地。他们中有犹太人和基督徒，还有很多其他宗教和民族背景的人们，他们都是为了来到这个"有着无限的机会"的土地而离开他们自己的家园的。

这些人，被语言、信仰和文化分隔着，但有一件事却是共同的———一种对新的和更光明的未来的强烈渴望。为此，他们弥合了他们之间的分歧和不同，建立起了一个庞大的贸易体系。这个国家就是美国。

由不同民族组成的美国人民聚集起来，很大程度上是要建立一个基于盈利能力和效益的国家，而欧洲国家则不同，它们是基于共同的种族背景。英国、法国、俄罗斯、德国和其他国家，都主要是由同一种种族部落组成。对这些国家来说，共同的起源是那个将他们团结在一起的力量。

我们也会很容易认为犹太人也是因为分享某种共同的起源而形成的"民族"。但是，就遗传基因而言，这个世界却找不到任何所谓"犹太人"的基因。

另一种类别的团结

要了解"犹太人"是基于什么建立起来的，我们需要来一次短暂的旅行回到约5000年前的古巴比伦。美索不达米亚，尤其是其首都，巴比伦，是一个很像今天的纽约这样的一个熔炉。事实上，在许多方面，美索不达米亚是人类文明的摇篮。在当时，人类是一个宗族的聚合体。一种像动物一样亲密的本能使人类非常靠近彼此，就像一家人一样。

但随着时间的流逝，人类的利己主义不断增强，并使得人们开始彼此疏远。人们变得越来越只关注其自身的利益，而无视他人的需要。经过一段时间，剥削和仇恨出现了。

巴比伦人中的一个人看到了人性的这种变化，人类开始从一个温暖的大家庭，渐渐变成了一个为了利己目的剥削利用别人的巢穴。但这还不是他所看到的一切。亚伯拉罕认识到在其自私自利的表面下，人类，实际上，是一个单一的、完整的实体，就如同人体中的细胞之于人的身体一样。

亚伯拉罕了解到了一个关键点：一旦人类超越其自我为中心的利己主义并重新团结统一成一个实体的话，它将和那个将创造的所有部分绑定在一起无所不包的力量——也就是创造者相匹配。

掌握了这种新的观点，亚伯拉罕开始发展出一种能让所有人都能超越其利己主义的自我和创造者连接在一起的方法。但是，亚伯拉罕的同时代的人却很少表示出任何改正自己的自我的热诚。而那些少数按照他的方法行动的人实际上就是历史上的第一个卡巴拉学家团队。最终，这群人发展成我们现在知道的"以色列人"。

他们为什么被称为"以色列"？Ysrael(以色列)是两个字的组合：Yasher(直接)和El(上帝)组合而成。因此，以色列意为"与上帝直接连接"的人。这个名称暗示了以色列人民之间曾经拥有、将来要达成的团结的本质：一种超越种族、国籍或个人利己主义的因素的深刻的、永恒的与自然本身(上帝，在卡巴拉，上帝等同于自然)的连接。

远离公众的视线

由于人类的利己主义正在不断膨胀到新的高度，曾经团结的以色列人也渐渐失去了他们的团结，进而丧失了与那个无所不包的创造者的联系。这种情况发生在两次被称为"第一和第二圣殿的毁灭"的阶段。

最终，只剩下极少数人可以仍然可以感觉到那个无限的自然。而在大约两千年的时间里，远离公众的视线，这些我们称之为"卡巴拉学家"的人们，继续发展着亚伯拉罕的改正方法，使其能够适应人类的(现在依然在增长)日益增长的自我。

因此，多年来，正宗的卡巴拉一直笼罩在神秘、误解当中，并且在后来，甚至被商业化玷污了其智慧的纯洁性。

卡巴拉学家们一直在准备着当人类达到其利己主义的巅峰的时间的出现。因为只有那时，人类才会成熟到准备好并愿意使用且只使用卡巴拉作为一种改正利己主义的方法。现在，已是那个时候了。

生活在现代的巴比伦

今天，我们的生活并非远不同于那些住在古代巴比伦时期的人们。不可否认，我们有大量的食物、衣服、高科技通信、高速运输和诸如此类的产品。然而，我们的世界却被淹没在腐败、仇恨、隔离、恐怖主义和各种其他形式的威胁当中。我们对仇恨和痛苦已变得如此习以为常，除了愤世嫉俗之外，像"人类的爱"这样的理想听起来不只荒谬，甚至不可想象。

全球危机越升级，就会有越多的指责的手指开始指向以色列，即使他们根本不了解犹太人，生活看起来与犹太人也没有什么联系。理由很简单：自然就像一块位于在其领域的中心的磁铁一样，将它的所有组成部分都拉向它并纳入统一。但要被吸引到中心，我们需要执行由以色列人发展并保护着的那种改正或团结的方法。只要我们一天不使用这种改正方法，全人类将仍然深陷在利己主义的泥潭中，而我们人类相互之间以及人类和自然之间的紧张关系将会继续加剧。结果，有意识或无意识地，其他民族都在迫使以色列开始其改正。

以色列人必须认识到他们拥有的这种智慧的好处并将其付诸实施。真实的卡巴拉智慧与任何其他种类的神秘主义或宗教信仰都无关。它是一套相当系统的科学方法，并根植于自然本身，它的精髓实际上是通过掌握自然规律，并通过遵循自然规律，将人类提升到其下一个更高的存在层面。

当我们想恢复我们内在的这种团结的那个愿望出现时，我们将会发现那种自然的爱正在等待着全人类，并将洒满人间。用先知以赛亚的话来讲，以色列人将成为"各民族的光"。

77

《圣经》到底在告诉我们什么？

创作一部人类历史上最伟大的畅销著作需要什么？很明显，它就像去发现一个完全没有语言可以表达的新世界，而又不得不从我们这个世界找到词汇来表达它。

但这还不是全部，《圣经》的作者摩西在婴儿时被古代埃及统治者、法老的女儿在尼罗河畔发现躺在纸莎草纸堆的包裹中，并被捡回到法老的宫殿。就像一个王子一样，他在法老的宫殿里，被抚养长大，拥有着每个人能够希望拥有的一切。但是有一天，摩西发现他不再能够生活在那种状态中，从而踏上了一个使他探索发现更高世界的旅程。

而且，尽管摩西发现自己处在不同的地方，但他所发现的那个更高世界根本不是这个地球上的任何一个物理的地方。而是一个有着全新感觉的、我们常规的五种感官难以达到的内心世界。

当我们想到"世界"时，在我们的脑海中会弹出来的图片很可能是充满了各种各样的物质对象的某个浩瀚的物理空间，里面充满了诸如各类植物、动物和人类等等。然而，那个更高世界却是通过一个人的内心感觉到的，在那里，一个人和位于通过我们的五官感知到的被称为"我们的这个世界"的背后的驱动现实的力量连接上。而且在那个更高世界的最高层面，一个人发现所有力量都连接成为一个单一的、无所不包的更高力量，被称作"更高之光"。

《圣经》语言的秘码：用的是这个世界的语言，表达的则是那个更高世界的事情

即使摩西在几千年前就写就了被称作《摩西五经》的《圣经》中的前五

章，又称《托拉》(Torah)，《圣经》至今仍然是我们这个世界上最著名的著作。它最初是由希伯来语写就的，它的希伯来语名称《托拉》(Torah)，可以让我们更深入地了解它真正的意义和目的：来自希伯来语的Ohr代表"光"，而Hora'a是指引、指导的意思。因此，这本著作描写的是如何感知摩西所发现的那个更高世界的更高之光的指南或"光"的使用说明书。

但由于在那个更高世界中没有文字可以表达，《托拉》使用的是我们这个世界的词汇，但描述的则是那个更高世界的事情。那么，我们通常的词汇如何可以被用来描述那个更高世界的事情呢？卡巴拉智慧解释说，内在于那个更高世界的精神力量控制着我们这个世界上发生的一切，因此，每一个在那个更高世界里存在的力量都会在我们的这个物质世界有所显现。在那个更高世界的力量被称为"根"，而它们在我们这个世界中的显化部分被称为"枝"，他们通过因果关系形成了精确的对应关系。因此，《托拉》使用的语言被称为"根枝语言"。

其操作原理是这样的：当摩西想描述在那个更高世界里的某种事物时，他用其在我们这个世界里相对应的"枝"的事物来表达。例如，如果一个精神的对象在我们的这个世界显化为一块石头，他就将该精神对象称为"石头"。所以"石头"一词，指的并不是我们在这个世界看见和感觉到的某块石头，而是指在我们的这个世界体现为"石头"的同一个作为石头的精神的"根"。

以这种相同的方式，《圣经》中的每一个字眼描述的都是在那个更高世界里所发生的事情。当以这种方式阅读《圣经》时，这本著作就是以作者本来想揭示给人类的正确方式阅读：即作为一个人开始精神世界发现之旅的指南。

当词汇失去了它们的含意时

自从摩西写就这本不朽的著作以来，时间已经过去数千年之久，不幸的是，随着时间的流逝，《圣经》的卡巴拉式含意已渐渐地被人们遗忘。人们阅读它，不但不是为了进入那个更高世界、感知更高之光，反而，许多人开始认为这本著作谈论的是有关我们这个世界里的事情：是关于人与人之间的关系、道德说教或者是有关如何安排我们那些世俗事情的建议等。其他一些人则认为这本著作是一本叙述历史的著作。不管怎样，这些都是对《圣经》文本的严重曲解，因为它是用"枝"语言写就的描写那个更高世界的著作。

然而，考古证据证明《圣经》中所描述的历史事件确实曾经发生在我们这个世界里，那么，卡巴拉学家们还坚持没有任何事件实际发生在我们这个世界里吗？不，刚好相反：他们帮助我们看清楚为什么这些事件由于其因果关系都不得不曾经发生在我们这个世界里。

正如上面所说的，在这个世界的每个事物和事件都是由位于那个更高的精神世界里的"根"引发和控制着的。因此，如果存在一个精神的"根"事物，它也必须以"枝"的方式体现在我们的这个世界里，这就是为什么，虽然《圣经》所描述的只是有关那个更高世界的"根"事物，那些相应的"枝"事件也必须发生在我们的这个世界里。所以《圣经》描写的也确实包括某些"历史"事件，但他想表达的却不是"历史"事件，而是相应的精神世界的事情。

正确地阅读卡巴拉著作

这里的关键认知是卡巴拉学家们认为那些精神的对象和事件，也就是"根"，远远比它们的"枝"，也就是在我们这个世界里被感知到的结果重要。他们解释说，像摩西这样一个已经达成那个精神世界的杰出的卡巴拉学家写就的著作，不可能只是出于某种简单地告诉我们有关历史或道德伦理这样的简单目的。相反，他唯一的目的应该是向人类揭示那个更高世界，以帮助我们用他同样的方式去感知到它，从而帮助我们实现我们生命存在的最高目标。

因此，正确阅读《托拉》或《圣经》的方法是将它的每一个字都看作在更高世界里才能发现的某种精神力量。这样，一个人就会逐渐和那些力量连接上并最终感知到它们，就像摩西曾经感知到的一样。

那些已经发展出了能够感觉到那个更高世界的人被称为卡巴拉学家。当他们阅读《托拉》时，他们不会将读到的东西想象为某个历史事件或是道德说教。相反，他们能够清楚地感受到那些精神的力量是如何控制着我们以及我们周围的一切的，并且感知到所有事物是如何和那个无限的、完美的更高之光团结统一在一起的。

78

为什么我们至今还没有读懂《圣经》?

《圣经》语言的秘密－根枝语言

那些影响我们的世界的法则起源于最高的精神领域，这些法则下降到我们所经验的这个现实世界中。但是在这个下降过程中它们失去了原本的美丽和优雅。卡巴拉智慧教会我们怎样去重新发现这种美丽，怎样去复活我们的精神世界。

要在我们这个世界弄明白这种现象，我们首先必须要了解它们的起源。如果公正地去审视现实，我们不得不承认，我们其实对于万物之所以这样运作的方式至今还是一无所知。在人类的所有知识领域——精密科学、社会科学、医学或文化方面——我们都不能准确而透彻地解释为什么万物会以它们自身的这种状态呈现出来。如果能的话，我们就能在未来避免厄运的发生。

一旦事情有所差错，我们就会找出一千个不同的理由来开脱。最终，再完美的想法也不过是某种基于不确定的假设算计出来的东西。有很多这样的例子："要是我昨晚出门的时候不是因为扮酷而穿着皮夹克，而是穿上我暖和的大衣的话，我今天就不会感到不舒服"；"由于巨大的贸易逆差，美元正在贬值"；"尼克斯队输掉了主场比赛，因为球员们在主场的压力更大"。

要想真正弄明白万事因何发生、又是如何发展的，我们应该更深入地探究其根源而不能仅仅停留在事物的表面上。我们需要一个能够探入到灵魂深处、从原因层面而不是结果层面上去揭示事物运行方式的工具。而卡巴拉智慧就是进行这种深度探测、用于反省和自省的内在"哈勃望远镜"。

卡巴拉智慧是一种研究工具。人们如果运用得当，就会被赋予了解有关物质和精神世界的所有现象产生的根源的能力。

卡巴拉并不把现实世界看作各种随机事件的混合，而是根据那些绝对的永恒的自然法则来描述世界万物和各种事件。而且，直到人们开始将卡巴拉运用于其生活当中，这些法则才能为普通人所察觉。结果，一种对现实世界的新的领悟出现了，随之而来的，人们也具备了一种改变现实世界的能力。

就拿地心引力来说，如果我们从椅子上跳到地板上，这可能只是一个小冒险；但是如果我们是从十层楼高的建筑顶层往下跳，其结果大概就是一场悲剧。在这个例子中，其错误行为和因此导致的结果是立即显现的，所以我们很容易直接将结果与原因联系起来：那个人死了是因为他从十层楼高的建筑顶层跳了下来。

但是，如果那个人在落地的瞬间没有死去，将会怎样？如果他站起来，拍拍身上的灰尘，走开了，但是一年后却突然死去，而且与他十二个月前的跳楼没有任何明显的联系，这又将怎样？他又如何才能知道他不应该跳楼呢？

他需要一种方法来告知他，其跳楼行为在一年时间内可能会导致的结果。而这正是卡巴拉所研究的——观察事物的原因和结果之间的关系。用卡巴拉的术语说，它揭示了物质的枝(结果)和其精神的根源(原因)之间的联系。

万有引力是一种法则，它不容回避也不容欺骗。然而，我们能够学习这种规律并利用它来为我们服务。但是如果我们并不知道它的存在，如果我们看不到万有引力和其结果之间的联系，我们又怎么能避免从高处落下呢？

或许刑事法律中最基本的原则就是：对法律的无知并不能使一个人免除罪责。同样，你也不可能在跳下高楼的同时说："哎呀，不好意思，我不知道……"

卡巴拉所阐述的法则也同样严格。这些精神法则和物理法则之间唯一的不同就是：因为我们和精神世界缺乏联系，我们看不到这些精神法则。就像你我与这个物质世界有着确定的联系一样，对于一个与精神世界有着确切联系的卡巴拉学家，这些法则就如同万有引力定律一样清晰和真实。对于一个卡巴拉学家来说，忽视这些法则就如同一个人从十层楼高的建筑跳下来一样，结果可想而知。

根和枝的法则

我们要探讨的第一个法则就是"根和枝的法则"。这种法则决定了精神世界发生的每一件事情都会同样呈现在这个物质世界里。卡巴拉学家们向我们呈

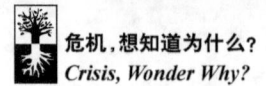

现了一个我们当前毫无察觉、而对于他们自己却十分具体的更高世界。他们把他们看到的那个世界叫做"原因的世界"或"根源的世界"，而把我们的这个世界叫做"结果的世界"或"枝节的世界"。

卡巴拉学家告诫我们：我们所思、所感、所想、所看、所闻的一切都是在更高世界被预先决定的。耶胡达？阿斯拉格在他的文章中把这种法则描述为"卡巴拉智慧的精髓"。根据他的观点，"没有任何一个现实的元素或现实中的任一事件，不能在更高世界找到与之相似的元素的，这就像池塘中的两滴水一样类似，它们被称做'根和枝'，它说明，在更低世界的元素被看作更高世界具有同一性质的元素的枝，而更高世界的元素则是更低世界的同一元素产生的根源，因为更低世界的元素都来自那里并在那里形成的。"

通过学习卡巴拉，我们能够对这个更高的系统有所影响，而最终改变我们的命运。首先，我们需要去了解这些系统的运行方式，然后我们才能知道我们自己如何去运用它。所有的卡巴拉著作阐述的都是关于更高的精神世界的运行法则，这些能够帮助我们找到我们灵魂内部的活动，而一旦我们在灵魂中发现了它们，我们就能够"操纵"它们，从而最终改变我们的现实。这就是卡巴拉学家们在谈论Tikkun(改正)时所指的。

79

《光辉之书》——世界真正的奇迹

从古至今，世界"奇迹"的数量在不断增加。人们常常对那些给人们带来视觉满足的人工建筑赞叹不已。这些建筑带着谜一样的风情，让人们以自己作为人类而感到自豪。然而，存在另外一个真正的奇迹……

但是如果有人告诉你，有一个真正的奇迹一直被人忽视，而它就是一本书。你也许会怀疑地说："得了吧，一本书？书怎么会是世界奇迹呢？"

《光辉之书》(Sefer Ha Zohar)——几千年以来，这本书迷住了年轻人和老人、教徒和无神论者、哲学家和学者们，它的吸引力还在不断增强。事实上，"光辉"(Zohar)这个词是在互联网上被搜索得最多的词语之一。那么，这本书的内容究竟是关于什么的呢？这本由亚拉姆语和希伯来语写成的书究竟有什么特点能让人们屏息，并说一声"WOW！"呢？

光之河

"Zohar"在希伯来语中是光辉、光彩或者光芒的意思。《光辉之书》就像一条从伊甸园流向人们心中的河。那些敞开心扉的人会被河水洗涤，得到净化，开始拥有能够"看见"的能力。

我们常听说卡巴拉就是《光辉之书》。为什么呢？实际上，这本书由一种非常特殊的风格写成，它让我们置身于多维空间中并带领我们感受这些空间。当这本书在用寓言和故事向我们描述某种事物的时候，同时也在逐渐地向我们展示隐藏的真实——更高的世界。这本书通过那些综合的、非凡的故事吸引我们，将我们带入其中。当我们被它激发出灵感的时候，我们就逐渐地进入了精

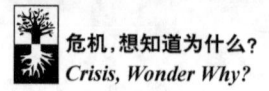

神世界。

当然，为了掌握这本两千年前所著的书的精髓，我们首先要产生去理解这本书的渴望和兴趣。我们需要增强一些敏感度和理解力才能变成和《光辉之书》的作者一样的人。

《光辉之书》的作者是由著名的Rashbi(Shimon Bar Yohai)领导的十位卡巴拉学家。这十位卡巴拉学家在特殊的时间里相聚在一个特殊的地点，他们的内在的、精神的品质代表了"十个Sefirot"——创造的十块基石。他们从至高的精神的阶段降到普通人的层面上，来向我们解释理论上无法掌握的概念。他们通过寓言来启导我们，就像给小孩子讲故事一样，使我们可以通过阅读这些文字来实现自身的发展。随着时间的推移，我们渐渐地开始感知到更高的世界，因为在阅读时有"更高之光"这样的崇高品质"照耀"着我们。

这光的崇高品质简直就是个奇迹。开始阅读此书的人能立刻感受到它的带磁性的光辉，会想要一遍又一遍地反复阅读。在他们的一生中，他们会多次阅读这本书。每一次阅读都会加深印象，并不会感到乏味。《光辉之书》像氧气之于生命一样成为他们的必需。他们不断地渴望通过阅读《光辉之书》所带来的内心的变化。

平行的世界

《光辉之书》的独特性在于它为我们创造了精神世界在我们这个世界的投影。这本书是由两种古巴比伦语言撰写的：希伯来语和亚拉姆语。这两种语言表现了两种层面的感知。一种语言叙述有关我们所熟悉的世界的故事，而另一种语言则带我们进入精神领域，向我们展示了两个互相平行的世界。这本书向我们叙述有关这个世界的故事，同时也告诉了我们这个世界在更高的世界的源头。这样一来，它向我们展示了一个世界与另一个世界重叠的关系。

于是我们发现自己处于两个世界中——一个是我们所熟悉的这个世界；另一个是我们无法感知到的更高世界，但却能感觉到它就在那里。然而，两种世界的图像只是存在于我们的想象中。事实上，它们俩是一个完整的图像，只是在我们目前利己主义的感官上感觉为像两个图像。在我们的世界里，图像是视觉性的，我们可以看到、感觉到并理解它们。但在精神世界的图像把特性反映成品质、力量、愿望和意图。为了同时体验两个世界，我们需要想象我们处在精神的阶段，置身于其中，并体验同时存在两个世界的过程。

为了踏上这个美丽的精神旅程，我们需要想象《光辉之书》在向我们描述的关于我们本身及关于我们所体验的精神的状态。我们要像干涸的水井一样来吸收这些体验。然后，只要跟随书中的文字，让它们"流"过我们，并尝试去感觉《光辉之书》为我们描绘的图画。这样一来，我们就会开始触摸和感受到精神的世界，并接近我们的在精神世界诞生的状态。

这难道不是世界真正的奇迹吗？

80

生存还是死亡

"……我们来自虚无，拥有名字，拥有自我意识和内心深处的情感，心中极度渴求生命和自我实现——即便如此，死亡还是要来临，就像一场恶作剧。"

——恩斯特·贝克尔，《拒绝死亡》

但是，生命和死亡远不止是一场恶作剧，卡巴拉告诉我们，生存和死亡完全和我们所想的不同。

死亡是我们每个人都要面对的、最让人不安、也最吸引人的现象之一，因为它触及我们每个人的生命，迫使我们去询问一些深奥的、看起来无法回答的问题。孩子们在很早的时候就开始对这种现象感到惊奇。不管他们的好奇心是来自于宠物的死去还是亲人的逝世，孩子们开始向他们的父母询问：为什么人们会死？人死后会去哪里？死去的人是否会从"另一个世界"回来？

成人对死亡的好奇也丝毫不逊于孩子。我们大多数人都喜欢看刺激的恐怖电影，在这些恐怖场景中，死去的人会在幽暗阴冷的夜晚，从他们的坟墓中爬出来。最近，也出现了很多这种题材的心理剧情片，例如，描述逝去的爱人仍然出现在主人公的生活中的电影。类似的剧情并不仅仅局限于电影，许多人和死者"沟通"着过着潇洒的生活。而且，读过《圣经》的人都知道，救世主(弥赛亚)的降临会让"死人复活"。

"主耶和华如此说：'我的民哪，我必开你们的坟墓，使你们从坟墓中出来，领你们进入以色列地，我的民哪，我开你们的坟墓，使你们从坟墓中出来，你们就知道我是耶和华，我必将我的灵放在你们里面，你们就要活了……

——《以西结书》37:12～14 《圣经》

事实上，不仅是《圣经》，连最伟大的卡巴拉著作《光辉之书》也谈论到这样的复活。在这本神秘的著作(《光辉之书》)，"Emor，"17)中写道："死者应该连同他们的缺点一起复活。"这些章节难道就是为了告诉我们，我们将在现实生活中目睹一个"恐怖电影"场景吗？在一个阴沉的夜晚，死去的人从坟墓中走出来，然后和我们一起庆祝骑着白马的弥赛亚救世主的降临，我们将会是这一场景的见证者吗？

粉碎神话

曾为《光辉之书》写过一本名为《Sulam》(即阶梯)的注释的卡巴拉学家耶胡达·阿斯拉格(巴拉苏拉姆)，在其文章《光辉之书的简介》中，掀开了《光辉之书》的神秘面纱，揭示了"死人复活"背后的真正含义。他在书里写到：要时刻记住，整个卡巴拉智慧都是建立在超越时间和空间的精神的事物之上的。(《Talmud Eser Sefirot》，第一章，第一节)

换句话说，我们在阅读任何卡巴拉著作——包括《圣经》——的时候都应该明白，这些著作连一个字都不涉及有关时间、空间的物理范畴或其他任何物质实体的这个世界。那么，我们要怎样去理解《圣经》中所描述的"死人复活"呢？

首先，我们必须得摒弃"死人"从棺材里站立起来，打破大理石坟墓，入侵人类世界这一类老套的神话。就像在许多圣书中所描述的那样，"死人复活"实际上是一个涉及人们灵魂苏醒复活的过程，而不是指他们的肉体。

一种精神语言

在卡巴拉和《圣经》这一类的神圣著作中，像"脑""骨""肉"一类的词语，并不是真正地在谈论我们的有形的躯体。这可能听起来有些奇怪，它们实际上所指的是组成我们灵魂的那些精神器官。因此，"死人复活"实际上是指我们的精神躯体——也就是我们的灵魂复活的过程。

卡巴拉学家解释说，我们每个人在一生中都会经历这样一段精神复活的过

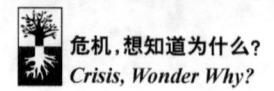

程。要明白这些，我们必须了解我们的灵魂在到达它们目前这种状态之前所经历的那段过程。

> "看那：在创造物被创造出来之前，在那光被发射出来之前，只有那精纯的最高之光普照寰宇，并无任何空隙存在着，诸如空穴、孔洞或凹陷存在，整个寰宇全部都被那精纯的无限的更高之光充满着。"
>
> ——*Isaac Luria(the Ari)*，伊萨克·卢理(神圣的阿里)《生命之树》

十六世纪伟大的卡巴拉学家Ari(神圣的阿里)，用上面这种诗体语言描述了我们的灵魂被创造出来之前的状态。其中"更高之光"指的就是创造者，他唯一的品质和愿望就是给予创造物以恩惠。创造者的这种思想随即导致了人类灵魂———一种由众多完全相互交织、相互联系在一起的个体灵魂组成的精神实体———的出现。

因为创造者的唯一愿望就是给创造物带来快乐，他赋予了他们(也就是我们)接受所有的快乐和所有他能给予我们的丰富的能力。这就意味着他创造了与他的本性（给予快乐）完全相反的我们———也就是接受快乐的愿望。

创造者一旦创造了这个接受（快乐）的愿望或"灵魂"，他就会用一种叫做"光"的无限的丰富来充盈它。在这种状态下，那个灵魂就如同处在母亲子宫里的胎儿一样，置身于子宫里的温暖和营养之中，得到一切生长所需。然而，这个灵魂也像胎儿一样，对于它所经历的过程、甚至其自身的存在在开始都是毫无知觉的。

因为灵魂还没有意识到它自身的存在，所以在最初阶段它能够感受到的快乐也是非常有限的：尽管有无穷之光的普照，灵魂却不能真正地感受到其带来的快乐，因为它不是自己去渴望接受这种光。就像，如果我们没有食欲的话，我们也不可能感受到享受美味带来的乐趣一样。所以，对于创造者想要赐予创造物的那种富足，创造物在开始根本感觉不到。

为了改变这种状态，这个灵魂必须历经许多阶段去培养开发自己的独立愿望。这些过程包括它在开始将先与快乐的源头———也就是创造者分离，因为只有这样它才会真正独立自主地产生对创造者的渴望。这种与创造者的分离、也就是这种灵魂内的"光"的消失的状态，就是我们所感觉到的"这个世界"。

292

这一阶段发挥着非常重要的作用，为着一个非常重要的目的：也就是给我们提供一个发展我们的愿望和自由地选择回归创造者的机会。通过这一系列过程，我们就会获得一种想要彻底地感受到那"光"的独立的意识。也只有到那个时候我们才能意识到那个"更高之光"是怎样用其无穷的温暖和关爱环绕并充盈我们的创造的思想。也只有在我们彻底了解了创造者的思想时，我们才能找到一个更高的目标使我们的利己主义放弃以往的哪些利己主义目标，将我们的利己主义的接受方式改变为利他主义的接受方式，从而感知并体验到创造者带给我们的永恒的快乐。

死亡和复活

"这个世界"就是在创造者及其更高之光与人类的灵魂分离之后，我们目前所感受到的一种状态。但这只是一个短暂的时期，它只是为了帮助我们通过我们的自由意志去找到那条回归和创造者统一之路的一个必要过程。

这种和精神世界的分离也叫做"精神死亡"，换句话说，"精神死亡"也就是这样一种状态：我们的本性与精神本质是如此地背道而驰，以至于我们根本感觉不到任何精神世界的存在。

卡巴拉特别被用于帮助我们转变我们的本性，以便我们能上升到创造者所处的精神层面。只有到了那个层面，我们才会真正体验到"死人的复活"——那种灵魂的复活以及感知创造者的"光"的能力的复活。

这种方法就在于我们需要用创造者的爱和给予的本性来取代我们现在的利己主义的本性。在这整个改正和上升的过程中，一个人会发现自已徘徊于两种本性或力量之间——一种是接受的力量，另一种就是给予的力量。

渐渐地，一个人就会显露出使自己曾经毫无意识的利己主义的本性，并且开始把这种状态定义为"精神死亡"。人们开始感受到，他的所有愿望都是被自己的利己主义的本性所驱使的；并日益感觉到这种品质的邪恶。最终，一个人会达到这样一种状态：他会彻底地认清利己主义倾向的危害，认识到它不仅阻碍了自己上升到精神层次，也阻碍了他与那个生命之源——也就是创造者的重新结合。

在这种意识状态下，一个人会彻底地排斥利己主义的倾向，与此同时，他

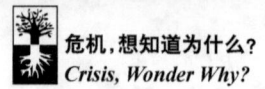
开始强烈地希望和创造者变得相同。当一个人从内心的最深处发出想要回归创造者的哀求时，创造者就会向这个人显现出来，并赋予他真正的品质、无限的关爱和恩赐。

当一个人获得了这种精神品质，他就会挣脱他自己的利己主义本性的束缚，回归到精神世界。一个人的灵魂就会得到"重生"或"复活"，一个人将会如同最初被创造时那样和创造者合一，但这一次却是自己能够感知到创造者的存在，从而感知并获得永恒的精神生命。

81

是行动起来的时候了

巴拉苏拉姆(Baal HaSulam)在其文章《是行动起来的时候了》里，谈论到了我们这个时代的独特性。他指出，我们这个时代就是人类已经充分发展并成熟到足以去渴求精神世界的时代。

当一个人的整个生命，连同其所有在这个世界能够获得的快乐，变得毫无意义和空洞苍白的时候，正是对精神的渴求开始显现的时候。在我们这一代人中，越来越多的人正在经历这种感觉。

《是行动起来的时候了》一文解释说：今天的这种状况已经被等待多时，并且终于到来了。现在这个时代正是揭示卡巴拉智慧的时候了。因为卡巴拉智慧解释了：

——我们人性的本质；

——是什么使得我们赖以生存的这个宇宙在不停地进化；

——所有这些生命存在的目的是什么。

自然不会创造任何无用的东西。原则上讲，自然就是创造者的力量。在希伯来语中，Elokim，上帝，有着和Teva也就是自然相等的数字值。这意味着它们是精神意义上的同义词。自然——也就是我们所感知的一切——代表着创造者在我们面前的显现方式。

巴拉苏拉姆说：对创造者的揭示，特别是在我们这个时代，将赋予我们对这个宇宙一种无限宽广的视角以及对我们的存在一种高级的感知。我们将会经验生命的永恒与和谐，所有物质、信息和能量的合一。根据巴拉苏拉姆，我们能够而且必须在我们这一代人实现。让我们以巴拉苏拉姆的《是行动起来的时候了》作为本书正文的结尾，引领大家开始生命意义的探索之旅，化危为机。

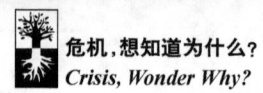

是开始行动的时候了

巴拉苏拉姆(1884-1954)

很久以来，我的良知总是让我感到重任在肩，并敦促着我撰写一篇有关犹太教、宗教和卡巴拉智慧的本质的根本性的文章，然后将它传播到各个民族，这样人们就可以开始了解这些崇高主题的真正涵义。

在印刷工业的创新发生之前，在以色列，我们找不到任何不负责任的胡乱讲述卡巴拉智慧的本质的书籍，因为几乎没有作者会随意违心地、没有根据地撰写一些文字；原因很简单，在大多数情况下，一个没有责任感的人是不会著名的。

因此，如果碰巧有人敢于去撰写一篇这样的文章，也没有誊写员会去誊抄它，因为这将会很可能是连成本都捞不回的极大的投资。所以，这种文章从一开始就注定了要面临着失传的命运。

而在那些日子里，那些真正知道的人对撰写此类书籍也毫无兴致，因为大众还不具备需要那种知识的条件，恰恰相反的是，为着"上帝的荣耀需要将它藏匿起来"的原因，他们更热衷于极力把这些知识隐藏起来。卡巴拉学家们被"命令"将Torah《圣经》的本质对那些不需要、或者还不值得拥有它的人们隐藏起来，而且，我们也承担着不要将它们陈列于商店的橱窗中、以防止这个伟大的智慧被那些夸夸其谈之人的贪婪目光所亵渎，从而使其受到贬低，因为这是为了保持上帝的荣耀所必需的。

但是，自从印刷工业发展到使得出版书籍已经变得越来越容易，作者不再需要手工抄写，书的成本也变得越来越低廉以后，这就给那些不负责任的作者们出版任何他们以获取金钱和荣誉为目的的书籍铺平了道路。但是他们没有考虑到他们自己的行为，也没有对他们的书籍可能产生的严重后果进行检验。

从那时起，这类不负责任的书籍的出版量开始急剧上升，这些书籍既没有

注(1)卡巴拉学家耶胡达·阿斯拉格(Yehuda Aslag)，人称巴拉苏拉姆(Baal HaSulam)(1884~1954)，20世纪最伟大的卡巴拉学家，以对《光辉之书》的《阶梯》注释而闻名于世。

任何有资质的犹太老师的教导和口头传授，甚至也不具备那些早期谈论此类话题的著作的知识。这样的一些作者们杜撰臆造了许多徒有空壳，貌合神离的理论，并将这些理论与那些崇高的智慧牵强附会地联系在一起，并自称能揭示这个民族的本质和蕴藏在其中的惊人的智慧财富。这些愚昧之人甚至不知道如何细心，也不知道如何找到学习它的方式，他们把错误的观点灌输给了一代又一代人，这样一来，为了满足他们的那些微不足道的一己私欲，他们不但自己犯了"罪"（sin意思是走错道路，错过目标），而且也使得其他民族的子孙后代们一直处于"罪"中，走在错误的发展道路上。

最近，他们的臭名更加昭著，因为他们已经将其罪恶的爪子伸向了卡巴拉智慧，他们并不知道这种智慧是被层层封锁、并被隐藏在一千扇门的后面直到今天的，以至于甚至没有人明白卡巴拉智慧中哪怕是一个单词的真正含义，更别提一个单词和另一单词的联系之间表达的内容了。

这是因为至今为止，在所有那些真正的卡巴拉著作当中，即使是一个聪明绝顶的学生，也只能从一个智慧和真正的卡巴拉先哲的口中，获得能够使他刚好能够弄懂它们的真正含义的线索。而即使是这样，"箭蛇还是躲在黑暗中，结网、下蛋、孵化、长大"。最近这些时日，这样的阴谋家在与日俱增，他们在做着让那些真正拥有这个智慧的卡巴拉学家深恶痛绝的事情，他们却从中谋取利益，沽名钓誉。

他们中的一些人甚至达到了异想天开地想要承担时代领袖的角色的地步，他们假装懂得那些古老著作之间的差别，并且告诉人们哪些值得一读，哪些不值得一读，因为它充满了错误的言论，等等，就这样他们在招致着谴责、引发着愤怒，因为，直到今天，对这个伟大智慧的正确掌握，在每一个时代中，都被严格地限制在只赋予给哪怕十个时代领袖中的一个，但现在那些愚昧无知者却在滥用它。

因此，公众对这些事物的正确认知已经被极大地败坏了。除此之外，人们在对这些崇高事物的探讨上，存在着一种轻浮的氛围，他们认为对于如此崇高的事物的研究，他们只要在他们的空闲时间的粗略一瞥就已经足够了。他们只是肤浅地在表面上浏览了一下这个深如海洋的卡巴拉智慧和包含在犹太教中的精髓，然后就根据他们自己的兴致得出轻率的结论。

这些就是促使我不得不走出来，做出决定：现在已经是"为上帝而做"的

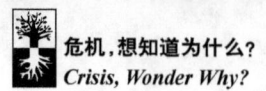

时候了，并且要尽力拯救那些还可以被拯救的东西的原因。因此，我当仁不让地承担起了揭示与那个崇高智慧相关的真正本质的内容并把它传播到万民之间的责任和使命。

附　录

　　我们在附录当中精选了一些有关卡巴拉智慧的基础知识。内容非常精炼，对那些不了解卡巴拉的人可以开始了解卡巴拉；对于那些错误理解卡巴拉的人们可能是一种纠正；对于那些真正开始对卡巴拉也就是对生命的意义这个问题感兴趣的读者可能是一个很好的指引。

　　1558年意大利曼图亚版的《光辉之书》扉页，上面写着："对
《托拉》（《圣经》摩西五经）的《光辉之书》注解，出自神圣的
先哲，西蒙·巴·约海、"

1

有关卡巴拉的基础知识

卡巴拉是什么？

虽然其起源可以追溯至遥远的古代巴比伦时期，卡巴拉智慧在大约4000年前出现之后，至今却几乎一直向人类隐藏着。

正是这种隐藏使得卡巴拉一直笼罩在神秘之中，持续散发着迷人的魅力。历史上，很多国家的著名科学家、哲学家，如牛顿、莱布尼兹、米兰德拉等，都试图探索并理解卡巴拉科学的奥秘。不过，直至今天，却仍然只有很少的几个人真正了解卡巴拉到底是什么。

卡巴拉科学描述的不是有关我们这个世界的事情，正因为如此，其本质使人们很难琢磨。想理解那种无形的，那种感知不到的，或者那些没有亲身经验的事物是不可能的。几千年来，人类打着"卡巴拉"名义发明了各种各样的事物：魔法、咒语、甚至奇迹等等，但所有这些都不是真正的卡巴拉科学本身。四千多年来，对卡巴拉科学的通常了解都一直被误解或曲解笼罩着。因此，最重要的是，首先需要给卡巴拉科学以明确的定义。卡巴拉学家，耶胡达？阿斯拉格在其《卡巴拉智慧的本质》一文中是这样定义卡巴拉的：

> 这种智慧不多不少是一种根源的顺序，它以一种固定的，预先确定好的规则，通过因果关系降落下来，编织成一个单一的、崇高的被描述为，在这个世界中，向他的创造物揭示他的神圣的目标。

这种科学的定义可能过于复杂和繁琐。让我们来看一看这里说的到底是什么。

存在着更高的世界或创造者，而且这些控制的力量从更高的力量降落到我们的这个世界。我们不知道有多少种力量存在着，而这实际上并不重要。我们在我们这个世界里存在着。我们由某种被我们叫做"创造者"的更高的力量创造出来。我们都熟悉我们这个世界中的诸如万有引力、电磁力和思想力等力量。然而，存在着某些来自一个更高次序的力量操控着我们这个世界，同时又是向我们隐藏着的。

我们将这种无所不包的终极力量，称作"创造者"。创造者是这个世界的所有力量的总和，而且处于这些操控的力量序列的最高层面。

这个力量衍生出那些更高的世界。总共有五个更高的世界。紧接着它们的是，那个所谓的Machsom——一个将那些更高的世界和我们的这个世界分隔开来的壁垒。从那个更高的力量——就是创造者，也被称为"无限的世界"，各种力量经过那五个更高的世界降落下来，产生了我们的这个世界以及我们人类。

和传统科学不同的是，卡巴拉科学并不研究我们的这个世界和存在其中的人类。卡巴拉探索的是超越那个Machsom壁垒以外的更高世界里存在的一切。

卡巴拉学家耶胡达？阿斯拉格说："这种智慧不多不少是一种根源的顺序，它以一种固定的、预先确定的规则，通过因果关系降落下来，编织成一个单一的、崇高的被描述为在这个世界上向他的创造物揭示对他的神圣的目标。"除了从更高世界依照精确的法则降落下来的那些力量之外，没有其他任何东西。此外，这些法则正如阿斯拉格所描述的，是固定的、绝对的、无所不在的。最终，它们都被导引着以便人们可以在还活在我们这个世界的同时，就可以揭示那个操控着自然的终极力量。

卡巴拉教我们什么，
而且学习卡巴拉对我有何帮助？

卡巴拉科学以一种独一无二的方式描述我和你，研究我们全人类。它不研究任何抽象的事物，仅仅研究我们被创造的方式以及我们是如何在存在的更高层面上运作的。

它其中的一部分谈论那些更高的力量从无限的世界的降落。那个无限的世界是我们最初的状态，在那里我们是作为一个单一的、统一的完整的灵魂体系，完全互相联系地存在着。然后，从那个无限的世界，我们研究那些更高世界，在它们降落到我们所存在的这个世界时的顺序、Sefirot和Partzufim等。

很多卡巴拉的著作都已对此完整地描述过，从四千年前的犹太人祖先亚伯拉罕开始，就写了一本名叫Sefer Yetzira(《创造之书》)的著作。接下来的重要的作品是写于至今3500年前的Torah(《圣经》前五卷，又称摩西五经)，以及创作于公元2世纪的Book of Zohar(《光辉之书》)。《光辉之书》之后的最重要著作是16世纪著名的Ari的《生命之树》等著作。再就是到了20世纪出现的伟大的卡巴拉学家，耶胡达? 阿斯拉格(Yehuda Ashlag)的著作，他被人尊称为巴拉苏拉姆(Baal Sulam)，意思是阶梯的主人，以其撰写了《光辉之书》的阶梯(Sulam)注释而闻名于世。

阿斯拉格的著作最适合我们这一代人。他和其他卡巴拉学家的著作一样，都描述了那些更高的精神世界的结构，它们是如何按顺序降落下来并如何创造出低一级的世界，以及最终，我们的这个世界是如何被创造出来，我们的宇宙、我们的地球及生命是如何演变而来的。对那个系统是如何创造出来的以及它又是如何降落到我们这个世界的研究，使得我们可以掌握进入这个系统的方法，进而得到管理它的机会。

我们主要要研究学习的部分，是阿斯拉格所著的六卷《对十个Sefirot的研究》。它被设计成一种辅导学习的式样，即包含问、答，各种重复温习的题材，解释，又配合以各种图解和图画等。你如果愿意的话，可以将这看作有关那个更高世界的物理学，是一种描述那些掌控着这个宇宙的法则和力量的科学。

研读这些材料会逐渐改变学习者，因为当探索如何进入并生活在那个精神世界内部时，一个人逐步地使自己适应这些材料。

但卡巴拉科学却与这个世界的日常生活无关。恰恰相反，借助学习这个系统，我们能重新到达我们降落到那个世界之前的层面，这个层面等同于我们将由这个世界上升并最后所要达到的终点。在这个攀升过程中，对卡巴拉的学习将在学习者内部构造出一种与那个更高的精神世界相等同的系统。

这个系统本身将会在那个想要达成它，并以此为学习目的的人的内部开始组织并显化出来。就像一个受精卵具有变成一个完整的生命、并随后成长为一个成熟的成年人的潜力一样，卡巴拉科学能发展我们想要达到一个更高的存在层面的愿望。

在最初的时候，这仅仅是一个微小的愿望，被称作"心里之点"。这个心里之点就像我们未来状态的胚胎。通过研究更高的精神世界的结构，我们开发那个已存在于其内在的"基因"信息，随着这个心里之点的长大，和那个更高世界相等同的结构将在我们内部逐渐形成。

这就是为什么研究卡巴拉是如此地具有回报的原因。即使我们根本不了解我们正在读到的任何一件事，哪怕只是单纯的努力和尝试去了解卡巴拉的内容都会滋养那个心里之点，也就是那个对更高的创造者的渴望，这样一来，这个心里之点就会开始长大。而且它越成长，我们就越能意识到一种新的创造、一种对一个世界的新的和不同的感觉将会出现在我们的内心当中。

这样做的话，卡巴拉科学给予我们去感知那些更高的精神世界、去了解在我们身上发生的所有事情的机会；而且更重要的是，给予了我们自己去掌控这一过程的机会。

我为什么会探寻某种精神的东西?

我为什么会渴望某种超越日常生活能够提供给我们的更多的或不同的东西呢?卡巴拉将这个问题用以下这种方式加以表达:对那个更高力量的渴望是如何浮现出来的呢?

发展进化了很长时间;刚开始时人类就如同动物一样,其愿望满足生存的需要如食物、家庭、性以及庇护所等;然后发展经历了对财富、权力、名誉和知识的追求等各个阶段。

在人类发展的早期阶段,对食物、家庭、性以及庇护所的愿望是一个人具有的所有愿望。即使一个完全被隔离起来的人,也会具有这些愿望并努力去满足这些愿望。 那些由社会环境决定的愿望(也就是对财富、权力和名誉的愿望)则在下一个阶段浮现出来。

在后来,对知识的愿望才开始出现。当我们开始渴望寻找万物的来源与我们自己的根源时,科学才蓬勃发展起来。然而,这种对知识的愿望也仍然只是我们局限在这个世界的框架内的一种愿望。

只有发展到下一阶段时,一个人才会渴望去了解那个真正的根源、一个人的本质——也就是生命存在的意义。"我从哪里来?""我是谁?","我是什么?"这些问题得不到回答的话,就会使一个人坐卧不宁。

人类天生就是利己的。我们所有的愿望都是以自我为动机的,而且自我渴望被满足。它们压迫并驱动着我们,精确地控制着我们的一举一动。在我们这个世界上,利己主义的愿望发展的顶点就是渴望用高于我们的某种东西的知识来满足我们的愿望。

那么,这些愿望产生的根源是什么,它们又是如何浮现出来的呢?产生这些新愿望的根源就是痛苦。从一种类型的愿望到另一种类型的愿望的过渡,都只有在痛苦的影响下才会发生。假如我处在一种平衡的状态,我会感到心情舒畅而且一切都好。然后不经意间一个新的愿望出现了，我感觉缺乏某种东西。这时我开始想要去经验某种新的事物，因此我开始努力去满足这个新出现的愿望。这一过程持续不停地重复着它自己。也就是说，我们总是在不停地追逐着新的快乐。

我们生在这个星球上，我们生，我们死，都在努力着去实现我们那些永无止境的愿望。只有在经过许多次生命轮回后，我们才达到只有一种单一的愿望存在下来的状态：这个愿望就是到达我们的根源，发现我们生命的意义的愿望。一旦这个终极的愿望浮现出来，其他的任何事情似乎都变得不再必要和没有意义。一个人会变得消沉抑郁，感觉到情绪和精神的空虚，仿佛这个世界已没有任何东西能给他带来幸福。生命显得毫无意义而且感觉欠缺某种真的东西，但又不知道欠缺什么。直到类似"我生命的目的是什么？"，"我为何存在着？"等问题将人们带向卡巴拉为止。

现实是什么？
卡巴拉及对现实的感知

在卡巴拉科学，我们学习我们需要做些什么以便可以进入一个向我们的五官隐藏着的结构：精神世界。我们学习如何才可以超越我们的这个世界，上升到那个支配这个世界的领域。

我们都是在我们自己内部感知这个世界。我们的五官接收到某些外部的刺激，并将其传递到大脑，在那里它们被处理并形成我们关于这个世界的画面，除了这个画面，我们感知不到任何事物。

"我们知道"的这个世界是我们对外部影响的反应。这个世界"本身"对我们来讲是未知的。例如，如果我的耳膜损坏了，我将什么也听不见，声音对我来说就是不存在的。我只能感知到我的感官被调校到能够感知的那个范围。

我们对这个世界的感知是完全主观的；对在我们之外发生的事情我们什么也不能说。我们抓住的东西是我们自己对被认为是应该正发生在我们外部的某种东西的反应而已；但在我们外部真的在发生什么事情吗？

许多理论都在讨论这个问题。牛顿的理论说存在着一个客观的现实，也就是说这个世界正如我们看到它的一样存在着，不论我们自己是否存在它都存在着。后来爱因斯坦则认为，对现实的感知取决于观察者的速度和被观察的事物的速度之间的关系。换句话说，通过改变我们相对于某个观察对象的速度，我们对一个事物的观察将会完全不同：空间被扭曲、被压缩或被扩展，而且时间也在变化。

其他的理论，例如海森堡的测不准原理，则提出在个人与这个世界之间存在着互相影响。换言之，对现实的感知是我对这个世界的影响和这个世界对我的影响的综合的结果。

卡巴拉科学解释说，在我们之外根本没有任何可感知到的现实。我们不会影响任何在我们之外的事物，因为我们并没有感知任何外在于我们的事物。在我们之外，只有那个永恒的更高之光存在着。这整个的世界都位于我们内部，而之所以我们感觉到我们受到了来自外面的影响，是因为我们被创造成这种方式。

如果我们能走出我们的这个世界的话，我们将开始看到那个更高之光是如何在我们内部孕育产生有关这个世界的不断更新的图片的。这时，这整个的世界将变成一个很小的和被限制的世界。我们将看到那个更高之光是如何决定了我们感知我们自己以及我们周围的环境的方式，这样，我们最终可以开始控制这个过程。

卡巴拉科学给予我们这种能力。我们开始了解限制我们自身能力的原因存在于我们自己内部。如果我们能使我们内在的品质变得和那个更高之光的品质等同的话，我们将达到那个被称作"无限的世界"的完美和永恒的层面，获得无限的生命和绝对的满足。

这一切都完全取决于我们自己的内在的品质的改变。这就是为什么卡巴拉科学将目标定在向我们展示，通过改变我们自己(并且是在一个人的一生当中快速地)，我们就可以开始超越这个世界的存在。我们的身体仍然保持在那里，而且我们也继续以平常的方式与家庭、孩子在这个世界和社会上生活着。但我们在这所有之上将获得一个额外的更高的现实，在那里我们生活在我们神圣的感觉器官内。

我为什么感觉痛苦？

痛苦迫使我们前进。不论是我们感觉压抑、空虚还是迷惑，所有这些不好的感觉的出现都是为了迫使我们思考它们出现的原因和产生的目的。

在我们所处的这个世界中，我们只是看到了现实的外壳。就像我们只是看到电视屏幕上的画面，却看不到形成那些画面的电子信号一样。我们无法看见隐藏在自然、社会、个人或宇宙背后的是什么，我们也无法控制其中的任何一个。

就如同看一幅刺绣，只有在刺绣的反面才能看到那些构成了那幅刺绣图画的所有的纵横交织的环节及线条。同样的原因，我们无法观察到在我们的现实中发生的那些事情之间的联系；我们只能看到"某些事件突然因为某种原因发生了"。

那么，我怎样才能知道我的行为的结果是什么呢？突然之间，我遭受了一次打击，而我不明白它为什么发生或它是从哪里来的。我们开始问自己"我在哪里走错了？"，"我做了什么得到这种报应？"直至我们开始问自己"这一切都是为了什么？"

任何人都可以为他们自己和别人遭受的痛苦找到他们自认为合适的解释。但每个人都同意正是痛苦在促使我们思考它产生的目的和发生的原因，根据卡巴拉的观点，它们是同一个相同的问题。

卡巴拉科学声明说，所有痛苦的原因只有一个，使我们询问它的意义。这样的话，我们就可以将我们自己从一个在那里原因是被隐藏着的物质的存在层面，提升到一个痛苦的原因是被揭示的更高的精神的存在层面。

卡巴拉科学给予了我们这样一个机会：去发现那个生命的源泉——那个更高之光，那个创造者——并且达成与那个根源的融合。这种有关我们痛苦的根源，痛苦产生的目的以及我们生命的意义的问题的出现将一个人带到卡巴拉。

为什么要学习卡巴拉？为什么是现在？

今天，很多人相信人类的发展正在走入一个死胡同。我们曾经试图通过科学及经济发展寻找更好更幸福的生活方式的希望，已经被一种日益增强的人类正在进入一个死胡同的悲观情绪所冲淡。

我们看到这个世界上，越来越多的人已无法找到满足感。我们曾经以为人类正在向前取得巨大的飞越，并相信我们正在取得实质性的进步，然而现在看起来我们正在四处碰壁。

人类似乎正在陷入一种沮丧、自杀、毒品泛滥的深渊，人们正在试图与这个世界隔绝，抑制自己的情感。恐怖主义以及正在迅速蔓延的灾难都是一场全球性危机的外在征兆，所有这些状态正将人类引向那个根本性的问题："生命的意义是什么？"

越来越多的人已经开始在寻找这个问题的答案。如果我们看一看近二十年来精神探求者的数目迅速增加的情况的话，我们就会清楚地看到这种趋势。

在2000年前写就的《光辉之书》上写道：在20世纪末，人类将开始追问有关生命的意义这个问题。而且这个问题的答案就隐藏在这个古老的卡巴拉科学当中，而且，只有在今天这个时代，只有在这些富有挑战性的危机出现的时刻，这个智慧才会被揭示出来。

正是基于上述原因，卡巴拉科学被隐藏了几千年。因为过去人们还没有准备好接受它，而且在那时也不需要它。但是，近些年来人们对卡巴拉的兴趣在急剧上升。很多人已经开始学习卡巴拉，因为人们对卡巴拉能给他们带来什么感到好奇。一旦某个人了解到卡巴拉会回答那个有关生命意义的终极问题，他就对它不再感到害怕，并开始积极从事卡巴拉的研究和学习。

那些认为卡巴拉与魔法、奇迹、红绳和圣水等迷信有关的想法正在逐渐消失。人们能够看到那些只不过是人们用以安慰自己的某些心理现象而已。

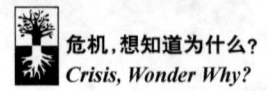
　　对真实可靠的卡巴拉的需求正在进一步上升。换句话说，对一种能够使我们感觉更伟大的宇宙，永恒的存在以及更高的支配力量的精神需求正在持续增长。人们想知道，我们这个世界以及我们的生命为什么会如此演化，我们从何处来又要向何处去。

　　现如今，许多世界各地的人们对这个问题都已经产生兴趣，而这正是卡巴拉科学变得越来越受欢迎的原因。因为世俗的存在似乎已全都变得越来越令人失望和有限，越来越多的人正在试图将他们自己和超越这个世界的某种事物联系起来。

　　因此，今天的人们已准备好接受卡巴拉科学。卡巴拉欢迎所有渴望去发现生命的意义、存在的根源的人们，并提供他们一种实现它的实用的方法。

关于卡巴拉的十个偏见

偏见一：卡巴拉是一种宗教

事实是：卡巴拉是一种科学，一种有关整个现实的物理学。卡巴拉是一种智慧，一种揭示通常被我们的感官所隐藏的全部的真实的智慧。

偏见二：卡巴拉与红绳和圣水有关

事实是：它们之间毫无关联。红绳、圣水和其他产品都不过是在过去二十年内被创造出来的有利可图的商业行为。

偏见三：卡巴拉是保留给少数人的，并且只有在40岁以上的男人才允许学习

事实是：以色利人在精神流放期间，卡巴拉仅由几个经过精选的人继续研究并保护着。然而，从Ari（16世纪）的时期开始，卡巴拉就已开始向全人类开放。

偏见四：卡巴拉与魔法有关

事实是：卡巴拉不涉及任何魔法或其他巫术，相反，它与务实的亲身体验和实践有关。

偏见五：卡巴拉是一种宗派

事实是：卡巴拉是一种向全人类每一个人都开放的智慧和科学。

偏见六：卡巴拉与新世纪运动（*New Age*）有关，而且是一种流

行———即一种短暂的现象

事实是：卡巴拉是人类最古老的智慧。它约起源于5，000年前。所以，与在那之后出现的所有教义理论等都无关，包括宗教等。

偏见七：卡巴拉与塔罗牌、占星术和命理学等有关

事实是：塔罗牌、占星术和命理学都是对卡巴拉科学错误的理解和利用，是为着某种利己的目标操纵别人的行为，它们与真正的卡巴拉智慧没有任何关系。

偏见八：卡巴拉与护身符有关

事实是：在我们的这个世界中，没有任何事物具有精神的内涵。护身符只能帮助人们产生某种心理安慰作用。

偏见九：卡巴拉与冥想有关

事实是：学习卡巴拉并不需要任何冥想。冥想又是一个在最近几个世纪存在的对卡巴拉的混淆中，被不懂卡巴拉的人对此智慧的错误的联系。

偏见十：在你接触卡巴拉之前需要学习Torah(摩西五经)和Talmud(犹太法典)

事实是：正相反，不学习卡巴拉的人根本无法正确了解这些经典中隐藏的真正的精神的含意，而且会错误认为它们是在讲述这个物质世界的事件和行为。

为什么要学习卡巴拉，它是关于什么的？

    卡巴拉智慧是一种研究精神世界的科学工具。我们使用自然科学，如物理、化学和生物学来探索我们的这个物质世界，但自然科学的研究只能针对由我们的5种感官所感知到的这个物质世界。要完全了解我们生活的这个世界，需要一个能探索我们的五官感知不到的那个隐藏领域的工具。这个工具就是卡巴拉智慧。

    根据卡巴拉智慧，现实中存在两种力量或者品质：一种是接受的愿望，另一种是给予的愿望。因为那个给予的愿望想要给予，所以它创造出一个想去接受那个给予的愿望，那个给予的愿望更普遍地被称为"创造者"。因此，整个创造物，包括我们，都是这个接受的愿望的外在表现。

    借助卡巴拉，我们能够为了我们自己的利益，去操纵构成现实的基本力量——接受与给予。卡巴拉不只告诉我们整个创造的蓝图，而且还教给我们如何可以变成现实的设计者，即变得和那个现实的原始设计者——创造者一样全能和全知。

什么人可以研究学习卡巴拉？

当20世纪伟大的卡巴拉学家，以色列第一位首席犹太导师库克(Kook)，被问到谁能学习卡巴拉时，他非常明确地回答说："任何想要学习它的人。"

在这最近一百年，在许多场合，所有的卡巴拉学家都无一例外地清楚地表示，今天卡巴拉是对所有人开放的。此外，他们声明，卡巴拉是用来解决他们已经预见到的、而我们正在经验的这场全球危机的必备工具。根据所有卡巴拉学家的观点，那个将卡巴拉对公众隐藏的时代已经结束了。

卡巴拉智慧在以前之所以会被隐藏起来，是因为卡巴拉学家害怕它会被人们误用或被人们误解。而正如事实已发生的那样，曾经泄露过的一点点，已经引起了很多误解并导致了很多误用的情形的产生。因为卡巴拉学家解释说，我们这一代人已进化到了准备好去理解卡巴拉的真正意义，以及去理清过去曾造成的那些误解的阶段，这门科学现在开始对所有想研究学习它的人们开放。

卡巴拉智慧教我们什么？

　　卡巴拉智慧教授我们有关那些精神世界的结构，以及我们每一个人怎样才能到达那里。卡巴拉著作就如同旅游指南一样，如果你打算到一个新的城市去旅行，你可能需要一个导游来告诉你，哪些地方是最好的景点，最好的咖啡店和俱乐部在哪里?以及指出哪些是你不会想去的地方等等。

　　同样地，卡巴拉著作告诉你那些精神世界是如何被建造起来的，哪些地方比较好玩而哪些地方不是。当然，这些指的都不是像这个物质世界的地方一样的"地方"，而是那些卡巴拉学家们都曾经经历过的某种精神世界的状态。

　　此外，卡巴拉著作还会告诉我们，如何去发现那个精神的现实。如果你想要去到世界上的某个地方，你可能会需要一张地图、一个研究并熟悉该地的导游。而这对那些精神世界的探索来说，就是卡巴拉著作所扮演的角色：它给你指出哪里是精神世界，将你"送"到那里，并为你四处导游。

Bnei Baruch国际卡巴拉研究中心是一种什么样的组织？

Bnei Baruch国际卡巴拉研究中心是为了研究、学习、教授及传播真正的卡巴拉智慧的一个自发的国际性组织。它于1991年，由科学家、卡巴拉学家迈克尔？莱特曼博士怀着上述的崇高目的成立的。他之所以将这个组织命名为Bnei Baruch(意思是Baruch之子)，为的是纪念他的老师、当代伟大的卡巴拉学家巴鲁克？阿斯拉格(Baruch Ashlag)；而巴鲁克是他的父亲，20世纪最伟大的卡巴拉学家耶胡达？阿斯拉格(Yehuda Ashlag)的继任者，耶胡达？阿斯拉格也被尊称为巴拉苏拉姆(Baal Sulam，意思是阶梯的主人)，以其《对〈光辉之书〉的阶梯(Sulam)注释》而闻名于世。

为了传播卡巴拉智慧，Bnei Baruch在世界范围内用几十种语言维护着www.kabbalah.info这个网站，出版卡巴拉著作、发行卡巴拉报纸以及制作卡巴拉广播及电视节目等。每个月都约有一百万人浏览该网页，全球已有数万人成为其积极的会员，他们共同支持这个目标，并为了全人类的利益而协助卡巴拉的传播。

历史上伟大的卡巴拉学家

卡巴拉智慧是人类最古老的智慧。它的起源可追溯到犹太人祖先亚伯拉罕的时代，即公元前18世纪，至今3800多年以前。亚伯拉罕是当时古巴比伦贝多因部落中一个普通的人，他发现了创造者的存在，也就是发现了超越这个世界之外的现实。然后，他写下了有关这一切的称为《Sefer Yetzira》（《创造之书》）著作，这是有关卡巴拉智慧的最早的一本著作。

在他之后产生了很多的卡巴拉学家，包括他的弟子、儿子及孙子，全部都致力于卡巴拉智慧的研究和传播，直到这一智慧被第二次为带领以色列人走出埃及的摩西所揭示。摩西是一个伟大的卡巴拉学家，他为我们撰写了Torah(《托拉》，或《摩西五经》，《圣经》的前五卷)。在这本著作中，他以一种不同的方式，描写了他自己对精神世界的揭示。

亚伯拉罕用Sefirot和名称写下他的著作，而摩西则使用了另外一种不同的语言——一种根枝语言来描述自己对那些更高的精神世界的揭示。由于这个世界的所有一切都来自那些更高的世界，就如经书中所写的："在这个世界里，哪怕是一根小草，都在那些更高世界里有着一个对应的让它成长的天使(指更高的力量)。因此，存在于这个世界中的任何事物都与存在于那些更高世界里的某个力量相对应。"

例如，在我们的这个世界，我们所遇到的所有事物都可以用语言、称谓及名字加以表达。这样，我们可以使用这些同样的名称，但表达的却是在那些更高世界中所发生的事物。这就是摩西采用根枝语言写下了他著名的《圣经》前五章的方式。

多亏了他，我们现在才拥有《摩西五经》。这个世界上的人们认为，这本经典所涉及的是这个世界里发生的事情，描写的是某些曾经发生的历史事件、罗曼史以及其他活动等等，这都是对该著作的误读和误解，而那些已达成精神世界的人们很清楚，摩西所描述的根本就不是我们这个世界，哪怕连一个字都没有；他谈论的全部都是有关那些精神世界的事情！他描述的是有关那个最高的统治的力量，以及灵魂如何上升及下降，他们的转世以及整个精神的系统。

然后，是《光辉之书》的出现，它是有关卡巴拉智慧最重要的著作，虽然没有人完全了解它。《光辉之书》是以一种叫做Midrash的语言写成的。这种语言不同于亚伯拉罕所采用的Sefirot及Partzufim的语言，它也不同于摩西所使用的根枝语言。这种语言使用的是我们这个世界的词汇。《光辉之书》是以小说的形式撰写的，它虚构且富有诗意。它看起来是在无意义地谈论着这个世界以及精神世界，但它却是一种传奇式的故事的语言，名为Midrash。

继《光辉之书》后，到了中古16世纪，另一次卡巴拉重要的发展是神圣的Ari(卡巴拉学家Isaac Luria)在以色列北部的一个叫做Safed的小镇上对卡巴拉的揭示。他没有亲自写下任何著作，他的教义都是由他的弟子Chaim Vital记录下来。这被认为是当代卡巴拉的开端。

后来，到了哈西德派的时代，卡巴拉智慧经过从17至18世纪间的发展，直到我们现在这个时代20世纪的巴拉苏拉姆，即卡巴拉学家耶胡达？阿斯拉格。巴拉苏拉姆用现代的语言阐释了精深的卡巴拉智慧，他对《光辉之书》以及Ari的教义进行了完整的注释。他像写科学著作一样写下了《对十个Sefirot的研究》，该著作的写法既具有学术性又非常地精确；它配有术语解释表、问答、图表等，是一种完整的适用于我们这个时代的卡巴拉科学教科书。

2

其他卡巴拉著作

为了帮助你决定你接下来应该阅读哪本书，我们已经将一些卡巴拉书籍分为了5类—适合所有人群的著作、初级著作、中级著作、高级著作和教科书。第1类包含了适合所有人阅读的书籍，无论你是一个初学者还是一位非常精通卡巴拉的人。第2～4类是根据读者已掌握的知识水平来分类的。对初级水平的读者没有要求。中级水平要求之前已阅读一到两本初级著作；高级水平要求已阅读前两类著作各一到两本。第5类教科书包含了一些由早期卡巴拉学家们撰写的正宗原始文献的译本，例如，阿里、耶胡达　阿斯拉格(巴拉苏拉姆)和他的儿子及继承人巴鲁克　阿斯拉格(拉巴什)。

其他还没有出版的英文译本可以在***www.kabbalah.info/cn***网站上找到。

适合所有人群的著作

《危机》
Crisis, Wonder Why?

　　危机到底是什么？危机的背后又隐藏着什么？自然灾害真的是自然的吗？灾难是上天对人类的惩罚吗？为什么会爆发金融危机？气候和生态危机是如何造成的？为什么危机和灾难发生的越来越频繁了呢？恐怖主义产生的根源是什么？为什么世界从来没有真正的和平过？幸福为什么总是稍纵即逝？为什么苹果这么成功？为什么Facebook这么流行？如何才能获得真正的幸福？如何才能解决危机？我们都在期待改变，真正需要的改变是什么？生命意义是什么呢？……。总之，历史发展到21世纪的今天，人类从来没有像今天这样在其生活的方方面面感到如此地迷茫和困惑。人们甚至绝望到相信世界毁灭的末日就要到来，难道：

谋求发展带来的却是毁灭

追求幸福收获的就是痛苦

渴望和平导致的就是战争

到路在何方？未来在哪里？

难道发展的终点就是毁灭？！

一个为今天而准备的五千年的伟大智慧

被一个民族携带着、隐藏着、发展着。等待着，

只为今天这个危机四伏的时刻的出现，

当人类真正开始需要她的时候，

她才会揭开她神秘的面纱，

为人类指点迷津，引向光明！

本书由莱特曼博士涉猎危机的方方面面的现象及其本质和危机的产生原因分析的文章组成。内容涵盖了从金融到经济危机，从全球化到网络时代，从生态环境和气候危机到自然灾害，从个人婚姻到家庭幸福的危机，从恐怖主义到战争，从科学对世界在宏观和微观世界的探索到生命意义的追寻等各个方面

通过阅读所有这些精彩的文章和对话，我们可以清晰地看到，剥开所有的灾难和危机的表象，引发危机的根源和那个导致危机发生的唯一的原因，将鲜活地呈现在我们眼前。你会发现，不论是什么样的危机，无论什么样的灾难，所有那些看似毫不相干、毫无关联的危机和现象，最后都浓缩并指向一个单一的原因，都是由一个共同的根源和原因引起的，而且，你会神奇地发现，所有的危机和灾难，实际上都是一种必然，并且，危机本身就是一种拯救，就是拯救的一部分，危机也是整个创造的一部分。

《拯救》
Kaballah on Crisis, Its Cause and Redemption

"没有问题可以在产生了它的那同一个意识层面上被解决"

—阿尔伯特·爱因斯坦

人类目前面临的所有问题和危机的根源都出在，我们对这个世界、宇宙的进化发展以及我们人类在这个进化的链条上扮演的角色，也就是对我们自己是谁以及生命的意义是什么这些问题的无知？

实际上，人类现在出现的问题是必然的也是必须要经历的，危机和灾难实际上并不是什么新的名词。人类的文明史某种意义上讲就是一部应对危机和灾难的历史。人类正是在应对危机和灾难中成长起来的。如果在历史上，无论如何我们都"成功"地应对了危机和灾难的话；那么，现在人类面临的全面危机却让全人类感到束手无策甚至开始绝望。

难道真的像爱因斯坦所讲，如果我们不能超越我们自己现在所处的这个引发了这些危机的意识层面，上升到一个更高的意识层面上的话；我们面临的问题就不可能在我们现在所处的这个意识层面上得到解决吗？我们目前的处境正

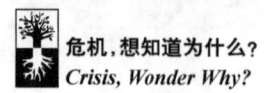

在迫使我们不得不认为爱因斯坦的断言是正确的。

人类几千年的文明发展，危机灾难应对的历史，已经充分证明了人类在解决人类面临的问题上的无助和无能。至今，人类已经尝试了各种主义和制度，尝试了各种手段和主义，任其为宗教的，哲学的，科学的还是经济的手段等等，但似乎任何思想，任何主义都没有实现其初始时的美好承诺，人类不但没有真正从根本上解决任何其面临的问题，反而越加深入地陷入到了更大的危机和灾难的泥潭，以至于到了没有人会反对全球毁灭正在迫近的说法的地步。

那么，事实果真如此吗？我们看到的感知到的这么宏伟的宇宙和这么神奇的生命就是以毁灭作为其终点吗？

本书由当代最伟大的卡巴拉学家莱特曼博士的一本著作和三篇演讲以及几篇精彩对话所组成。

第一部：《拯救你自己，如何在世界危机中使自己变得强大》。是莱特曼博士专门针对2008年世界金融危机后分析危机发生的原因，以及如何应对危机使自己变得真正强大的针对性著作。

第二部：由莱特曼博士针对几个困扰人类的精彩对话组成，内容涵盖金融危机，自然灾害，战争与和平等主题

第三部：由莱特曼博士在世界智慧理事会等年会上，针对危机提出的应对措施的演讲稿所组成。希望读者能够从本书中认识危机，认识危机的根源和目的，进而找到包含在危机中的拯救。

《历史，现在与未来》
The History, The Present and The Future

《历史，现在和未来》从卡巴拉智慧的崭新视角，纵览了整个宇宙创造的过程和人类历史的关系，揭示了那个驱动了生命起源和进化的隐藏着的力量。在对创造者和创造物，也就是给予的愿望（利他主义）和接受的愿望（利己主义），这两个宇宙中唯一存在的力量之间的相互作用关系的解读当中，读者不但可以了解创造和生命进化的秘密，还可以看到我们人类在这整个宇宙创造和进化过程中所扮演的关键角色，以及为什么我们人类历史是过往这么一种痛苦的历史的背后的秘密；我们人类又为什么会在今天处于一种全面的危机当中；

更重要的是你可以清晰地"看见"创造者将引领人类到达的将来是什么，危机与历史事件，现在状况和人类未来的关系，我们人类的自我在整个进化过程中的变化和作用。我们人类目前面临的危机只有在真正"看见"将来的情况下才能知道如何去化解并同时步入一个幸福的未来。

通过阅读本著作读者还可以对达尔文的生命进化论和《圣经》的上帝创造论之间存在了几百年的矛盾有一种全面的认知，从而真正解开宇宙创造和生命意义之谜。

《卡巴拉、科学和生命的意义》
Kabbalah, Science and the Meaning of Life

科学解释了维持生命的机制；卡巴拉解释了生命存在的原因。在《卡巴拉、科学和生命的意义》这本书中，莱特曼博士用一段揭示生命的意义的生动的对话将科学和精神世界结合了起来。

几千年来，卡巴拉学家们一直写道，世界是一个被分为无数生物的整体。如今量子物理学这一最前沿的学科阐明了一种非常简单的观点：从最基本的物质层面上来说，我们所有人类和现实的环境的一切实际上是一个单一的整体。

科学表明，现实受检验它的观察者的影响，即对现实的感知是主观的，卡巴拉也同样这样认为。但卡巴拉做出了一个更加大胆的声明：即使是创造者，现实的创造者，也位于观察者之内。换句话来说，上帝存在于我们内心，他不存在于其他任何地方。当我们去世后，他(创造者)也会消失。

莱特曼博士清楚地解释了这些全新的震撼人心的观念，因此即使是科学或者卡巴拉的初学者也能够很容易地理解它们(虽然始终似乎难以置信)。如果你对于"为什么你会在这里、生命的意义是什么以及你可以做些什么来使你更加享受生活"这些问题不仅仅只有一点点好奇，而是真的想要寻找答案的话，那么这本书无疑是你的必读著作之一，它会为你对世界，宇宙和生命产生的思考提供一个全新的视角。

《超越世界》
Attaining the Worlds Beyond

超越世界》的引言部分写道："⋯⋯在1991年9月的犹太新年除夕，我的老师感觉到不舒服，他把我叫到他的床边，递给我他的一本多年来一直带在身上的笔记本，对我说道，'拿去吧，好好学习它'。第二天，我的老师就在我的怀里仙逝了，从此，我和他的众多弟子在这个世界上便失去了他的指引。"

"他曾经说过，'我想教你转向创造者，而不是我，因为他（创造者）才是那个唯一的力量、所有存在物的唯一源头、唯一一个可以真正帮助你的力量，并且他正在等待着你向他祈求帮助。当你在试图摆脱这个世界的束缚的过程中、在提升你自己超越这个世界的过程中、在你找寻生命意义的过程中以及在你确定你生命的目的的过程中寻求帮助的时候，你必须转向创造者，正是他（创造者）为了迫使你转向他（创造者）而给了你所有的这些渴望。'"

《超越世界》讲的就是那个笔记本里蕴含的内容，也包含其他一些激励人的文章。这本著作适合所有那些想发现一种符合逻辑的、可靠的用来理解这个世界中用其他教义和科学无法解释的现象的方法的人来阅读。这本书生动地介绍了启迪心灵的卡巴拉智慧，使读者们到达他们自己灵魂的深处，找到那条超越世界的精神之路。

《心里之点：灵魂快乐的源泉》
The Point in the Heart: a Source of Delight for My Soul

《心里之点：灵魂快乐的源泉》一书，是从莱特曼博士的一些课程精选的摘要组成的一本书，莱特曼博士，依靠他惊人的智慧在北美和全世界范围内赢得了越来越多专注的学生。莱特曼博士是一位科学家、一位卡巴拉学家同时是一个以令人信服的方式呈现古老智慧的伟大的思想家。

本书以一种独特的和隐喻的语言编写而成，《心里之点》以真诚但耐人寻味的方式，回答了我们所有人类曾经问过的那些最深层的问题。当生命失去了控制，当我们需要一个独自一人去反思的时刻，这本书将帮助我们重新发现那个位于我们内心的指南针。

这本书并不是要教你卡巴拉知识，而是向你轻柔地介绍一些从这个智慧中产生的思想的火花。《心里之点》这本书是开启一种新的认知的窗口。正如作者自己在书中作见证所说的，"卡巴拉智慧是一门有关情感的科学，一门有关快乐的科学，欢迎你开启它，品尝它。"

在卡巴拉中，"心"象征着我们接受快乐的愿望的总和。心里之点就是我们开始问自己在这个世界上我们生命的意义是什么时那个特殊的，亲密的时刻。它是当我们暂停下来并反思隐藏在我们不停在玩的那个快乐"追逐游戏"的背后到底是什么的时刻，不是问我们是否真的需要它们，而是问为什么我们需要它们的那个时刻。用莱特曼博士自己的话讲，它就是"灵魂的种子，也是揭示爱的第一步"。

当求索的你在黑暗中需要光明指引时，这本《心里之点》将成为你渡过黑暗的蜡烛。

《卡巴拉智慧指南》
A Guide to the Hidden Wisdom of Kabbalah

《卡巴拉智慧指南》对于卡巴拉初学者来说，是一本深入浅出，通俗易懂，轻松愉快的读物。它将博大精深的卡巴拉智慧用一种简洁明快的方式介绍给读者。该著作涵盖了从卡巴拉历史一直到这种智慧如何可以帮助我们解决世界危机等各个方面。

全书分三个部分：

第一部　　涵盖了卡巴拉的历史、事实和有关卡巴拉的误解和谬论，并介绍了卡巴拉的关键概念；

第二部　　说明了所有有关精神世界和其他相关的东西，包括希伯莱字母的含义和卡巴拉音乐的力量；

第三部　　介绍了如何利用卡巴拉智慧认识和应对世界危机。

我们不需要丢掉我们经过多年的努力工作而获得的并已经习惯的生活标准。实际上有一种更简单的方法，可以让人类不但可以渡过这一危机和灾难四伏的时期，而且可让人类获得我们曾经连梦想都想不到的东西－永恒和完美，并实现生命的真正意义和目的。本书是学习卡巴拉，继而掌握宇宙存在的奥秘，实现生命的意义的必读著作。

《卡巴拉的基本概念》
Basic Concepts in Kabbalah

这本书帮助读者理解卡巴拉的一些最基本概念、精神世界里的物体和有关精神世界的卡巴拉术语的精确含义。通过反复地阅读这本书，读者可以在他(她)

心里培养出之前并不存在的内在洞察力、感悟和理解能力。这些新获得的观察力就像传感器一样，可以帮助我们"触及"到我们五种感官无法感知到的我们周围的隐藏空间。

因此，《卡巴拉的基本概念》这本书旨在促进对有关精神世界的一些术语的思考。一旦我们正确理解了这些术语，我们就可以通过我们内心来感知我们周围的精神世界的结构，如同一团迷雾消散之后一样。

这本著作并不是旨在让你学习一些事实。相反，这本书的目标读者是那些渴望唤醒他们可以拥有的最深层次和最微妙的感知的人们。

《永远在一起》
Together Forever

从表面上来看，《永远在一起》似乎是一个针对孩子们的童话故事。但如同所有描写生动的关于孩子们的故事一样，它超越了年龄、文化和成长环境的界限。

在《永远在一起》中，作者告诉我们，如果我们是父母，并忍受着我们一生中遭遇到的考验的话，那么我们将会变得更坚强、更勇敢和更睿智。我们不但不会因此变得越来越脆弱，相反，我们将学会创造我们自己的神话和奇迹，就像那位魔术师一样。在这个暖人心房的故事里，莱特曼博士与孩子和父母们分享了一些精神世界的魅力，更将宇宙创造的秘密以及人类在操作过程中扮演的角色用这种形象生动的语言清晰地展现给我们。

《明天的孩子》
——21世纪幸福孩子培养指南
Children of Tommorow

《明天的孩子》对你和你的孩子来讲都是一个崭新的开始，一个通向幸福明天的起点，一份不可多得的礼物。想象一下，就像在此刻正在点击电脑格式化按键，使得你一直处于故障状态的电脑这一次终于可以正常运转。

本书给我们的最大启示就是培养孩子的关键全部在于游戏和规则，一定要将孩子们看作是小大人，和他们一起制定重大的决策。你会惊奇地发现培养孩子们给予和相互关怀等积极的价值观，会使他们可以多么自然地融入在其日常生活之中。

打开书的任何一页，你都可以读到发人深省的有关培育孩子的点点滴滴，无论是父母孩子之间的关系、友谊与冲突、以及21世纪学校设计和功能设置方针等等。本书将会探索21世纪教育新方向的读者指明方向。

卡巴拉初级著作

《卡巴拉入门》
Kabbalah For Beginners

《卡巴拉入门》这本书适合于所有正在寻找有关生命的一些最根本的问题的答案的人去阅读。我们所有人都想知道为什么我们会在这里、为什么会痛苦以及我们如何能够使生活变得更快乐。这

本书的四个部分准确地回答了这些问题，并清楚地阐明了卡巴拉的主旨及其实际运用。

第一部分讨论了卡巴拉智慧的发现、它的发展过程以及它最后是如何被隐藏直至现在的；第二部分介绍了卡巴拉智慧的主旨，并使用了十张简单的图画来帮助我们理解精神世界的结构和它们与我们的这个世界之间的关系；第三部分揭示了一些不为公众所知的卡巴拉概念，第四部分阐明了你和我可以运用的一些实际方法，以使我们的生活对于我们和我们的孩子而言可以变得更美好和更愉快。

《卡巴拉启示》
Kabbalah Revealed

这是一本以清晰易懂的写作风格帮助读者了解神秘的卡巴拉智慧以及卡巴拉智慧到底启示给人类什么。它一共包括6个章节，每个章节都阐明了卡巴拉智慧的一个不同的方面。并列举了我们的日常生活中的很多例子来解释卡巴拉智慧到底在向我们揭示什么。

这本著作的前3章解释了为什么我们这个世界正面临一场全面危机、我们不断增长的愿望是如何在促使人类文明进步的同时又造成我们人与人之间的分裂的、为什么实现积极变化的最大的障碍源于我们自己的精神的根源。第4章到第6章阐述了那些能够真正产生积极变化的药方。从这些章节中，我们可以学到我们如何利用我们的精神来创造一种和所有创造物都和谐共处的宁静的生活。

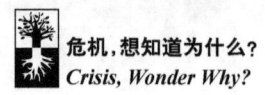
《伟大的智慧》
Wondrous Wisdom

这本书讲解了有关卡巴拉的一些基础知识。类似于我们在这里提到的所有书籍，《伟大的智慧》是基于由卡巴拉学家几千年来传授给其学生们的正宗的教义所凝练而成的。这本书的核心是一系列揭示卡巴拉智慧的本质以及解释怎样达成它的课程。对于那些询问"我到底是谁？"和"为什么我会在这个星球上？"的人来说，这本书是必读著作之一。

《觉醒至卡巴拉》
Awakening to Kabbalah

莱特曼博士怀着敬畏之情对卡巴拉这一古老的智慧进行了独有见地的介绍。在这本著作中，莱特曼博士不仅提供了一种对卡巴拉的基本教义的理解，也提供了你如何使用这种智慧来阐明你与其他人和你周围的世界之间的关系的更深层次的理解。

通过使用科学语言和诗歌语言，他探究了有关精神世界和存在的最深奥的问题。这本发人深思、独特的指南将会鼓舞和激励你跳出这个世界和你日常生活的限制来发现真理，接近创造者并达到灵魂的新的高度。

《从混沌走向和谐》
From Chaos to Harmony

许多研究者和科学家都同意，人类的自我(利己主义)是我们的世界现在处于危险的状态的根源。莱特曼博士的这本具有开创性意义的著作，不仅解释了利己主义是整个人类历史上所有苦难的根源，而且还向我们指明了如何将我们的苦难转变为快乐的方法。

这本书清楚地分析了人类的灵魂和它的问题，并提供了一套从苦难走向幸福的"路线图"来指示我们，如果我们想再次变得快乐的话，我们需要做些什么。《从混沌走向和谐》解释了我们人类如何能够在危机四伏的今天，如何在个人、社会、国家和国际层面上升到一个存在的新水平。

《解密光辉之书》
Unlocking The Zohar

《光辉之书》中包含着一种可将我们引向完美的非常特殊的力量。它具有一种使人渴望不停止地读它的魔力。对于那些真正读进去的人们，《光辉之书》就是一个生命能量和活力的源泉。拥有了它，我们就可以开始一个新的生命并与在这个世界上存在的美好与快乐相伴。

《解密光辉之书》是旨在容易为读者理解的名为《大众光辉之书》的系列著作的介绍性著作。为了最好地利用这一系列著作，我们强烈推荐首先阅读这本著作，这本书将会引领读者正确地阅读《大众光辉之书》，从而从中获得最大的收获。

阅读本书并不需要你有任何特别的知识。本书第一部分解释了《光辉之书》中蕴藏的智慧的本质，它被隐藏数千年的原因，以及它如何在今天可以使我们受益；第二部分介绍了我们感知现实的方式和创造的蓝图，以及最终我们如何能够通过解密《光辉之书》一起解开创造的秘密和生命的意义。

本书第三部分特别地从《大众光辉之书》中节选了一些精彩的篇章。在你阅读完本著作之后，你将会感觉到《光辉之书》的力量并且享受它的收益。

卡巴拉中级著作

《卡巴拉经验》
Kabbalah Experience

本著作中的问题和答案所揭示的卡巴拉智慧的深奥程度将会激励读者去反思和沉思。这不是一本能够快速阅读的著作，而是一本值得读者反复推敲和仔细阅读的书。这样，读者将会体验到一种不断增长的受到启发的感觉，同时很容易地掌握那些每个卡巴拉学习者在学习卡巴拉的过程中都会触及的问题的答案。

《卡巴拉经验》是一本关于人类从过去走向未来的指南，揭示了所有卡巴拉学习者在他们的卡巴拉探索之旅中的某些时候将会经历的处境。对于那些珍惜生命中的每一刻的人来说，这本著作提供了一种对永恒的卡巴拉智慧的独特的理解。

《卡巴拉路径》
The Path of Kabbalah

本著作非常独特地将卡巴拉初级著作与更高深的概念和教义结合了起来。如果你已经阅读了一到两本莱特曼博士撰写的卡巴拉著作的话，那么你会发现这本书很容易读懂。

《卡巴拉路径》这本著作不仅提及了一些基本概念，例如，对现实的感知和自由选择；而且还不断深入和扩大了卡巴拉初级著作的范围，例如，这本著作比那些"纯粹的"初学者阅读的书籍更加详细地解释了世界的结构；这本书也描述了我们所处的这个物质世界的精神根源，例如，希伯来日历和节日的精神由来等。

卡巴拉高级著作

《对卡巴拉智慧的导读》
The Science of Kabbalah, The Preface to the Wosdom of Kabbalah

莱特曼博士既是一位卡巴拉学家也是一位科学家，他撰写的这本著作是为了向读者介绍正宗的卡巴拉智慧的独特的语言和术语。莱特曼博士在这本著作中以一种理性和严谨的方式揭示了正宗的卡巴拉。读者们可以逐渐地理解宇宙和存在于宇宙中的生命的逻辑结构和宇宙被设计的蓝图。

《卡巴拉智慧导引》是一本在解析的清晰度上和深度上都无与伦比的具有开创性意义的著作，它吸引了许多智者，并使读者们能够理解巴拉苏拉姆(耶胡达·阿斯拉格)其她更多的学术著作打下基础，例如，《对10个Sefirot的研究》The Study of the Ten Sefirot和《光辉之书》The Book of Zohar。读者在这本书著作中将获得一些只有正宗的卡巴拉才能够回答的有关生命的谜团的满意的答案。你可以一边阅读这本书，一边为到达更高的世界的奇妙之旅作准备。

《对光辉之书的导读》
The Science of Kabbalah, Introduction to the Book of Zohar

对于那些想理解在《光辉之书》中隐藏的博大精深的信息的人来说，这本著作和《卡巴拉智慧导引》是必读的。这本著作中涉及到的许多有用的主题介绍了"根源和分枝语言"，如果没有这种"根源和分枝语言"的话，那么在《光辉之书》中描述的故事将仅仅是一些寓言和传奇。《光辉之书的导读》将为读者们提供理解正宗的卡巴拉智慧的一些必备的工具，以使他们到达更高的世界。

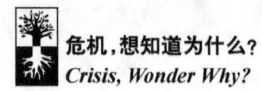
《光辉之书：对阿斯拉格注释的解读》
The Zohar, Annotations to the Ashlag Commentary

《光辉之书》一直以来是卡巴拉智慧的一个永恒的源泉和所有卡巴拉智慧的基础。自从它在大约2000年前出现以来，它就一直是卡巴拉学家们使用的主要文献资料，通常也是唯一的文献资料。

数千年来，卡巴拉都被精心地隐藏着，不为大众所知，因为人们适合学习它的时机还不成熟，还不适合学习它。然而，我们这一代人却是被卡巴拉学家们指定为可以理解《光辉之书》中的概念的第一代人。现在我们可以将这些概念运用于我们的生活中，而且必须开始具体实施卡巴拉智慧，否则人类将陷入越来越深重的灾难和困苦之中。

通过一种独特的隐喻性语言，《光辉之书》加深了我们对现实的理解并拓宽了我们的世界观。虽然这本著作只涉及一个主题—如何和创造者取得联系，但它从不同的角度阐明了这一主题。这使得我们每个人都可以发现某个将使我们理解这种深奥和永恒的智慧的特定的词组和单词。

教科书

《我听说的》
Shamati

莱特曼博士在这本书中写道，在我的老师巴鲁克·阿斯拉格(拉巴什)使用的所有文献和笔记中，他总是带一个特殊的笔记本。这个笔记本里记录了他和他父亲之间的一些对话，他的父亲就是20世纪最伟大的卡巴拉学家耶胡达·阿斯拉格(巴拉苏拉姆)，即对《光辉之书》的《苏拉姆(阶梯)的注释》、《对10个Sefirot的研究》The Study of the Ten Sefirot(对卡巴拉学家阿里的著作的注释)和许多其他卡巴拉著作的作者。

在1991年9月的犹太人除夕，拉巴什感觉到不舒服，他把我叫到他的床边，递给这个他一直携带在身边的笔记本，这个笔记本的封面只有一个单词，Shamati(即"我听说"的意思)。当他把这个笔记本递给我的时候，他说道，"拿去吧，好好学习它。"第二天，我的老师就在我的怀里仙逝了。从此，我和他的众多弟子在这个世界上便失去了他的指引。

为了实现拉巴什的遗言—传播卡巴拉智慧，莱特曼博士按其原样出版了这个笔记本，保留了这个笔记本的神奇的力量。在所有卡巴拉书籍中，《我听说的》是一本最独特和最富有吸引力的著作。

《卡巴拉学生用书》
Kabbalah For The Student

《卡巴拉学生用书》中包含了由耶胡达·阿斯拉格、他的儿子及继承人巴鲁克·阿斯拉格和历史上其他一些伟大的卡巴拉学家所撰写的正宗的卡巴拉文献，内容博大精深，耶胡达·阿斯拉格是对《光辉之书》做出《苏拉姆(阶梯)注释》的作者。这本书中包含了一些准确地描绘卡巴拉学家们所经历的那些更高的精

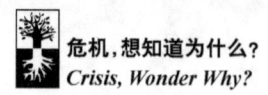

神世界的发展过程的图解，也包含了一些导引性的文章，以帮助我们真正理解卡巴拉的最主要著作－《光辉之书》。

在《卡巴拉学生用书》中，莱特曼博士收集了卡巴拉学习者为到达精神世界所需要阅读的所有文献，莱特曼博士是巴鲁克·阿斯拉格的首席弟子和个人助理。在他的每日课程中，莱特曼博士通过教授这些鼓舞人心的文献来指引他在全世界的学生们学习卡巴拉，以帮助初学者和高级学员更好地理解在到达更高的世界的精神之旅中，我们要走的精神道路。这是真正学习卡巴拉智慧的必读著作。

《拉巴什，有关社会的文献》
Rabash: The Social Writings

巴鲁克·阿斯拉格导师(拉巴什)在卡巴拉的历史上扮演了一个非常显著的角色，他在卡巴拉智慧和我们人类的经验之间架设了最后的桥梁。由于他的特殊的品格，他可以将自己完全隐藏在他的父亲和老师，伟大的卡巴拉学家耶胡达　阿斯拉格导师(人称巴拉苏拉姆)的光环之中。

然而，如果没有拉巴什的著作，他父亲想要向全世界揭示卡巴拉智慧的所有努力也将会无功而返。没有他的著作，巴拉苏拉姆如此想要我们达成精神世界的努力将不会实现。

在他的日常生活中，拉巴什是一个谦卑和自制的人生典范。虽然如此，他的著作却充满了对人的本性的深刻洞见。那些初看起来似乎很平常的语言实际上却是通向人们心灵的最深处的精确的情绪通道。他的著作向我们显示在哪些关键的转折点上我们必须架设我们的阶梯并开始攀登。在精神达成的旅程中，他会用其惊人的敏感度，一路陪伴我们度过那些我们将要遭遇的艰难和困惑。他的话语能够使读者和他们自己的本性达成理解，将恐惧和愤怒最快地转化为自由，喜悦和信心。

没有他的著作，特别是那些有关一个人在其团队中的角色的著作，我们将永远不会从一个普通的卡巴拉学者变成一个真正的卡巴拉学家。拉巴什是迄今为止唯一一位为这个世界中的任何一个人提供了一套清晰有效的方法，使得人们可以从他们的心里之点觉醒的那一刻开始，直到他们通过在团队中的工作实现他们的精神目标。

　　这本书里收集的著作，不应只是简单地用于阅读，它更应该是一本实用的精神指南。

《智慧箴言集》
Gems of Wisdom

　　几千年来，卡巴拉学家们给我们留下了浩瀚的智慧宝藏。在他们的著作中，他们为我们铺就了一条按照他们的指引可以将我们一步一步地引入一个完美和永恒世界的道路。

　　　这本《智慧箴言集》是从那些历代最伟大的卡巴拉学家们的著作中精选出来的智慧箴言集锦。特别是收录了很多出自以其对《光辉之书》的《Sulam》阶梯注释而闻名于世的20世纪最伟大的卡巴拉学家耶胡达阿斯拉格（巴拉苏拉姆）的智慧箴言。它们被根据不同标题归类编排，以提供读者在相应概念上能够获得最广泛和最深刻的理解。本书所收集的智慧箴言，不是旨在简单地用于阅读，它更应该是一本精神探索旅程的实用指南。　本著作对任何渴望在精神探索道路上取得进步的读者都是一本难得的智慧指南。

3

Bnei Baruch
国际卡巴拉教育和研究中心

Bnei Baruch是一支成立于以色列的卡巴拉学习团队，它与整个世界共同分享卡巴拉智慧。超过30种语言的学习材料是基于数千年世代相传的正宗的卡巴拉文献著作。

· 历史和起源

迈克尔 莱特曼是本体论和知识理论的教授，拥有哲学和卡巴拉的博士学位以及医学生物控制论的硕士学位，在1991年，当他的老师巴鲁克 阿斯拉格(拉巴什)去世后，莱特曼博士创立了Bnei Baruch卡巴拉学习团队。他将其命名为Bnei Baruch(即"巴鲁克之子"的意思)是为了纪念他的老师。莱特曼博士在他老师生命的最后十二年里(即1979～1991年)从未离开过他的身边。莱特曼博士是巴鲁克 阿斯拉格的首席徒弟和个人助理，并被公认为真正卡巴拉智慧的教学方法的继承人。

拉巴什是20世纪最伟大的卡巴拉学家—耶胡达 阿斯拉格的长子和继承人。耶胡达 阿斯拉格是《光辉之书》最权威和全面的注释—《苏拉姆注释》(即"阶梯的注释"的意思)的作者。他是第一位揭示完整的精神提升的方法的卡巴拉学家，并被称为巴拉苏拉姆(即"阶梯的主人"的意思)。

现在，Bnei Baruch国际卡巴拉教育和研究中心的所有学习方法都基于这两位伟大的精神导师铺设的道路之上。

· 学习方法

Bnei Baruch每天传授并应用巴拉苏拉姆和他的儿子拉巴什发展出来的独特的学习方法。这种方法依据正宗的卡巴拉资源，例如，西蒙 巴尔 约海所著的《光辉之书》、阿里所著的《生命之树》以及巴拉苏拉姆所著的《对10个Sefirot的研究》(The Study of the Ten Sefirot)。

学习卡巴拉不仅需要正宗的卡巴拉资源，而且还需要简单易懂的语言和一种科学、现代的学习方法。这种学习方法得到了不断的发展，并使Bnei Baruch

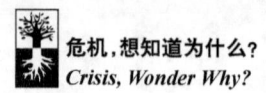

成为以色列和整个世界的国际公认的教育机构。

这种学习方法独特地将学术研究方法和个人经历结合在了一起，拓展了学生们的视野，并使他们获得了对他们生活着的现实的一种全新的感知。这样，那些走在精神之路上的学生便获得了研究他们自身和他们周围的现实的必备工具。

·信息

Bnei Baruch是由全球成千上万学员组成的进行多种传播活动的一个机构。每个学员根据自己的个人条件和能力选择自己的学习途径和强度。Bnei Baruch传播的信息的本质很广泛，即团结人民、团结各民族和爱每一个人。

几千年来，卡巴拉学家们一直都在教授人们之间的爱是所有人类关系的基础。这种爱在亚伯拉罕、摩西和他们成立卡巴拉学习团队的那个时代得到了广泛的传播。如果我们吸收了这些古老但又现代的价值观的话，那么，我们将会发现我们拥有了能忽略我们之间的不同而团结在一起的力量。

隐藏了数千年的卡巴拉智慧如今已浮现出来，它一直在等待一个我们人类已经充分发展并准备好执行它的信息的时机。现在，它成为了一种可以团结世界各民族的方法，并使我们所有人能够迎接目前的挑战，无论是个人还是社会。

·活动

创立Bnei Baruch的前提是"只有通过广泛地向公众传播卡巴拉智慧，我们才能够得到完全的救赎"（出自巴拉苏哈姆）。

因此，Bnei Baruch向人们提供了各种各样的方法，以使他们探索和发现他们生命的意义，并为初学者和高级学员提供精心的指导。

·卡巴拉电视

Bnei Baruch成立了一家阿斯拉个研究中心电影制作公司(ARI Films)(www.arifilms.tv)，这家电影公司主要致力于制作多种语言的和全世界范围内的卡巴拉教育电视节目。

Bnei Baruch在以色列拥有自己的电视台，通过有线电视和卫星24/7播出。

这些电视节目也在www.kab.tv上播出。而且，这个电视频道上的所有电视节目都是免费的。这些电视节目适合所有学员，包括初学者和最高级学员。

此外，阿里电影制作公司也制作卡巴拉教育故事片和纪录片。

· 互联网网站

Bnei Baruch的国际网站(www.kab.info)上有正宗的卡巴拉智慧的一些资源，包括文章、书籍和原始文献。它是网络上至今为止最大的一个正宗卡巴拉资源库，并向读者提供了一个独一无二的、涵盖面极广的图书馆，以便读者们充分地探索卡巴拉智慧。此外，卡巴拉媒体文档(www.kabbalahmedia.info)上包含有五千多个媒体资料、可下载书籍和大量的多语种文献、视频和音频文件。

Bnei Baruch在线学习中心为初学者提供了独特、免费的卡巴拉课程，引导学生在他们舒适的家中学习深奥的卡巴拉智慧。

莱特曼博士的每日课程也在www.kab.tv上直播，并附有补充性的文本和图表。

以上所有资源都是免费提供的。

· 报纸

《今日卡巴拉》是由Bnei Baruch每月免费发行的一种报纸，它有4种语言版本，包括英语、希伯来语、西班牙语和俄语。其风格简单易懂、富有现代感，内容与政治、商业无关。《今日卡巴拉》的目的是为了以一种简单易懂、生动的样式和风格向世界各地的读者们免费揭示卡巴拉智慧中隐藏着的大量知识。

《今日卡巴拉》目前在美国的每一个主要城市、加拿大的多伦多、英国的伦敦和澳大利亚的悉尼免费发行。它以英语、希伯来语和俄语印刷，并且在www.kabtoday.com上也可阅读。

此外，订阅者只需支付邮费便可阅读到该报纸的纸质版。

· 卡巴拉书籍

Bnei Baruch出版正宗的由卡巴拉学家耶胡达　阿斯拉格(巴拉苏拉姆)、他的儿子巴鲁克·阿斯拉格(拉巴什)和迈克尔·莱特曼博士撰写的书籍。耶胡达　阿斯拉格和拉巴什的著作对充分理解正宗的卡巴拉教义至关重要，莱特曼博士在他

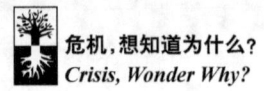

的每日课程中教授这些正宗的卡巴拉教义。

莱特曼博士基于巴拉苏拉姆阐述的一些核心概念，以一种更觉简单易懂、现代科学的风格来撰写他的著作。这些著作是现在的读者和卡巴拉本源智慧之间的一条重要的纽带。所有这些著作都有销售，有些还可以在网上免费下载。

· 卡巴拉课程

正如卡巴拉学家们多少世纪以来一直所做的那样，迈克尔·莱特曼博士每天凌晨三点至六点(北京时间是上午9点至12点)在以色列的Bnei Baruch国际卡巴拉教育和研究中心讲课。莱特曼博士用希伯来语讲课，现在这些课程被每天同步翻译为七种语言：英语、俄语、西班牙语、法语、德语、意大利语和土耳其语。正如其他所有活动一样，这些直播节目也是免费提供给全球数百万学生的。

· 经费

Bnei Baruch国际卡巴拉教育和研究中心是一个教授和分享卡巴拉智慧的非赢利性机构。为了保持其独立性和意图的纯洁性，Bnei Baruch不接受任何政府或政治组织的支持和资助，也同它们没有任何联系。

由于其大部分活动都是免费提供的，团队活动经费的主要来源是捐款和什一奉献——学生在其自愿的基础上的奉献和以成本价出售的迈克尔 莱特曼博士的书籍的所得。

如何联系我们/*Contact Us*

网站 Internet:
www.kabbalah.info/cn

卡巴拉电视 Kabbalah TV：
www.kab.tv

网上书店 Bookstore：
www.kabbalahbooks.info
中国区邮购：13146661798

学习中心 Learning Center：
edu.kabbalah.info

电邮 E-mail：
chinese@kabbalah.info
info@kabbalah.info

Bnei Baruch Association
PO BOX 3228
Petach Tikva 49513
Israel

Kabbalah Books
1057 Steeles Avenue West, Suite 532
Toronto, ON, M2R 3X1
Canada
E-mail: info@kabbalahbooks.info
Web site: www.kabbalahbooks.info
USA and Canada:
Tel: 1 416 274 7287
Fax: 1 905 886 9697

Even if the future is not clear and there are various opinions, the trend of our advancement has to be understood: Human development leads to its full integration. And although this development towards unity takes place contrary to our personal, state, and national egoism, we must accept this natural evolution as an obligation, as a fact, and make decisions in accordance with it to aviod further blows".

"尽管未来对我们来讲还不清晰，也存在着各种各样的观点，我们还是必须了解我们发展的趋势：人类的发展最终必然导致全人类的完全融合。尽管这种向着团结统一的方向的发展与我们个人的、国家的或者民族的利己主义目标是对立的，但是，我们不得不接受这种自然的进化发展是一种必然，并把它看作是一个事实，进而做出顺应这一发展趋势的相应决策，以免招致自然更大的打击。"

——迈克尔·莱特曼博士

www.ingramcontent.com/pod-product-compliance
Lightning Source LLC
Chambersburg PA
CBHW060234290526
45789CB00001B/44